HISTOIRE

DE

LANDRES

PAR

Le Dr Albert BERNARD

CHALONS-SUR-MARNE

A. ROBAT, IMPRIMEUR-ÉDITEUR, RUE D'ORFEUIL, 3

1911

HISTOIRE DE LANDRES

Tirage à 200 exemplaires

N°

Justification :

HISTOIRE

DE

LANDRES

PAR

Le Dr Albert BERNARD

CHALONS-SUR-MARNE
IMPRIMERIE-LIBRAIRIE A. ROBAT, RUE D'ORFEUIL, 3

1911

DU MÊME AUTEUR :

Landres au temps passé. (Echo Vouzinois, 1910).

La Retraite de Russie. Mémoires inédits publiés par le Dr Albert BERNARD. (Union de Vouziers, 1911).

La Seigneurie de Villefranche 1636-1706. (Journal de Montmédy, 1911).

EN PRÉPARATION :

Inventaire et Comptes d'un Villageois ardennais en 1713.
Inventaires seigneuriaux ardennais au XVIIe siècle.
Notre-Dame de Mame.

IN MEMORIAM

Pierre BERNARD-ROBERT, 1612-1690.
Pierre BERNARD-LEFÈVRE,   ?-?
Laurent BERNARD-GOLZART, 1697-1767.
Nicolas BERNARD-BERNARD, 1724-An XII.
P.-L.-Jérémie BERNARD-LORIANT, 1764-1835.
Pierre BERNARD-CHARDIN, 1795-1876.
Paul-Louis BERNARD-SELLIER, 1819-1908.
Paul-Emile BERNARD-FRÉNOY, 1837-1905.

AVANT-PROPOS

J'avais, il y a deux ans, entrepris d'établir, d'après les registres paroissiaux de Landres, la filiation de ma famille. Pour ce faire, j'ai dû passer de longues heures au milieu de ces registres poudreux; à ce contact, j'ai senti se réveiller, peu à peu, toute la vie du passé; peu à peu, me revenaient en mémoire les récits dont mon grand-père et mon arrière-grand-père avaient bercé mon enfance et ma jeunesse. Et j'ai pensé qu'il serait peut-être bon de fixer la tradition que le temps dénature chaque jour et aura bientôt abolie.

Depuis lors, j'ai réuni et groupé tout ce que j'ai pu trouver sur mon village, soit dans des ouvrages antérieurement publiés, soit dans les revues spéciales, soit surtout dans les pièces manuscrites inédites que j'ai pu avoir à ma disposition : c'est ainsi que s'est progressivement composée l'**Histoire de Landres** que je présente aujourd'hui au lecteur.

Certes, je n'aurais jamais pu mener à bonne fin cette entreprise sans l'appui d'une triple collaboration qui m'a puissamment aidé :

M. Paul Laurent, avec sa rare érudition et sa parfaite complaisance, a guidé mes recherches aux Archives de Mézières ; je lui dois en outre de larges emprunts à son intéressant travail sur les « Pitoyeurs-Pauliers ».

M. R. de Meixmoron de Dombasle a bien voulu, avec une affabilité et un désintéressement exceptionnels, m'ouvrir tout grand le très riche chartrier des Maillart : c'est là que j'ai puisé la majeure partie de mes documents inédits.

Enfin, le Docteur Lapierre, non content de m'abandonner les notes qu'il a accumulées sur Landres, au cours de vingt ans de recherches, a écrit pour mon ouvrage l'élégante préface que l'on va lire.

Que tous trois trouvent ici l'expression de ma profonde gratitude.

Je ne me fais aucune illusion sur les lacunes et les imperfections de cette étude : il est peu de monographies locales qui en soient exemptes. Mais mes efforts seront très largement récompensés si j'ai pu inspirer à quelques compatriotes ardennais l'heureuse idée d'entreprendre le même travail sur leur village natal.

Landres, 1er Mars 1911.

Dr Albert BERNARD.

De GRANDPRÉ à DUN-SUR-MEUSE

PRÉFACE

Par le Docteur A. LAPIERRE

La route qui mène de Grandpré à Dun-sur-Meuse — deux vieilles villes historiques, où toutes les invasions, tous les orages politiques ont laissé leur trace — remonte d'abord la pittoresque vallée de l'Aire, qui constitue, en cet endroit, l'une des trouées de l'Argonne. On voit fuir au loin, dans l'étroite prairie, les méandres de la rivière, bordée de saules. De chaque côté montent en pente rapide les hautes collines où alternent agréablement les bois et les guérets.

Les souvenirs historiques abondent et surgissent de partout, en ce pays que Dumouriez appelait les Thermopyles de la France. Voici, vers le Sud, la côte de Négremont couronnée de forêts : c'est là, selon la tradition que Jules César établit son camp ; là que vint ensuite se réfugier Attila après sa défaite (1) dans les champs

---

(1) Selon la plupart des auteurs, le champ de bataille d'Attila, est situé au sud du camp de Châlons, entre Cuperly et la Cheppe, à quelque distance de Valmy.

catalauniques (sept. 451). Il y commit tant d'horreur que souvent encore, dit la légende, on entend gémir les voix de ses victimes dans les colères du vent. Dumouriez y fixa le centre de son armée, le 3 septembre 1792.

Plus loin, sur la droite, c'est Marcq, la patrie de Savary, duc de Rovigo (1774-1833). En face, sur la gauche, on aperçoit le village de Saint-Juvin, dont les toits de tuiles s'étagent en amphithéâtre, et au-dessus d'eux se dresse, comme une relique du moyen-âge, la vieille église cantonnée de quatre tourelles à demi encorbellées.

Le chemin prend à gauche la rue sinueuse, bordée de fermes et grimpe dans Saint-Juvin, puis sort du village pour gagner Landres vers le nord. C'est là qu'en 1589, (12 février) étaient campées les troupes du roi, commandées par le prince d'Amblize de Buzancy, tandis que Saint-Paul était à Landres avec ses ligueurs. Deux siècles plus tard, nous retrouverons, dans des positions identiques, les chasseurs du colonel Stengel, et, en face d'elles, l'armée du roi de Prusse qui avait pris ses quartiers à Landres (12 sept. 1792).

On monte le coteau où abondent les blés d'ambre, moirés par la brise. En se retournant on admire la riante vallée, d'où émergent, comme des récifs, les hautes cimes des peupliers, et les sommets onduleux de l'Argonne avec leur ténébreuse toison de forêts. Au sud, l'église de Cornay profile son aiguille sur le vert sommet de la montagne; sur la déclivité, les toits mettent leurs taches bleues et rouges sur la masse sombre des poiriers et des cerisiers. (1) Au-delà s'é-

---

(1) Les cerises que l'on récolte à Marcq et à Cornay demeurent encore fort renommées : les greffes furent, dit-on rapportées de la Forêt-Noire par les volontaires de 92.

lèvent les rochers aux découpures profondes, où, aux premiers siècles de notre histoire, les sires de Quarnay avaient élevé les quatre tours ambitieuses de leur donjon. Pendant les guerres désastreuses de la Ligue, il fut totalement ruiné par le duc de Mayenne (octobre 1591).

A mesure que l'on avance vers le nord, les collines apparaissent plus nombreuses, dans la vaste étendue du panorama. A gauche, une agglomération de toits rouges coiffe le sommet d'un mamelon abrupt : c'est Champigneulle, qui fut le berceau du peintre animalier François Desportes (1661 - 1743). Quatre kilomètres au delà de Saint-Juvin, on atteint le petit hameau de Saint Georges, groupé autour d'une gracieuse chapelle du xiiie siècle.

La vallée se rétrécit, le chemin bordé de buissons, suit la courbe du ruisseau qu'ombragent les saules chevelus. On aperçoit, on devine plutôt un village là-bas par les pigeons au vol léger, par les bouquets d'arbres fruitiers, d'où s'échappe en mince colonne la fumée bleue. C'est Landres dont les trois rues parallèles sont pittoresquement assises sur les rives d'un affluent de l'Agron.

Il n'offre aujourd'hui qu'un intérêt rétrospectif ; n'y cherchez rien qui ait conservé la trace des siècles défunts, qui apporte quelque document à l'histoire locale. Aucune ruine sous la ronce et le lierre, aucune inscription fruste qui évoque le passé. L'église, bâtisse pitoyable, est de ce siècle : aucun fût gracieux, aucun chapiteau finement fouillé, aucune floraison d'acanthe, aucun vitrail aux couleurs rutilantes n'égayent la monotonie de ses murs badigeonnés au lait de chaux. Le sol où s'élevait le château des seigneurs de Landres fut nivelé par les démolisseurs de 93 et fait place aujourd'hui à un champ de légumes. A peine les vieillards peuvent-ils vous montrer l'endroit où était le vieux manoir ; à peine gardent-ils un vague souvenir de la description qu'en donnaient leurs pères.

Au sud, la ligne des bois ferme immuablement l'horizon, et partout les chênes profilent leur tête arrondie sur le ciel. La côte de Châtillon surplombe de sa masse boisée les mamelons voisins. De son sommet, on peut contempler la succession grandiose des vallées et des collines argonnaises, aux nuancements variés ; et ces ondulations du sol ressemblent aux flots d'une mer qu'aurait immobilisés quelque grand cataclysme préhistorique.

Au nord, c'est toujours la noire bordure des bois, reste de la primitive forêt d'Argonne. Ça et là, dans le paysage calme, monte en spirales bleues la fumée des charbonnières qui fait songer aux rites mystérieux du culte druidique. On y remarque surtout la colline de Malmy, avec son écharpe de peupliers qui jalonnent la route de Buzancy. C'est là que prirent contact la cavalerie française et la cavalerie allemande le 27 août 1870 (1) là que commença le combat de Buzancy où les chasseurs du colonel de Tucé, avec un héroïsme trop peu connu, reprirent le village aux Saxons quatre fois supérieurs en nombre.

Plus bas commence la longue avenue de noyers qui conduit au vieux château de Landreville. Les premiers sires de Landreville étaient hommes-fiefs de la chatellenie de Dun-Aspremont ; et l'un d'eux, Richer, signa,

---

(1) *Echo de l'Armée*, 55ᵉ année, nº 34, 25 août 1895 : Combat de Buzancy, par U. DE CIVRY.

avec Gobert V et Geoffroy de Dun, toutes les chartes de franchises communales du Dunensis, 1250 à 1284. La chatellenie de Landreville occupait alors une situation prépondérante dans la région : elle était tête de fief des seigneuries de Landres, Bolandre, Romagne, Cierges, Cunel, Nantillois.

Au couchant, un coteau aux flancs escarpés, sépare Landres d'Imécourt. Sur la hauteur, l'œil plonge dans la vallée de l'Agron et distingue l'antique manoir des Vassinhac d'Imécourt, qui n'est plus qu'une vaste ferme ; mais ses grands murs de briques aux façades effritées et marquées de larges cicatrices, ses hautes fenêtres aux meneaux en croix, ses toits élevés et très en pente, gardent encore l'air imposant de la féodalité. C'est sur cette éminence que Gœthe, attiré sans doute par le canon de Clerfayt à La Croix-aux-Bois, le 14 septembre 1792, vint pour observer l'aile gauche de Dumouriez (1). Il faillit s'y faire tuer avec le prince Louis-Ferdinand, par un chasseur français. Et c'est par cette vallée qu'après le désastre de Valmy, l'armée prussienne fuyait vers Sivry et Buzancy, comme fouettée par le vent de la désespérance (4 octobre 1792).

Au delà de Landres, le chemin s'engage dans l'étroite vallée vers l'Est, et passe, deux kilomètres plus loin, entre la ferme de l'Adhuy et la source profonde du ruisseau qui arrose le pays. Autrefois l'Adhuy était un riche domaine des Templiers ; ce n'est plus aujourd'hui qu'une modeste ferme : ses granges encadrent la cour d'où montent l'odeur des fumiers et le gloussement des volatiles.

---

(1) Sans doute en suivant l'armée envahissante, le poëte caressait l'espoir d'immortaliser les victoires allemandes en ses vers dithyrambiques.

Encore un kilomètre, et on atteint le département de la Meuse dans le petit bois de la Roncieule, naguère le fief de la Roncheule. On gravit la colline qui sépare le bassin de l'Aisne du bassin de la Meuse. La vue s'étend sur un vaste cirque où ondulent les replis du sol. A nos pieds, dans une vallée fertile où passèrent les légions romaines, coule l'Andon. Puis, dans les lointains du paysage, on aperçoit, fièrement campée sur son haut sommet, la séculaire église de Montfaucon. Ce sont les terres de l'ancien Barrois mouvant du roi de France.

Le chemin dévale vers Bantheville, qui aligne ses blanches maisons au bord de la route de Varennes à Dun. Ce village, qui est sur le chemin des invasions, a aussi ses très vieux souvenirs. Il fut une station celtique et romaine, et déjà en 978, il fut détruit par l'empereur d'Allemagne, Othon II dit le Sanguinaire, qui envahit la France de Lothaire avec 60,000 hommes (1) Bantheville fut le berceau de Richard, abbé célèbre de Saint-Vanne de Verdun. Il naquit, dit Don Mabillon, *in finibus Montis-Falconis in villa quæ dicitur Bantonis*. Il conduisit 700 pèlerins à Jérusalem, précédant presque d'un siècle, les premiers croisés, Godefroy de Bouillon et Pierre l'Ermite. Il refuse l'évêché de Verdun que lui offrait l'empereur Henri III, et mourut en 1046 (2) près de là, existent encore les ruines du vieux donjon de Bolandre, dont l'origine se perd dans la nuit des temps : le dernier propriétaire fut Philippe Godefroy Antoine Joseph de Lardenois, chevalier, seigneur de Bolandre,

---

(1) L'empereur Othon avait pour compagnon d'armes dans cette expédition, Godefroid premier seigneur de Rumigny. C. G. ROLAND in *Rev. hist. ard.* 1897, p. 139.

(2) D. MABILLON: *Vie de Richard* VIe siècle, p. 527 ; CLOUET: *Histo. de Verdun*, 1868, T. II, p. 17.

Bantheville, Bouru et Termes. Il mourut en 1822 gouverneur du palais des Tuileries.

On prend à gauche la grande route, feutrée de poussière blanche. C'est cette voie que suivait, à bride abattue, le marquis de Bouillé, à la tête du Royal-Allemand, le 22 Juin 1791, vers six heures du matin, s'élançant à Varennes pour tenter de sauver Louis XVI et la famille royale, alors que déjà le tocsin retentissait dans les campagnes, alors que partout surgissaient des bandes menaçantes de paysans armés de faulx et de fusils. A quelques kilomètres de là, malgré leur indomptable élan, ses cavaliers furent arrêtés au bois d'Eclis-Fontaine par les gardes nationaux de Romagne qui, dans cette lamentable odyssée où l'impitoyable destin accumula tant de fautes, furent sans doute les derniers obstacles qui entravèrent la délivrance du monarque fugitif (1).

C'est encore là que Kalkreuth, parti de Montfaucon, le 11 septembre 1792, passa pour aller avec Clerfayt attaquer Chazot au défilé de La Croix-aux-bois (14 sept).

On traverse le village d'Aincreville, et on laisse sur la gauche, à mi-côte, la ferme de Chassogne, qui fut un fief du ressort seigneurial des chevaliers de Landreville; puis Rémée — autrefois St-Jean de Rametz — qui appartenait, comme l'Adhuy, aux Templiers. On atteint le sommet de la côte de Doulcon qui domine la vallée de la Meuse. Ici le spectacle a vraiment quelque chose de grandiose, et, à sa vue, on se sent invinciblement entraîné à penser aux révolutions de la période glaciaire. Alors, la Meuse, emportant l'eau de fusion

---

(1) GABRIEL. — *Louis XVI, le marquis de Bouillé et Varennes*, 1874, p. 294, note.

des glaciers, s'écoulait en une masse énorme, dans un lit dont on voit toujours les berges taillées à pic à gauche et à droite de la vallée. Aux âges tertiaires même, de vastes lacs parsemaient encore la surface de notre territoire. Sur cette nappe sans doute se sont élevées les stations lacustres de la période néolithique ou de la pierre polie. Puis, sous l'effet des lentes forces géologiques, le fleuve est rentré dans son lit étroit.

Et la vallée garde toujours son aspect de grand lac désséché. Au fond, la forêt de la Wœvre clot le cercle de l'horizon. Au milieu, comme un îlot qui émerge de cette mer, se dresse le cône de Dun. L'antique église qui en couronne le sommet, domine comme un phare tout ce vaste estuaire. Ce fut le *Dunum Castum* des Romains.

Tout près de nous, quelques maisons de culture constituent le village de Doulcon qui eut son heure de gloire. C'était au xe siècle la capitale du Dormois, habitée par le comte Marc.

A gauche, au pied du coteau escarpé, c'est la ferme de Jupille, *Jovis pila*, dans la bulle de 1040. Là s'élevait probablement, sous l'occupation romaine, un temple à Jupiter; et plus tard, ce manoir était si cher à Charlemagne que souventes fois il y célébra les fêtes de Pâques (1). La chaussée romaine, venue de Romagne, passait près de Jupille et traversait la Meuse à Milly.

A l'Est, derrière Dun, la montagne de St-Germain est à la plus haute altitude de la région (350 m.) Selon Herric, moine d'Auxerre, l'empereur Hadrien y établit un camp romain vers 117. De nos jours, on y a retrouvé de nombreuses médailles, à l'effigie de divers empe-

---

(1) JEANTIN, *Chroniques de l'Ardenne et des Wœvres*, I, 316.

reurs romains, Saint-Germain y édifia son monastère au xe siècle, alors que déjà florissait à Montfaucon l'œuvre des moines de Saint Baldéric qui implantaient en Argonne le christianisme sur les ruines du paganisme mourant.

*

Tout autre était l'aspect du pays de Landres aux siècles précédents. Et l'imagination, nourrie des faits et gestes de la féodalité, se complait à recueillir les épaves du passé, pour reconstituer ce que le temps et les révolutions ont détruit.

La forêt d'Argonne recouvrait encore la plupart de nos coteaux de ses fourrés impénétrables peuplés de loups et de sangliers. Ce furent les moines de Montfaucon qui défrichèrent ce sol et enseignèrent à nos aïeux l'art de cultiver la terre. Ça et là, les vignes s'étalaient sur le flanc des collines prochaines. Près de l'Adhuy, le moulin banal se reflétait dans l'étang des Templiers. Dans les terres défoncées, les vilains allaient extraire le minerai de fer, puis cultiver l'avoine et le froment, et livrer la dîme au décimateur. Et sur les chemins ravinés, aux ornières profondes, les bœufs accouplés trainaient péniblement la charrue grossière.

Au nord-ouest, près de la route de Sommerance, se dressaient les bois de la potence, instrument de la haute justice seigneuriale. Parfois y oscillait un squelette blanchi, et le vent, secouant lamentablement les os desséchés, chassait la sombre nuée de corbeaux venue pour les festins lugubres.

Au levant, près du ruisseau, s'élevait le château du seigneur, dominant les maisons aux toits de chaume, protégeant les serfs qui vivaient sous ses murs.

Quand venait l'hiver, les rues du village étaient délaissées dans un si pittoyable état qu'au dernier siècle encore, la comtesse d'Imécourt, qui habitait le château de Landres, ne pouvait aller aux offices avec sa voiture. Sur les portes, à la belle saison, les aïeules décoratives filaient pour la dame de Landres, comme au temps de la reine Berthe.

Et au-dessus du village, au-dessus de la maison forte et des chaumières, au-dessus des manants et des nobles, l'église érigeait sa tour séculaire, couvrant de son ombre recueillie les cendres des seigneurs qui dormaient leur dernier sommeil sous les dalles héraldiques.

Et maintenant quelle mélancolie profonde vous envahit tout l'être, au souvenir des années ensevelies. Le donjon s'est effondré sous le souffle de la révolution; les fourches patibulaires sont tombées; la vieille église, qui demeurait comme la gardienne vigilante du passé, a fait place à une construction sans style; les marbres des tombeaux ont disparu; les légendes même sont oubliées dans l'urne du temps où sombre toute chose; et la terre engraissée du sang des hommes, est retournée, selon les lois immanentes de la nature, aux besognes régulières, aux semailles, aux récoltes. Heureux dans sa médiocrité, l'humble village est rentré dans la vie qui n'a pas d'histoire. Et le paysan, qui, insouciant du passé, va par les sillons, semant le bon grain d'un geste large, ignore qu'il foule aux pieds les champs de bataille et la poussière sacrée des aïeux !

Dr A. LAPIERRE

CHAPITRE PREMIER

LANDRES

Ses Origines — Ses premiers Seigneurs

I.

Landres est un petit village du canton de Buzancy : avec ses maisons, assises à flanc de coteau sur les deux rives d'un affluent de l'Agron, il rappelle bien ces villages de l'Argonne dont Victor Hugo a pu dire qu'ils « sont presque italiens tant leur toits sont plats (1). »

Landres se trouve d'ailleurs situé dans une position géographique très imprécise, sur la marche de l'Argonne, aux confins de ce qui fut jadis le Verdunois et le comté de Grandpré ; n'appartenant pas au premier, relevant du second, il était fatalement destiné à recevoir les coups de part et d'autre. Depuis la répartition du territoire en départements, Landres est encore placé aux limites de la Meuse et des Ardennes, comme il l'avait été de la Lorraine et de la Champagne : d'ailleurs les mœurs et les habitudes des habitants, quoique participant de ce double voisinage, ne sont franchement ni celles du Lorrain ni celles du Champenois : notre patois lui-même est sensiblement différent de ses voisins. Landres est un village « marche » par excellence.

---

(1) Alexandre DUMAS, *La route de Varennes*.

II.

Quelle est l'origine de Landres ?

Elle se perd dans la nuit des temps et remonte sans doute à l'époque de la conquête romaine. Nous savons en effet que Landres se trouvait à proximité d'un diverticule de la grande voie romaine qui allait de Verdun à Mouzon : cette route, passant près de Romagne-sous-Montfaucon *(Romanae)*, s'engageait dans les fonds de Beuil (1) venait contourner à flanc de coteau la colline qui abrite au sud la ferme de l'Adhuy (2) et où elle existe encore à l'état de chemin de couture, puis venait, près de la ferme actuelle de Jupille (3) *Jovis pilæ*, rejoindre la voie principale qui aboutissait à Dun *Dunum castrum*, au confluent de la Meuse et de l'Andon, pour reprendre la direction de Metz.

Il est de connaissance ancienne que les Romains établissaient des postes-vigies sur les hauteurs pour surveiller les peuplades asservies et toujours enclines à la rébellion. Ce sont ces mêmes postes qui servirent plus tard de refuge à nos ancêtres contre les invasions des Normands.

Il est de toute probabilité qu'un poste de ce genre était établi sur notre côte de Châtillon (4) *Castellio* et que c'est de là que Landres tire son origine. Les habi-

---

(1) Lieudit entre Romagne et Landres.

(2) Ferme située à 2 kilom. 200 au N.-E. de Landres et en dépendant ; elle est assise à la source même de l'Agron, que l'on dénomme « le Gouffre ».

(3) Ferme-écart de Doulcon (canton de Dun-sur-Meuse).

(4) La côte de Châtillon, entièrement boisée de nos jours, est située à 1500 m. au S.-E. de Landres.

tants de cette époque primitive n'étaient autres que des pasteurs de porcs et de chevaux qui gardaient leurs troupeaux dans les gorges voisines, sous la protection du poste campé sur le « Castellio ».

Puis aux premiers temps de la propagation du christianisme, les moines défricheurs qui firent la conquête de la gaule derrière les Romains, détachèrent dans nos parages une de leurs colonies. Nous savons que c'est Saint-Baldéric (1) et ses compagnons qui vinrent y prêcher la religion nouvelle et apprendre en même temps aux pasteurs de troupeaux à défricher le sol. Saint Juvin (2) dont l'histoire — ou plutôt la légende — est encore très populaire dans nos villages, semble avoir été un de ces pasteurs autochtones qui des premiers embrassèrent le christianisme: n'existe-t-il pas encore de nos jours, à Saint-Juvin, un pèlerinage en l'honneur de ce vénéré patron qui a conservé à travers les siècles, la réputation de guérir les maladies du porc et de protéger cet intéressant élevage ?.

On retrouve encore aujourd'hui dans les profondeurs de « la Côte Blanche » et d' « Ariéthal » (3) les vestiges de monastères-forteresses, élevés jadis, dit-on par les moines défricheurs ; une tradition plus croyable veut encore dans le pays que ces constructions, qui paraissent avoir tenu bien plutôt du château-fort que de

---

(1) Saint Baldéric conduit par le vol mystérieux d'un faucon, s'arrêta sur un point très élevé où il fonda le monastère de Montfaucon (633). Il est demeuré le patron de la paroisse.

(2) Saint Juvin serait mort le 27 septembre 961 à l'âge de 64 ans.

(3) Anciennement « Henry Estable ». Les bois de la Côte Blanche et d'Ariéthal se trouvent compris entre Sommerance, Landres, et Romagne-sous-Montfaucon.

l'abbaye, aient servi de refuge aux Templiers lors des persécutions qui entrainèrent leur disparition (1).

III.

A ces époques nébuleuses de l'aube chétienne, il n'y a encore aucune division de la terre. Après la prise de Verdun, Clovis qui venait chasser à Douzy, donna à un de ses leudes les fiefs autour de Grandpré. C'est vers cette époque qu'apparait la distribution en domaines ou « Pagi », entr'autres le *Pagus Dulcomensis* ou *Dolomensis* ou Dormois, appelé plus tard aussi comté du Dormois, et dont Landres faisait partie.

Ce *pagus dulcomensis* n'a existé comme division territoriale que de 812 à 1020. Le village de Doulcon était son chef-lieu, et, suivant plusieurs, lui aurait donné son nom. Il n'appartient au département des Ardennes que par sa partie septentrionale qui a surtout contribué à former les doyennés de Grandpré et de Cernay-en-Dormois : il subsiste encore quelques localités de cet ancien pagus, entr'autres Chevières et Senuc au canton de Grandpré, Quatre-Champs au canton de Vouziers.

Arrêtons-nous un instant sur ce Dormois, dont l'histoire brumeuse et quelque peu légendaire est en somme celle de notre pays. Disons d'abord que le Pagus, d'origine celtique, était chez les Gaulois une division administrative et territoriale de 15 à 20.000 hectares environ. Ce pays du Dormois fut toujours le champ clos où se vidaient les querelles des Austrasiens et des Neustriens,

---

(1) Outre l'Adhuy, les Templiers possédaient à Landres, de vastes propriétés qui passèrent par la suite aux Hospitaliers de Saint-Jean de Jérusalem. Un Jehan de Landre « serviens » aurait été brulé en même temps que Jacques Molé et ses compagnons. (Communication orale du Dr Lapierre).

des Lorrains et des Français, de l'Allemagne et de la France occidentale: il a vu périodiquement ses habitants décimés par les guerres, les épidémies et la famine. Le Dormois, selon Masson, ainsi nommé d'une petite rivière, la Dormoise qui prend sa source à Tahure et se jette dans l'Aisne à Autry, était situé dans l'Argonne et comprenait les contrées voisines de la rivière d'Aire et de la rivière d'Aisne, au-dessus et au-dessous de leur confluent, en embrassant les territoires des cantons de Buzancy, de Grandpré et de Vouziers, et, dans le département de la Meuse, ceux de Montfaucon et de Varennes. C'est à peu près là l'étendue de ce qui sera plus tard le comté de Grandpré. Le Chef-lieu du Dormois, au xe siècle, était — toujours selon Masson — le chateau fort de *Juliacum* demeure ordinaire du comte du Dormois; mais on n'est pas d'accord sur le point qu'il occupait: ceux qui placent le Dormois entre l'Aisne et la Meuse le mettent à Doulcon; ceux qui pensent au contraire que le Dormois était sur l'Aisne supérieure et professent que le pays a pris son nom de la Dormoise le fixent les uns de ce coté, les autres à Senuc. Enfin ceux qui croient que le Dormois avait son centre sur la rivière d'Aire établissent *Juliacum* à Chatel-Chéhéry. « Cette opinion, ajoute Masson (1), est la plus probable et la plus généralement reçue » Cependant ce n'est pas là l'opinion universelle: Denain place le chef lieu du Dormois à Stenay, le P. Lelong à Varennes, Buirette à Sainte-Menehould. Jeantin tient opiniatrement pour Doulcon et peut-être a-t-il raison, si l'on en croit la chronique d'Allard, abbé de Signy, rédigée en 1155 et qui donne la succession des comtes

---

(1) Dr Masson. *Annales Ardennaises*, Mézières 1861, p. 543.

du Dormois depuis 860 jusqu'à l'usurpation d'Hermann de Grandpré.

Il est pour la première fois question du Dormois en juillet 870, lors du partage fait entre Louis-le-Germanique et Charles-le-Chauve par le traité de Mersen. Charles-le-Chauve eut le Dormois dans son lot, mais il revint, parait il, à un comte Bernard qui eut une petite part dans la division du royaume de Lorraine. Ce serait un descendant de Bernard, roi d'Italie, qui eut les yeux crevés en 818 et qui était fils de Pépin, roi d'Italie, et petit-fils de Charlemagne. Ce Bernard aurait laissé en mourant un fils nommé aussi Pépin qui engendra Bernard, bénéficiaire du Dormois. Si cette généalogie était exacte, les comtes de Rethel seraient issus de Charlemagne, leurs domaines primitifs étant dans le Dormois, et les comtes de Grandpré en sont sortis.

La tradition a gardé le nom d'un comte du Dormois, Marc, qui avait épousé Julie, fille de Thiéry-le-Bref, également comte du Dormois. Ce Marc, surnommé *Pedens porcos*, non « à cause d'un aspect repoussant, mais parce qu'il se plaisait à la torture de ces animaux » (Chronique d'Allard), habitait le chateau de Julie, près Doulcon. Il y mourut très âgé en 960 : « Il avait douté de la résurrection des morts dans le Seigneur, mais il fut converti par le bâton verdoyant de Juvin le porcher » (id).

En l'an 1004, à la mort de Julie, femme de Marc, Hermann de Grandpré envahit le château de Julie et le détruit. En 953, il avait servi d'asile contre les Hongrois qui voulaient enlever les châsses de Saint Oricle, à Senuc ; Marc les mit en fuite et « l'on montre encore nombre de têtes de ces barbares à Doulcon, à Grand pré et à Castrice ».

En l'an 1020, Hermann de Grandpré eut maille à partir avec Manassès de Rethel ; car ce Manassès, fils de Manassès et d'Ordèle, faisait valoir ses droits sur le château de Julie et le comté du Dormois, par sa mère Ordèle, fille de Garin et de Gille, fille de Marc, comte du Dormois ; mais Hermann avec les comtes du Porcien et de Roucy détruisit jusqu'au nom et au souvenir de Marc et de Julie et fit rentrer presque toute la totalité du pays du Dormois dans le comté de Grandpré. «

IV.

Avec le Dormois, Landres entra dans la maison de Grandpré : il y restera par filiation indirecte, jusqu'à la révolution.

Quelle est l'étymologie du nom même de Landres ?

Voici les racines auxquelles se rattache Peiffer : les pasteurs éprouvaient le besoin de se protéger eux et leurs troupeaux, et, pour ce faire, édifiaient des enceintes — *curtis* — entourées de poutres et de traverses, constituant des barrières nommées « Landres, *Landria* (1) ».

Dans les divers documents manuscrits, Landres est presque toujours écrit sous la forme « Landre », ce n'est exceptionnellement qu'on le voit prendre l's finale ; cependant, vers le milieu du XVIIIe siècle, la forme « Landres » devient prédominante : c'est d'ailleurs la forme rationnelle d'après l'étymologie latine *de Landriis*.

---

(1) Landrage : barrière formées de Landres *Landria*. On donne le nom de Landres à des perches et traverses qui servent à clore ou à défendre un espace. PEIFFER, *Recherches sur l'origine et la signification des noms de lieux*, Nice 1894, p. 194.

A quelle date entend-on pour la première fois parler de Landres ? Dans le polyptique de l'abbaye de Saint-Remy de Reims, qui contient le dénombrement des manses, des serfs et des revenus de cette abbaye à la fin du ix° siècle, on voit mentionné, non pas Landres, mais la manse de l'Adhuy, *Adloisda*.

Nous allons maintenant relever, dans l'ordre chronologique, les documents où il est, à un titre quelconque, fait mention de Landres.

En 1040, la métairie royale *Villa régia* de Stenay a pour gouverneur Manngard de Landres, pour le compte de Béatrix, fille de Frédéric II de Bar ; mais il est plus que douteux que cet individu, dont il est longuement question dans Jeantin, ait été originaire de notre pays.

En 1170, *Karolus de Landriis* presbyter est cité, à titre de témoin avec « Johannes de Buzanceio » dans un des premiers actes du Cartulaire du prieuré de Saint-Médard de Grandpré (1).

Voici enfin le premier document officiel constatant l'existence de notre village : c'est la charte d'Albéric de Humbert, archevêque de Reims (1207-1219), donnant à l'église de Reims les autels (2) de Bar-les-Buzancy, Chennery et Landres :

« *Albericus Dei gratia Remensis archiepiscopus omnibus*

---

(1) Arch. départem. de Mézières.

(2) On entendait par « autel » le droit de jouir des oblations et des revenus casuels d'une église. Ce droit que des laïcs s'étaient arrogés dans la suite fut concédé à des monastères à charge de pourvoir au service divin. Au début, ce mot autel était pris au sens propre car les édifices religieux dans les campagnes ne consistaient guère, au moins pour la plupart, qu'en de simples sanctuaires où le prêtre et ses aides étaient seuls à l'abri, tandis que les fidèles debout et dehors assistaient aux offices en plein air et sans être garantis contre les intempéries de l'atmosphère.

ad quos littere iste pervenerint in D° salutem noverit universitas vestra quod dilecti filii St decanus et g. magister scolarium Remensis ecclesie altaria de Bar, de Chanery et de Landres cum eorum appenditiis que tenebant pro indiviso in manu nostra libere et absolute resignaverunt et nos intuitu pietatis et pro remedio anime nostre et predecessorum nostrorum eadem altaria cum appenditiis ecclesiæ Remensi in eleemosynam concessimus et contulimus perpetuo possidendo. In cujus rei testimonium et confirmationem présentes litteras sigilli nostri appensione maniri fecimus. Datum per manum Hugonis cancellarii nostri anno gratiæ M° C I° quinto decimo mense septembri » (1).

Cette donation demeura tantôt indivise entre les chanoines du chapitre, tantôt entra dans leur prébende personnelle, si l'on en croit Varin :

« *Augustus VIII Kal. — Decessit Magister Stephanus presbyter et canonicus prius remensis postea parisiensis decanus, in cujus anniversario distribuuntur C solidi de proventibus altarium de Barreio, de Channerei, et de Landriis quos reddunt distributores matutinarum.* »

« *September II Kal. — Garnerus presbyter et magister scholarum qui acquisivit nobis medietatem altarium de Sivigniaco, de Landriis, de Barreio et de Channereio, in cujus anniversario distribuuntur X libræ de proventibus predictorum altarium quas distributores matutinarum solvunt* ».

D'ailleurs, jusqu'à la Révolution, c'est le chapitre de Notre-Dame de Reims qui présente à la cure.

En 1242, dans une pièce du Cartulaire de Belval, le

---

(1) Bibl. de Reims. *Cartulaire du Chapitre*, G 13ᵉ siècle, f° 61 R°.

doyen de Landres *Jacobus dechanus* (1) *de Landriis* est signataire en qualité de témoin (2).

Nous le retrouvons en 1247 (Cartulaire de St-Pierre de Mézières) (3) où ce *Jacobus dechanus christianitatis de Landriis* est appelé en témoignage et comme arbitre entre Hugo de Buzancy et la collégiale de St-Pierre de Mézières à propos des dîmes d'Authe et d'Autruche.

En 1257, la collégiale de Sainte-Balsamie établit sur Landres des droits qui ne s'éteindront qu'à la Révolution.

Dans le Cartulaire de Saint-Médard de Grandpré, nous trouvons dans un acte où le Comte de Grandpré fait échange du droit de gîte contre certaines pièces de terre :

« L'an mil CCLX, el mois de Janvier, je Henris cuens de Grantpré fas à scavoir . . . . Gourdes III iours à la voie de Landres, Lambers II iours en la voie de Landres delez la terre le fil Baillie . . . . et iour et demie en la voie de La Duys delez la terre Richart le Clerc . . . . Hues li fius Baillière . . . . . III iours en la voie de Landre, delez Gourdet . . . . . . Willaumes : à la voie de Landre, II iours en Gorval (4) et delez li enfans Huet iour et demi à la voie de Landre . . . . . . Li enfans Huet le fil Gofaut : iour et demi en la voie de Landre delez Willaumes et

---

(1) Le *dechanus* avait juridiction sur un certain nombre de paroisses ; il n'était pas nécessairement le curé du chef-lieu du doyenné : il portait le titre de doyen accompagné du nom de sa paroisse. (Dr Vincent.) Au XVIIIe siècle, le curé Pierre Raux figure de longues années comme doyen rural de Grandpré.

(2) Dr Vincent, *Les anciennes inscriptions de l'arrondissement de Vouziers.*

(3) Arch. dép. de Mézières.

(4) Probablement un ancien lieudit disparu.

VII iours à la voie de La Duis deseur le champ Hue-
non (1) et deseur la vile . . . .
Basius . . . . . . II iours à la voie de Landre delez
Jehennet et le fil le fèvre. . . . . . . »

En 1298, meurt *GILLES DE LANDRES* qui fut le 27e abbé de Saint-Nicaise de Reims et qui fut inhumé derrière le chœur de ladite abbaye. Voici son épitaphe telle que la rapporte D. Marlot (2) :

« Cy gist ly abbés Gilles qui fut nés de Landres
et trépassa en l'an de grace 1298, deux jours
en la fin de juillet. Pries a Nostre Seigneur pour luy. »

Le 5 décembre 1382, meurt Arnulphus de Lendes, abbé de Saint-Paul de Verdun ; telle était son épitaphe :

« Hic jacet Arnulphus de Lendes est tumulatus —
Non fuit ex vulgo, cujus generosa propago —
Mitis, pacificus, mira charitate repletus ..... »

Il est plus que douteux que cet abbé fut originaire de Landres (3)

Il en est de même pour Olry de Landres qui, en 1286 régissait la seigneurie de Mont pour le compte de Gobert d'Apremont (4).

Ajoutons encore qu'il est également mais brièvement question de Landres dans différents pouillés: le pouillé de 1346 mentionne l'église de Landres, dont est alors bénéficier Robert de Courtenay sans nul doute apparenté à Jean de Courtenay qui fut archevêque de Reims (1266-1270) et qui était issu du sang de Louis-le-Gros.

---

(1) Aujourd'hui le Champ Huguenot.
(2) Dr Vincent (loc. art.)
(3) Dr Vincent, (loc. cit.).
(4) Houzelle, *Notice historique sur Mont, Montigny, Saulmory, Villefranche, Montmédy 1905.*

V

Quels furent les premiers seigneurs de notre village ?

Vers 1200, il est fait mention de HENRY, SEIGNEUR DE LANDRES ; c'est lui qui, avec sa femme Mathilde, fait à la chapelle de l'Adhuy donation d'une terre sise à « la Cuelle » (?) terroir de Champigneulles (1).

En juin 1240, le comte Henri V de Grandpré et Isabelle sa femme vendent à S. Symphorien de Reims, au prix de 300 livres parisis, à titre d'aleu, deux parts de dîmes grosse et petite qu'ils avaient à Saint-Georges en la paroisse de Landres ; Alix, sœur du comte, adhère à cette vente, et Etienne de Vico, chevalier, renonce aux droits qu'il avait sur ces deux parts de dîmes (2).

En 1279, GÉRARD DE LANDRES, écuyer, et GEOFFROY DE LANDRES sont témoins dans une enquête qui avait pour but d'établir, probablement au profit du comte de Bar, la qualité de grand voué de l'abbaye de Montfaucon, que le comte de Grandpré lui avait vendu le 27 octobre 1267, avec les droits et redevances attribués à cette avouerie. Les autres témoins sont Aladin de Baron, Jean de Tenon, chevalier, et Gérard de Grandpré, son frère, Milon Pinchier de Buzancy, Gontaud de Vienne et Jean de Senlis (3).

Vers 1301, les seigneurs de Landres ont la haute justice sur Cierges, Bantheville et Beaufort ; ils avaient le patronage de ces villages alternativement avec les abbés

---

(1) Notes manuscrites du marquis O. DE GOURJAULT.
(2) Arch. de la Marne, S. Georges n° 3 in A. DE BARTHÉLEMY, *Notice sur la maison et les comtes de Grandpré.*
(3) B. N. Coll. Moreau 203 f. 140, in A. DE BARTHÉLEMY, (loc. cit.).

de Belval et les hospices de Verdun, ainsi que les dîmes à charge de l'entretien du chœur et du transept des églises des dites paroisses (1).

Par son testament, Nicolas le Guellart, sire des Armoises (mort en Janvier 1303) laissait à l'abbaye de Belval la moitié du terrage de Sommauthe dont l'autre moitié appartenait déjà à l'abbaye par donation de Baudoin d'Autry; ce legs fut contesté par Beaudoin d'Orcymont, mais il y eut, le 23 juillet 1307, accord entre lui et l'abbaye par l'intervention de Robin des Armoises, chevalier, JOFFROY DE LANDRES, et Jean de Verrières, escuyers. (Cart. ms. de Belval, p. 62) (2).

En mars 1367, HALBRAND DE LANDRES, écuyer, en présence de Henry de Grandpré, sire de Buzancy, fait hommage à Geoffroy seigneur d'Aspremont, des biens qui avaient appartenu à Thierry de Bonvillers, écuyer et qui avaient été saisis, faute d'hommage, lors du décès de ce dernier (3). Ces lettres sont passées au mois de mars, le jour de Saint Grégoire, 1367, en présence de Jean Berouilly, écuyer.

En 1312, Anne de Manre, écuyer, et damoiselle sa femme, prennent cinq septiers de blé pour chacun an

---

(1) Notes manuscrites du marquis O. DE GOURJAULT. — Cette sujétion de Beaufort demeure domaine honorifique des seigneurs de Landres jusqu'à la Révolution. Le 11 novembre 1742, la cloche de Beaufort à pour parrain et marraine Louis de Maillart, baron de Landres, seigneur de Beaufort et Marie-Anne-Scholastique de Vasfinhac d'Imécourt, son épouse. — Une cloche de Cierges (disparue) eut pour parrain et marraine, le 7 septembre 1758, Claude-François de Maillart de Landreville et Marguerite-Claude de Graffeuil. GRAFFEUIL : *d'argent à la feuille de houx de sinople accostée de deux étoiles d'azur*.

(2) D' VINCENT, *La Maison des Armoises*, in Mémoires de la Société d'Archéologie Lorraine, 1877.

(3) A. DE BARTHÉLEMY : (loc. cit.).

sur les héritages de Landres, au profit de Jean comte de Grandpré (1).

En 1369, GÉRARDIN DE LANDRES fait l'aveu suivant :

« Saichent tuit que je Gerardins de Landres escuiers fiz Collard Mercier avoue et recongnois à tenir en fiez et en hommage de très haut et excellent prince le roy de France nostre sire une maison séant à Landres dite le Chastel avec les appartenancez d'icelle la huiteime partie de la haute justice moiine et basse d'icelle même ville et don molin de Landres.

« Item environ la cuisainme (quinzième) partie des terrages de Landres.

« Item une pièce de prey contenant environ de deus fauchies séant au lieu quondit *En Fontenilles*.

« Item une autre pièce de prey céent derier ladicte maison contenant environ VI^{xx} verges et puet valoir ladicte terre à croit et à décroit checun an quatre libvres et deus solz parisis mouvant en fie don don (sic) roy nostre sire de son chastel d'Autry, et chasteline ens témoin de vérité je Girardins desuz dis ai celée se prope dénonment de mon ceel dont je use et entens à user.

« Donné et écrit le jeudi devant la trineté l'an de grasse nostre seigneur mil CCCLXIX et se amander i avais je Girardins dess. [dis] i amenderoie à vostre dis (2). »

Cet aveu fut renouvelé vingt ans plus tard dans la forme suivante : (3)

---

(1) Chartrier de la maison de Maillart.
(2) Archives nationales, P 177³ cote VI^c xxiiij.
(3) Archives nationales, P. 183² cote XIII^c xxxv.

« A tous ceulx qui ces présentes lettres verront et orront, Girard Toignel, garde du sel de la prevosté de S. Manehoult, salut. Saichent tuit que par devant Jehan Sautier et Jehan Bouloingne jurez du Roy nostre sire et establis ad ce faire, vint en sa propre personne pour ceste chose Girardins de Landres escuiers et recognut de sa bonne volonté sanz force que il tient et advoue à tenir en foy et hommage du Roy nostre sire à cause de son chastel et chastellenie de S. Manehoult les héritages et choses cy après escriptes.

« C'est assavoir huictiesme partie de toute la haulte justice moyenne et basse de la ville de Landres, et puet valoir par an environ dix solz tournois.

« Item une maison, meix, jardins, tenemens et aisemens d'icelle et une fauchie de pré contenant environ cent verges qui puellent valoir par an environ trente solz tournois.

« Item deux fauchies de pré séans en la fin de Landres entre Landres et S. Georges tenant au comte de Grand-pré d'une part et Raoulin Molet d'autre part et quarante verges de pré séans en la fin de Landres delez Jehan Jacquecon d'une part et puellent valoir les dis prés par an environ vingt solz tournois.

« Item la quarte partie ou environ de tous les terrages dudict Landres qui puellent valoir par an environ dix sextiers de grains à la mesure du lieu moitié wain et l'autre moitié avoinne.

« Item certains terrages prenans chascun ans sur certains héritages séans en la fin de Saint-George et puellent valoir chascun an quant blef y a trois quartels de blef ou environ à la mesure du lieu, moitié wain et l'autre moitié avoinne.

« Item seze deniers tournois de cens ou rente paiens

chascun an sur certains héritages prés et terres séans en la fin Landres en lieu que on dit ès Vaux et on Bruel.

« Item seze deniers tournois de cens à prenre chascun an au jour de quasimodo sur certains héritages et plusieurs prés séans en la fin dudict Landres.

« Item le fourage de tous vins qui sont déchergiés en ladicte ville de Landres pour vendre pour chascune voiture une choppine de vin à la mesure de Belmont et puet valoir environ deux solz tournois.

« Et ce par aulcune adventure ledict escuier avoit oblié à mettre, declairier ou dénommer en ce présent denommement qu'il deust tenir en foy et hommage du Roy nostre sire à la cause dessus dicte sy le tient il et advoue à tenir en foy et hommage du Roy nostre dit seigneur comme dessus est dit.

« En tesmoing de ce, nous Girard Toignel dessus dit par le rapport des dis jurez et par leurs scels pendans avec leurs saings manuels mis ad ces présentes lettres avons scellé icelles du seel et du contre seel de la dicte prevosté. Saulf tout droit.

« Ca fust fait l'an mil trois cens quatre vins et neuf le vint quatriesme jour du mois de novembre.

J. SAUTIER, J. BOULOINGNE. »

En 1371, ETIENNE DE BORGNE DE LANDRES, écuyer, en présence de Rotot de Soissons, bailli du Rethelois, fait hommage, pour « sa forte maison d'Autrusse, à cause de la comte de Rethest » (1).

Le 10 février 1386, Edouard Ier de Grandpré avait vendu au duc et à la duchesse de Bar, le revenu de toutes ses propriétés du Barrois, sises à Landres, Saint-

---

(1) Notes manuscrites du marquis O. DE GOURJAULT.

Georges, Saint-Juvin, Champigneulles, Béfu, Berrupt, Landreville, Fossé, Sivry, Imécourt, Sommauthe, Semuy, Montcheutin, ainsi que les sauvements de Sommerance; le lendemain, il aliénait en leur faveur la nue-propriété. Le 12, le duc et la duchesse consentaient à ce que le vendeur, dans l'année et le jour, put rentrer en possession de tout ce qui était vendu moyennant le remboursement du prix. En janvier 1387, le comte Edouard voulut profiter de cette condition résolutoire; le duc de Bar s'y opposa, mais le parlement donna raison au comte de Grandpré (1).

En 1390, RAOULIN MOLLET, écuyer, est seigneur de Landres (2). Ce ne devait pas être là son seul fief, car en 1390, il rend hommage au comte de Rethel pour ce qu'il tient à Chardeny (prévôté de Bourcq). En 1410, il rend également foi et hommage pour certain pré séant au finage de Chardeny, au lieu dit « La Planchette » (3). Il y a bien des chances pour que ce soit le même, que le tenancier de Landres.

En 1404, Jehan, sire de Werchin, sénéchal de Hénault, ber de Landres, et seigneur de Machault, fait aveu pour la dite seigneurie : cette lettre est scellée d'un sceau portant un lion entouré de billettes (4).

En 1402, ALEXANDRE DE LANDRES, écuyer, fait hommage au comte de Rethel, pour la ville d'Oches à cause de sa terre de Brieulle et de Raucourt (5). Le 14

---

(1) A. DE BARTHELEMY, (loc. cit.).
(2) Il existe encore à Landres un lieu dit « le jardin Mollet ».
(3) Archives du Comté de Rethel à Monaco, et notes manuscrites du marquis O. DE GOURJAULT.
(4) Notes manuscrites du marquis O. DE GOURJAULT.
(5) SÉCHERET, Études historiques sur Raucourt et Haraucourt. Sedan 1896, p. 66.

mai 1412, Messire de Haubert de Hangest (1), écuyer, et 43 autres écuyers de sa compagnie, reçoit à Melun le dit Alexandre de Landres qui fait partie de sa compagnie.

En 1418, Catherine de Grandpré, fille d'Edouard Ier, femme d'Enguerran de Liancour, écuyer, demeurant à Arras, scelle aux armes de Grandpré, un acte relatif à la moitié de Montlaurent qu'elle possédait ainsi que Landres (2).

Le 28 février 1456, GÉRARD DE LANDRES, dit Le Piquart, demeurant à Mézières, tient à accensement une pièce de vigne avec son enclos, sise sous la justice d'Arches et dépendant de l'hospice de Mézières, moyennant une rente annuelle et perpétuelle de 24 sous parisis (3).

En 1494, Henry Coulon, écuyer, avoue tenir en foy et hommage des ducs de Lorraine, à cause de son château de Joinville, la terre de Narcey qu'il a acquise de Christophe de Hangest et de sa femme Jeanne de Landres (4) (sans nul doute une parente d'Alexandre de Landres).

Il y a lieu de supposer que de tous ces seigneurs, la plupart ne furent que de simples bénéficiaires sous la suzeraineté des comtes de Grandpré, et que leur seigneurie n'avait rien d'héréditaire.

---

(1) DE HANGEST, *d'or à la croix de gueules*.
(2) A. DE BARTHÉLEMY, (loc. cit.).
(3) Arch. départ. des Ardennes B 1 (Hospice de Mézières).
(4) Notes inédites du Mis O. DE GOURJAULT.

VI

Vers le milieu du xv° siècle, Landres semble ne plus être rattaché au comté de Grandpré; Edouard II, qui avait épousé Mahaut de Rubempré, en 1417, se dit simplement seigneur d'Imécourt, d'Escry, de Saint-Georges, de Cornay, de Quatre Champs : il n'est plus question de Landres. Même silence dans ses aveux de 1447 et de 1456.

Il y a donc tout lieu de penser que GEOFFROY ISSENART était en la possession de la seigneurie de Landres quand il épousa Beatrix de Grandpré, fille de Gobert de Grandpré, seigneur de Cornay et Fléville et de Claude de Roucy; elle apporta en dot Sivry-les-Buzancy, Sommerance, Baldrange, Boureuilles en partie. D'ailleurs A. de Barthélemy dit en propres termes : « Beatrix qui épousa Geoffroy Issenard écuyer, seigneur de Landres. » Ce n'est donc point par ce mariage que Landres entre dans la maison d'Issenart et consécutivement dans celle des Maillart.

On ne connaît pas trop l'origine des Issenart; l'orthographe même de leur nom est des plus variables (il est vrai que la chose est des plus courantes au moyen âge); on rencontre Isnard (charte de 1529), Issnart (aveu de 1523), Ysnart (acte de 1475), Yssenart (parchemin de 1547), Hissenard (tombe d'Africain de Chamisso dans l'église d'Andevanne). Nous nous en tiendrons à la forme habituelle Issenart (1).

On rencontre pour la première fois ce nom vers 1420,

---

(1) ISSENART, *d'argent à l'aigle éployée de sable, couronnée, becquée et armée de gueules.*

où Marguerite Issenart épouse Valtrin de Nettancourt, seigneur d'Autrecourt, veuf de Claude de Lucy.

Tout porte à penser que la famille des Issenart est originaire de Dun-sur-Meuse. On a en effet connaissance d'un Georges Issenart, qui, le 22 octobre 1463, tient à Dun le fief de Jehan de Brieulles — le fief des Autels (1). D'après M. de Souhesme, ce Georges Issenart avait épousé Jehanne de Verny : de ce mariage sont issus Geoffroy que nous retrouverons comme seigneur de Landres, et Jehanne. Les recherches de Didier Richier (2) nous apprennent que « l'an 1475, Antoine de Heulles, (3) fils de Jehan de Heulles et de Marie de Lorgies (4) (alias de Mortre) (5) print en mariage damoiselle Jehanne Ysnard, demeurant à Dung-le-Chastel, fille de feu Georges d'Ysnard, escuyer, et de damoiselle Jehanne de Verny femme inhumez et enterrez en l'église parochiale dudict Dung, estant ledict Georges capitaine et prevost dudict lieu. » Dans la descendance, nous retrouvons Albert de Heulles qui

---

(1) Ce fief avait passé à Jacques d'Escouviez (Ecouvier, canton de Montmédy) le 6 juillet 1372. Il est probable qu'il entra dans la famille Issenart par un mariage d'un Issenart peut-être le père de Georges avec une Escouviez Toujours est-il que par la suite, la douairière de Chamisso le comprend dans un aveu et dénombrement fait, le 15 décembre 1663, en son nom et en celui de son petit-fils Jacques Tassart. Enfin le 26 octobre 1675, Jacques François de Tassart vend à Thomas de Milly la place et les matériaux où était la maison des Autels provenant d'African de Chamisso. (ROBINET DE CLÉRY : *Dun à travers les âges*).

(2) R. DE SOUHESME : *Recherches sur l'armorial de Didier Richier 1577-1586, fol. 86/112 V°* (Nancy, 1894).

(3) HEULLES : *d'azur à 3 muffles de léopard d'or.*

(4) LORGIES : *d'azur à l'aigle d'or accompagnée en chef de deux étoiles d'argent.*

(5) MORTRE : *d'azur au mortier d'argent à la grenade de sable élancée de gueules.*

— 39 —

vend le 20 avril 1597 le fief des Autels à Albert de Chamisso (1).

Quant à Geoffroy Issenart, il épousa Beatrix de Grandpré, fille de Gobert II comte de Grandpré (2) et de Claude du Bois-Roucy (3) : elle lui apportait en mariage Cornay, Sommerance, Sivry-les-Buzancy, Boureuilles, etc. C'est dans les dernières années du XVe siècle qu'eut lieu ce mariage et que Geoffroy Issenart prit possession de la seigneurie de Landres. En effet le premier acte où soit mentionné son nom est de 1498 : c'est une lettre « reprise en parchemin faict à Loys de Joyeuse compte de Grandpré par Geoffroy Issenart des terres et seigneurie de Landres, des héritages y mentionnez l'an 1498. (4) ».

La plupart des documents que nous possédons relativement au séjour de Geoffroy Issenart en la seigneurie de Landres consiste en une énumération analytique relatée en un inventaire du 26 août 1572. C'est l'inventaire des pièces trouvées en « ung vieil coffre de boys sans serrure ni clé en la maison chastel de Bolandre représentez par damoiselle Jehanne Issenart dame dudict Bolandre (5). »

Nous ne relèverons dans ce long énuméré que les pièces qui intéressent plus particulièrement Landres.

Une lettre d' « ascencissement escripte en parchemin faict par Jehan d'Exermont et Colas Morel nottaires

---

(1) CHAMISSO : *d'argent à 5 trèfles de sable posés 2, 1 et 2 et à deux mains dextre et senestre de même en pointe renversés en pal.*

(2) GRANDPRÉ : *burelé d'or et de gueules de 10 pièces.*

(3) DU BOIS-ROUCY : *Ecartelé aux 1 et 4 de gueules au chou d'or* (du Bois) *aux 2 et 3 d'or au lion d'azur* (Roucy ancien).

(4) Chartrier de la maison de Maillart.

(5) Chartrier de la maison de Maillart.

royaulx de la prevosté de S⁰ Manehould par Morel Parsaille, abbé de Chahery et Gobert de Grandpré, seigneur de Cornay, sieur de Cornay et Fléville, à Jehan Collignon et Thicry le cordonois d'une place size à Landre..... avoir un moulin à blef à présent une forge en datte du dixiesme jour de janvier 1490. »

Du 14 novembre 1501, un partage entre Geoffroy Issenart et Beatrix de Grandpré sa femme et Pierre de Pallas et Jehanne de Grandpré sa femme « pour raison des terres et seigneuries de Landres, Sivry-les Thenorgue, Sommerance, Fléville, Exermont lez Chehery, Bantheville-lez-Romagne ».

Une sentence rendue par Thierry de Lenoncourt pour Geoffroy Issenart « contre les relligieux (sic) de Chéhéry » en date du 14 août 1506.

Un « acquet faict par Geoffroy Issenart, escuyer, seigneur de Landre, sur honneste homme Nicolas Cartillier, marchand à Châlons, de un huitième dans la seigneurie de Landre moyennant 100 livres tournois » en date du 8 mai 1511.

Une lettre d'acquet en parchemin « au proffit de Geoffroy Issenart contre Jehan Lardenoys dict Hutint, demeurant à Chevières, en datte du 18⁰ jour de mars 1512 de l'achapt de la forge de Landre. »

L'original de la charte de 1529 scellé en double queue de cire verte, auquel est annexé « ung vendaige fait par Anne de Manre escuyer et damoiselle sa femme de 5 septiers de bled à prendre sur les héritages de Landre par chascun an au proffit de messire Jehan compte de Grandpré » en date de l'an 1512 au mois de février et scellé en double queue de deux sceaux.

Une reprise en papier en date du 15 février « 1538 fait par led. deffunt Geoffroy Issenart de sa part de la seigneurie de Landre. Signé : Robert de Joyeuse, comte de Grandpré. »

Il existe encore un aveu de 1523 (1) : « On tieng de moy Geoffroy Issnart et Denys Cauchon (2) la ville terre et seigneurie de Landre excepté quelques petites portion que tieng l'abbaye de Chahery...... 28 livres et 30 paires (3) de grains..... »

Et en réalité cette part que détiennent les religieux de Chéhery, nous en retrouverons la trace jusqu'à la fin du XVIII° siècle où Landres paie encore au dit abbé le huitième de la grosse dîme (4).

Quand à Denys Cauchon, co-titulaire de la seigneurie de Landres, il faisait à coup sûr partie de la puissante famille des Cauchon que l'on trouve mentionnée dès le XIV° siècle : au sacre du roi Jean (1350), Ogier Cauchon porte le dais en sa qualité de seigneur de Terrier ; au XVI° siècle, les Cauchon sont seigneurs de Tresloug et de Faverolles (Marne). D'après Caumartin, cette famille comptait parmi ses membres le trop fameux évêque de Beauvais qui présida au procès de Jeanne d'Arc. Quoiqu'il en soit, c'est vers le XVI° siècle que le nom des Cauchon disparait des seigneurs de Landres (5).

---

(1) B. N. fonds français 22363, fol. 34. Cité par le Dr JAILLIOT, (*Notes historiques sur l'abbaye de Chéhéry*. Sedan 1898.)

(2) CAUCHON : d'or au chevron de gueules chargé de 3 molettes d'éperon de sable à 5 rais et accompagné en pointe d'une hure de cochon de sable défendue d'or (P. LAURENT) ou : de gueules au gryffon d'or ailé d'argent (A. BAUDON - L. BOSSUT.)

(3) Probablement 30 paires (de septiers) de grains.

(4) La même année 1523, on rencontre le nom de Geoffroy Issnart, escuyer, seigneur de Landres, archer, dans la monstre et revue des nobles gentils hommes, tenant fiefs et arrière-fiefs du roy subjects au ban et arrière-ban. (Arch. nat. J. 202).

(5) En 1526, Prudent Cauchon, escuyer, seigneur en partie de Vaillemont, Mauljove, Maulpertuis, et de 1/5 de la terre de Landres, et Damoiselle Marie Hocard, veuve de feu noble homme Denys Cauchon rendent foy et hommage pour un fief à Dampierre sur Aube. (B. N. f.f. 22363).

Mais l'acte de beaucoup le plus important pour l'histoire de Landres, est la transaction survenue le 21 septembre 1529 entre les seigneurs et les habitants de Landres. Nous la rapporterons in extenso : d'abord parce que ce document constitue à proprement parler la charte de Landres, et ensuite parce que c'est sur ce document que s'engagera, près de trois siècles plus tard, l'interminable procès des bois de Landres.

« A tous ceux qui ces présentes lettres verront ou orront, Jean Aubertin, bachelier ès-drois chanoine de Chaalons garde pour et de par le Roy nostre sire èssceaux et contract de la prevosté de S^e-Menehoud, Salut.

Scavoir que par devant Jehan Hoccard et Siene Lallement jurez d'iceluy en lad. prevostez proprement establij à ce faire. Furent présens en leurs personne spéciallement pour ceste chose, noble homme Geoffroy Isnard escuyer et damoisel Beatrix de Grandpret sa femme ladicte damoisel lisentiez et authorizé suffisamment dudict Isnart son mary quant à ce. Révérend père en Dieu, dom Adam Lambin (1) abez de l'église Nostre-Dame de Chahery de l'ordre de Cytaux, et Pierson Le Chillastre au nom et comme procureur de Denys Cauchon aussy escuyer et scois portant fort de luy sieur dud. Landre d'une part ; Poncelet Perotin, mayeur du-

---

(1) Adam Lambin fut le 12e et le dernier des abbés réguliers de Chéhéry; il tint la croix abbatiale en 1505 et mourut en 1545, d'après son épitaphe, rapportée par D. Guyton, laquelle était ainsi conçue :

Cy gist Révérend père en Dieu frère Adam
Lambin, natif de Verdun, en son vivant abbé de
Céans qui mourut l'an mil V^e et qurante-cinq le
quatorze février. Priés Dieu pour son âme.

(Dr VINCENT, loc. cit.).

dict lieu de Landre, Jean Lescalet, André Guillet, Person Robert, Henry Flamain, Gerardin Marjolet, Robert Bernard, Marin Gennesson, eschevins en la justice de Landre, Person le Chillastre, en son nom, Renaud Jacquemin, Jehan Estienne, Renaud Collin, Jehan Tarnier, Collin Masson, Marin Cordier, Chantin Pierosson, Mathieu Serval, Richard Godfrin, Pierson Richier, François Gérard, Antoine Raux, Jean François Colson, Blondel, Colet Godfrin, Thomas Gérard, Vincent Estienne, Pierson Blondel, Pierre Aubry, Thybaux Lardennois, Nicolas Lardennois, Jean Jacquet, Jean Petit, Pierson Blondel, Jean Le Masson, Barthélemi Germain, Ponsard Godard, Badonnier, Jean Collinet, Nicolas Pultier, Pierson Richard, Jean Colas, Jean Loyet, Guillaume Richard, Jean Perotin, Pierson Leclerc, Ponselet Le Chillostre, Jacob Pasquy, Henry Noel, Guillot Petit, Jean Germain, Drouet Gaillard, Poncelet Goffin, Vuarin Cousin, Gilles Lallemand, Denys Husson, Pierson Henriquet, Jean Flamain, Jean Dardart, Renard Jacquemin, Jean Estienne, Pierson Godfrin, Thevenin Raullin, Drouet Lescalet, Pierre Estienne, Guilleaume Mangin, Pierson Le Chillastre, Guilleaume Nizet, Jacquemin Henriquet, Thomas Corvisier, Hussenet Lescallet, Guilleaume Veny, Colson Estienne, Brun Godfrin, tous mannans et habitans demeurans au village dud. Landre fesant et représentent toute la communaultez dud. lieu d'autre part.

« Disant lesdictes parties que pour raison et à cause que led. sieur Isnart seigneur pour les six parties dont les huict font le tout de lad. seigneurie dud. lieu ayans obtenu certaine lestre royaux en forme de mandement pour faire bailler auxdicts habitans par desclaration les héritages qu'ils tiennent et occupent aud. lieu de

Landre, les charges et redeubvances et vérification d'iceulx et dont déjà estoient en procez de ce ils estoient en vois d'avoir entre eux grands frais et despens pour obvier et éviter à ce, aussy pour demourer en pax et amitiez il avoit faict ensemble par le mesme conseil et advis des enfans dud. sieur Isnard et Jean Hoccard l'un desdicts jurez beau père dud. Denys Cauchon les traités et accord qu'il a en la manière quy s'ensuit, lesquels pourra servir auxd. partis comme de titres de charte.

« A sçavoir que toutes les terres vacante et quy sont en friche situez audict finage seront et demeureront et appartiendront auxdicts habitans pour les despartir entre eux et pour icelles mestre en nature de labour, exceptez les bois en quantitez de trois cens arpents qui seront tenus en bois pour demeurer à toujours à toutes natures de bois à bastis et en pâturages auxd. habitans duquel lieu lesd. habitans jouiront comme usagiers et ne pourront coupper lesd. habitans es dits trois cens arpents de bois aulcuns chênes ni faux fors que pour mesonner audict village encore qu'il leur sera délibéré par mayeur de justice, et sy ne pourrait copper ny poirier ni paumier sur payne de soixante sols tournois d'amende. Et moyennant et pour ce lesd. habitans sont et seront tenus jetter et assoyer avec les aultres redevances quy doivent sur leurs héritages tant de ceux qu'ils aurait desdictes terres vacantes que de leurs propres qu'ils tiennent de presentz, la quantitez de trente deulx septier de froment et trente deulx septiers d'avoine mezure de Grandpré qu'ils payeront pour et à cause desdictes terres vacantes audict seigneur ou à leur recepveur au jour et feste S. Martin d'hyver par chascun an à peyne de dix sols d'amende laquelle redeubvance chascun desdicts bourgeois seront tenu

payer et porter es maison desdicts seigneurs ou leur
procureur et en cas ou lesdict habitans desfaudraient
de payer lesd. redeubvances auxd. jours, de chascune
huictaine après qu'il leur seras signifié par le sergent
dud. lieu l'amende se doublera, et ne pourront lesd.
seigneurs quereller ny demander autres redeubvances
auxd. habitans sur leur personne et héritage que les
anciens acoustumez quy sont de présent. Outre ont
accordez lesd. parties que dorénavant n'y aura audit
lieu que trois eschevins pour exercer la justice avec le
mayeur combien qu'il soit acoustumez dans avoir sept
pour ce que le nombre est excessive de travaille auxd.
habitans. Et auront lesd. sieur pareille droit d'usage
auxd. pastys, usages et pasturages que lesd. habitans
et non plus. Et s'y l'un desd. sieurs fours fesoy ou
missusoit, les autres sieurs prendront l'amende. Et le
tout afin que lesdicts pastis soit mieu gardez et quant
aux amendes et fourfaictures lesd. parties se règleront
selon leur loy et coustume du baliage de Vitry, prevosté de S. Manehout ou ledict village est situez et ocy et
sy seront tenu bailler l'assiette desd. grains dessus dicts
dedans huict jours avant la S. Martin d'hyver prochain
venant pour commencer à payer la dicte rente au jour
et feste S. Martin venant comme toutes ces choses et
chascune d'icelles party an droit soy^1 isant et recongneu estre vray présent lesd. jurez e^{et}nains desquels
et chacune d'ycelles en droit soy promest par leur
foyet serment de leur corps pour ce donner corporellement et soubz l'obligation de tous et ung chascun
leurs biens et biens de leurs hoir et aultres meubles et
immeubles présent et advenir. Lequel quant à ce ycelles
et chascune d'ycelles en droict soy ont soumis à toute
justice queconque à temps et entretenir et avoir pour

— 46 —

agréables en forme et actions stables à toujours les trectez et accords et chose dessus dict selon et aussy par la forme et manière que dessus dict et sans y contrevenir en aulcune manière que ce soit sur peine de rendre et payer tous despens dommages et interest et à cause de ce serait faict et soubstenu et renonçant quant à ce toustes choses quelconque et accoustumez et en droict disant général renonciation non valoir. En temoings de ce nous garde dessus nommez au rapport et relation desd. jurez et par leurs seaux et signes manuels mis pendant à ces présentes ycelles avons cellé contreceléz du sel et contrescel de lad. prevosté sauf tous droict. Ce fut faict le 21ᵉ septembre de l'an mil cinq cens vingt-neuf. »

(L'original demeura entre les mains de Nicolas Radier bourgeois de Landres qui en était gardien). Que sont devenus les originaux, tant celui de Nicolas Radier, que celui qui se trouvait dans le « viel coffre » du château de Bolandre en 1572 ? nul ne le sait. La pièce qui est aux Archives de Mézières (1) et que nous venons de reproduire est la copie que fit dresser Claude-Charles de Maillart, le 26 juillet 1684, par Jean Le Roy, notaire à Landres en présence de Claude de Boureuille (2), prêtre, et de Henry Ledoux, marchand.

Les Issenart sont demeurés célèbres dans l'histoire

---

(1) **Série** E. 493.

(2) Ce Claude de Boureuille était un fils naturel de Claude Charles de Maillart comme en fait foi son acte de sépulture : « *L'an de grâce 1686, le 28ᵉ juillet est décédé Claude de Boureuille vivant prêtre, fils naturel du sieur Claude Charles de Mailliare, écuyer seigneur de Landres âgé de 28 ans et a été inhumé dans l'église de cette paroisse, là où nous l'avons posés avec les cérémonies accoutumé. Privé.* »

par leurs démélés avec les Pouilly (1). Geoffroy Issenart avait en effet pour beau-frère Henry de Pouilly. Henry de Pouilly, né en 1454, mort à 101 ans en 1555, fils de François de Pouilly et de Nicole d'Ory avait épousé en seconde noces, le 22 mars 1502, Jeanne de Grandpré (1480-1512) qui était elle même veuve de Pierre de Pallas et sœur de Béatrix : elle avait apportée en partie Cornay, Fléville, Marcq, Lançon, Binarville, Vienne-la-Ville, etc. à son mari qui était pour son compte, sire de Pouilly, Baalon, Quincy, Luzy, Léchelle.

Des difficultés de partages ou d'héritages soulevèrent sans nul doute entre les deux beaux-frères des contestations qui donnèrent lieu de part et d'autre à des attaques incessamment renouvelées. Toujours est-il qu'au cours de ces démélés eut lieu entre ces adversaires irréconciliables et leurs partisans une rencontre sanglante en un endroit qui porte encore aujourd'hui le nom de « Champ-de-Bataille » : Issenart et les gens de Landres semblent n'avoir pas eu le dessus.

Brulant, en effet, de se venger, le 29 décembre 1525, Guillaume Issenart, fils de Geoffroy, Claude de Rouvroy, seigneur de Gernicourt et gendre de Geoffroy, Philibert de Halles, seigneur de Marquigny-aux-Bois, capitaine de la forteresse de Montfaucon, Florent Rodrigue, Jehan Zabin, Grand Jehan le Picart et autres, à la tête de leurs gens, profitent de l'absence de Henry de Pouilly qui était allé rendre hommage au duc de Lorraine pour ses terres du Barrois, assiégent de nuit la forteresse de Cornay, pillent le château et enlèvent les archives. Il est plus que vraisemblable que les gens de Landres

---

(2) POUILLY : *d'argent au lien d'azur, armé, couronné et lampassé de gueules.*

prirent en la circonstance fait et cause pour leur seigneur et lui prêtèrent main-forte dans le sac de Cornay.

L'affaire naturellement fut suivie de procès et, en 1527, Henry de Pouilly, baron de Cornay, fut, par arrêt du lieutenant du bailli de Vitry, remis en possession des « chasteaux et chastel » de Cornay et des revenus de la seigneurie depuis l'envahissement du château avec dommages et intérêts pour les spoliations par lui souffertes « lesquels dommages et intérêts seront fixés d'après l'évaluation faite par ledit sieur de Pouilly de la valeur des objets enlevés et dégradés. » Cette sentence rendue par contumace condamne les adversaires de ce dernier au bannissement perpétuel de France et à la confiscation de leurs biens. Il fut fait appel de ce jugement, entr'autres par Philibert de Halles ; finalement la confiscation n'eut pas lieu et la peine du bannissement fut rapportée.

De ce coup de main et des suites judiciaires auxquelles il donna lieu, nous n'avons connaissance que par le récit de Gabriel de Pouilly (1) dont rien ne vient confirmer l'authenticité. Cependant il y a tout lieu de supposer qu'il se passa quelque chose d'analogue, comme le laissent entrevoir les transactions subséquentes. En tout cas les représailles ne tardèrent point à se faire jour, et Louis de Pouilly tua son cousin Guillaume Issenart dans un combat singulier ou dans un guet-apens, l'on ne sait trop (2).

---

(1) Cte G. de Pouilly, *Notice historique sur Cornay* in *Revue historique des Ardennes, 1865*.

(2) Les actes de violence de ce genre n'étaient pas rares à cette époque, en particulier dans la famille de Pouilly. Le 11 Juin 1559, Nicolas fils de Gérard de Pouilly, écuyer, seigneur d'Esne, tue d'un coup de sa « hacquebutte » le nommé Nicolas Broquet. En 1623, Jacques de Pouilly, seigneur dudit lieu, abat d'un coup de

— 49 —

A deux reprises, en 1529, puis en 1541, ces faits donnèrent lieu à des transactions à propos de lettres de rémission sollicitées par Louis de Pouilly pour le meurtre de Guillaume Issenart, d'un coté, et par Claude de Rouvroy — fort probablement pour le sac de Cornay — d'un autre coté.

Nous allons rapporter les parties les plus intéressantes de ces deux pièces : ce sont deux copies collationnées pour Jehanne Issenart, dame de Bantheville, par Jehan Boucher et Nicolas Bernard notaires royaux sur les originaux « escriptes en parchemin » renfermés dans le fameux coffre de Bolandre.

Le premier document est du 5 avril 1529.

« A tous ceulx qui ces présentes lettres verront Adrian Marteau, escuyer, licencié ès loix, seigneur de Gland (?) conseiller et advocat du Roy en prevostez ressortz de Chasteau-Thierry, Chastillon-sur-Marne, et garde de par lad. seigneurie des sceaulx de la prevosté dud. Chasteau Ty, salut, et savoir faisons que par devant Robert le Vesque et Jehan le Tigneux nottaires royaulx en ladicte prevostez de Chasteau-Thierry furent présens et comparans.... Loys de Pouilly impétrant de lettres de rémission pour la mort advenue à la personne de defunct Guillaume Ysnart d'une part, et Geoffroy Ysnart escuyer seigneur de Landre en soy et de soy faisant fort pour dame Beatrix de Grandpré sa femme et tant pour deffance d'autre part; et Claude de Rouvroy, escuyer, seigneur de Traysmes (1), impétrant de lettres de rémission d'une part, et Henry de Pouilly, escuyer, seigneur

---

pistolet, son curé, messire Henri Le Faron avec lequel il vivait en désaccord. (R. de SOUHESMES, *Étude sur la criminalité en Lorraine d'après les lettres de rémission, 1473-1737*).

(1) Très vraisemblablement Termes; à cette époque, les Rouvroy habitaient en effet cette localité.

4

dud. lieu deffendeur à l'enthérinement desdites lettres de rémission d'autre part.... »

Les seigneurs de Landres se désistent de l'instance introduite auprès du bailli de Vitry par laquelle ils faisaient opposition à l'enthérinement des lettres de rémission et ont

« Consenty et consent l'enthérinement desd. lettres de rémission obtenu par led. Loys de Pouilly pour la mort et occision dud. defunct Guillaume Ysnart fils dudict seigneur de Landres, que pour toute satisfaction, réparation d'injures, dommages intérets que led. seigneur de Landre, sa femme et ses enffans eussent pu ou pourroient avoir à prétendre à cause de la mort dud. defunct et de la poursuite qu'ils ont faict led. Loys de Pouilly a quité et quite par ces présentes au prouffict dud. seigneur de Landre tous les droicts que auparavant les présentes il avoit au chastel et seigneurie de Cornay, de Fléville, tant par son droict d'aynesse comme aultrement, qui est un quart en la moictié de la dicte seigneurie et la moictié de la maison forte dud. Cornay consistant en haulte justice moienne basse, boys ryvières, molins et aultres droicts es dictes seigneuries de Cornay de Fléville par le Trespas de feue Jehanne de Grandpré mère dud. Loys pour en joir par led. seigneur de Landre ses hoirs et ayant cause comme Vray seigneur et propriétaire desd. choses à tousiours. Et oultre led. Loys de Pouilly a promis et promet paier la somme de 400 livres tournois pour une fois.... et jusques au paiement d'icelle led. Loys de Pouilly sera tenu luy constituer et par ces présentes luy constitue, a promis et promest faire valloir chascun an sur toutes les terres seigneuries possessions immeubles la somme de 26 livres 13 sols 4 deniers tournois avec les arrérages dus au jour dud. rachast. Ou au lieu d'icelles rentes baillera led. Loys de Pouilly quelques héritages de la valeur delad. somme de 26 l. 13 s. 4 d. pour en joyr par led. seigneur de Landre ses hoirs et ayant cause jusqu'à ce qu'il soit payé de la dicte somme de 400 livres tournois. Et aussy ont promis lesd. seigneurs de Landre, de Traymes...... de rendre les lettres, titres, enseignements et baulx qui ont esté prinz et transportez hors dud. chasteau de Cornay..... quand ledict defunct Guillaume Ysnart, led. Claude de Rouvroy, Philibert de Halles, Florentin Rodrigue, Grand Jehan le picart et aultres leurs alliés sont entrés estant de nuict dedans led. chasteau de Cornay.....»

Treize ans plus tard, Louis de Pouilly trouvant trop onéreuses les conditions de cette transaction, introduit une instance pour la faire annuler. Voici quelles furent les bases du nouvel accord conclu le 20 mai 1542 :

« A tous ceulx quy ces présentes lettres verront et oiront Denys Aubertin escuyer garde pour et de par le Roy nostre Sire de France aux contracts de la prevosté de S. Manehout, salut. Savoir faisons que par devant Anthoine Mauvais et Denys Charlot procureurs d'iceluy seigneur en ladicte prevosté et proprement establys à ce faire, sont présens et comparans noble homme Jeoffroy Yssenart escuyer et damoiselle Beatrix de Grandpré sa femme authorizé suffisament de son mary d'une part; Et Loys de Pouilly qui avaient obtenu des lettres royaulx de rémission ès contracts repçus de notaires le 5 apvril 1529 après Pasques par les intérests par eulx prétendus à cause de la mort et occision advenue à la personne de feu Guillaume Yssenart leur fils. Ce dont par ladicte transaction ledict de Pouilly estoit chargé de tout comme est contenu ès icelles faict adsommer led. Yssenart par devant monseigneur le bailli de Vitry ou son lieutenant à S. Manehoud afin de casser et adnuller ledict contract de transaction comme devant estre mineur et aultres choses par luy allégués.......

« Affin de nourir paix et amitié ensemble lesd. parties de l'advis et du consentement assavoir led. S^r et Dame par l'advis de Regnault d'Allamont escuyer seigneur de Bolandre et Jehan de Monthoys aussy escuyer seigneur de La Chapelle, leurs gendres ; et led. Loys de Pouilly par l'advis de Jehan de Pouilly son frère, seigneur de Cornay en partie et aultres de leurs amis, faict les traictez et accords quy s'ensuyvent ; assavoir que led. Loys de Pouilly a consenty et par ces présentes consent que lesd. S^r et Dame leurs hoirs et ayant cause ayent et puissent joyr et posséder à tousiours.........
............................,........ de la totalité du pré appelé le Grand Clau (?) situez et assis au finaige de Fléville et aussy joyront à tousiours du cart de la moitié des terres de la Grande Crau (?) assy aud. Fléville à charge que led. Ysnart et sad, femme seront tenus de tenir ledict bail à cens des maisons que led. Loys de Pouilly pourroit avoir faict en payant le cens, et moyennant ce lesd. S^r et Dame ont quitté et par ces présentes quittent aud. Loys de Pouilly la somme de 400 livres tournois que led. de Pouilly estoit tenu paier auxd. Ysnart pour une fois..... à charge que led. de Pouilly est et sera tenu paier par chascun an la vie durant desd. Ysnart et sa dicte femme la somme de 26 livres 13 sols 4 deniers tournois au jour de Pasques. En échange led. Ysnart et sad. femme baillent et délaissent toutes les terres, prés, maisons, granges, estables, haulberges assis au finaige de Cornay et de Fléville qu'il tient tant par héritage que d'acquet..... »

Quant à Claude de Rouvroy, seigneur de Traysmes il a « tenu et promins payer aud. Henry seigneur de Pouilly, la somme de cent escus pour laquelle somme de cent escus, il sera tenu et promins de bailler et paier par chascun an aud. Henry de Pouilly la somme de 13 livres 6 sols 4 deniers tournois de rentes rachetables, moyennant laquelle led. de Pouilly a consenty et consent à l'enthérinement des lettres de rémission...... » (1)

Dans l'intervalle de ces deux actes, Geoffroy Issenart fait aveu pour ses différents biens de Cornay et autres lieux ; nous reproduirons dans son intégralité cette pièce des plus intéressantes, d'abord parce qu'elle nous donne le détail des biens possédés en ce moment par les Issenart, puis parce qu'il est fait mention du meurtre de Guillaume Issenart, et des réclamations de Loys de Pouilly à l'occasion de la première transaction :

« Adveu et dénombrement fait et baillé par Geoffroy Yssenart, esc. seigneur de Landres, Sivry-les Buzancy, etc. et D^{elle} Beatrix de Grandpré, sa femme.

« François, par la grâce de Dieu, Roy de France, à nos amez et féaux les Gens de nos comptes, etc. Nous avons reçu Jehan de Monthois comme procureur de Geoffroy Yssenard, esc. seig. de Landres, Sivry-les-Buzancy, etc., qui a fait entre les mains du chancelier foy et hommage des terres et seigneuries cy dessous. Si aucuns desdicts fiefs estoient en nostre main, vous mandons que les mettiez à pleine et entière délivrance, pourveu qu'il baille son aveu et dénombrement et paye les autres devoirs. Donné à Paris, le 18 mars 1538 et de notre règne le 25.

---

(1) Chartrier de la maison de Maillart.

« Saichent tous que Je, Jeoffroy Yssenart, escuyer, seigneur des lieux suivans, de Cornay, Fléville, Sommerance, Sivry-les-Buzancy, Baldranges, Boureuilles, confesse tenir en fief du Roy à cause de son château de S. Manehoult les terres et seigneuries cy après écrites. Le tout à cause de Beatrix de Grandpré, ma femme.

« Ascavoir audict Cornay et Fléville m'appartiengt moictyé entièrement et ung quart à l'autre moityé par transaction et accord faict avec Loys de Pouilly qui avoit tué et occis Guillaume Ysnart mon seul filz et dont néanltmoins pour ladicte portion ledict de Pouilly est en procès à l'encontre de moy comme impétrant de lectres royaulx en matière de rescision de contracts. Desquelles terres et seigneuries appartiennent et dépendent les droicts et revenus quy s'ensuyvent.

« Premiers pour les portions des susdictes la haulte justice moyenne et basse desdict lieux de Cornay et Fléville pour l'exercice de laquelle justice y a audict Cornay ung mayeur fermier avec certain nombre d'eschevins et sergens ; et peult valloir ladicte prévosté à croist et décroist, pour les portions dessus dictes, la somme de six livres ; pour icelle portion la somme de quarante solz tournois.

« Item la totalité du chastel et maison forte dudict Cornay mouvans entièrement du Roy, mon souverain seigneur, comme dict est ; en ce non compris le Donjon quy est mouvant et tenu en fief foy et hommage du duc de Bar, à cause de son chastel de Clermont-en-Argonne.

« Item. Une contrée de boys appelée l'Hermitage contenant environ neuf vingt arpens tenant d'une part au Fond des Boys, et d'aultre part au ban et finage de Marcq, bouctant d'un bout aux terres labourables dudict Cornay et d'aultre bout aux usaiges du dict Marcq.

« Item. Ung quart en ung boys appelez le Fond des Bois, venant de Luys de Pouilly par la dicte transaction.

« Item. Ung quart en ung aultre boys le Veillon portant contre les comparsonniers dudict Loys de Pouilly, tenant la totallité dudict boys, d'une part aux aisances de Chastel les Cornay et d'aultre part aux boys de Gerard Toignel (1), aboutissant d'un bout aux boys dudict Baldrange.

« Item. Ung autre boys appelez le boys Baldrange contenant environ trente arpens, tenant aux boys de Chastel les Cornay d'une part et d'aultre part aux usaiges d'Autry, aboutissant aux terres dudict Baldrange et d'aultre bout ou ban de Lansson.

« Item. La moityé et un quart de la rivière de Ayre partant par Cornay et Fléville, pouvant valoir de ferme 60 solz tournois.

« Item. La moictyé et ung quart en l'aultre moictyé au moulin bannal de ladicte rivière et peut valloir ma dicte part 20 l. tournois, demy cent de chanvre et demy septier d'huile.

« Item. La moityé et ung quart du four bannal dudict Cornay et peut valloir ladicte moityé 9 l. tournois et le quart 60 solz tournois.

« Item. Le droit appelé le Guet du Chastel dudict Cornay qui se lève sur les bourgeois de Cornay et Fléville qui peut monter par an à la somme de 60 livres tournois payables à la Saint-Remy et à Pasques.

« Item. La moictyé et un quart du droit appelé les fossaiges de Pasques, qui est que les bourgeois paient

---

(1) Probablement de la famille des Toignel qui étaient à la fin du XV° siècle, seigneur de Sugny et de Cheppes en Rethelois.

TOIGNEL : *de gueules à trois chèvres d'or accroupies et posées l'une sur l'autre.*

chacun an le jour de Pasques 2 solz 6 d. tournois ; et peut valloir lesdictes moictyé et quart 10 l. tournois ou environ.

« Item. La moictyé et ung quart des terres desditz Cornay et Fléville, pouvant valloir de ferme 26 septiers froment, et autant d'avoyne, et ung quart à l'équipollent mesure de Hans, chaque septier de froment 6 solz 8 deniers tournois et chaque septier avoyne 4 solz tournois.

« Item. La moictyé et ung quart du droit des corvées sur les habitans dudict Cornay et Fléville.

« Item. La moictyé et ung quart en l'aultre moictyé des droits d'afforages es dictz lieux cy dessus.

« Item. Deux pressoirs à moy totalement appartenans scis audict Cornay, affermés pour cinq poinssons de vin.

« Item. Le droit de prendre un poinsson de vin ou environ sur des vignes scises audict Cornay.

« Item. Certaine cense ou métairie apellée des Corvées, maison, grange, etc. et 20 arpens de terre, dont m'en est rendu à la S. Martin d'hyver 10 septiers froment et 10 d'avoyne.

« Item. Le droit de prendre sur chaque bourgeois de Cornay et Fléville ayant brebis portières, ung denier tournois.

« Item. La moictyé et ung quart sur les assises desdits lieux où chaque habitant doit payer à la S. Denys un septier de froment et 15 deniers tournois pour chaque beste trayant.

« Item. Les eschevins desdits deus villages sont tenus à payer à moy et autres seigneurs desdictz lieux les redevances qu'ils lèvent sur les habitans solvables, chacun payant à la S. Denys 15 deniers et un septier de froment.

« Item. L'estang assis au finage dudict Cornay, ledict estang vallant environ et portant ung millier d'allevins.

« Item. Une fauchée de pré audict Cornay, au lieudict la Folznière.

« Item. Environ 80 verges de pré audict Cornay, au lieudict la Rontu.

« Item. Une faulchée ou environ de pré au lieudict Versault.

« Item. Une pièce de six faulchées ou environ, scises à Fléville, au lieudict la Dorée, le tout vallant environ 26 solz.

« Item. En menues censives d'argent qui se prenent sur les prez desdicts Cornay, Fléville, chaque faulchée estant chargée de deux deniers tournois, pour ma part 30 solz de rente.

« Item. En autres cens des héritages au dedans des fossez du chastel dudict Cornay, ce quy me peut valloir pour ma moictyé et quart par an 40 solz tournois.

« Item. Sept septiers et ung quart de vin pour les vignes de la Court.

« Item. En menues cens sur certains jardins autour de ladicte vigne, 40 solz tournois ou environ.

« Item. Sur un jardin scis audict Fléville, apellé le jardin Dudart, 10 solz tournois de cens payables à la S. Martin.

« Item. Sur un jardin audict Fléville au lieudict le mex de la Court, 6 solz 8 deniers tournois de cens.

« Item. Ung jardin scis audict Cornay apellé le jardin d'Argny, vallant de louage environ 50 solz.

« Item. La moictyé des Mazures de Fléville, pour ma part 6 solz 8 deniers tournois de loyer.

« Item. Quatre livres tournois ou environ sur la part dudict Loys de Pouilly.

« Item. Cinq faulchées sur les prés dicts les Grands Claux.

« Item. Le quart en deus estangs l'un appelé Maujoy, et l'aultre le Fonds des Boys, ledict quart venant dudict de Pouilly.

« Item. Ledict Sommerance à cause de ma femme. Je le tiens du Roy et les choses suivantes, savoir : justice haulte, justice moyenne et basse.

« Item. Maison, fossez, basse-court, jardins et appartenances.

« Item. Quattre livres tournois par an sur les habitans dudict Sommerance chacun devant 12 deniers tournois en deus termes.

« Item. Une rentes de 24 septiers froment, 24 d'avoyne mesure de Grandpré, que les habitans doivent chaque année à la S. Martin d'hyver, par composition par moy à eulx faicte pour les terres dudict lieu.

« Item. Ung estang qui peut porter environ ung millier d'allevins.

« Item. Ung moulin à eau de 8 l. tournois chacun an.

« Item. Ung petit moulin eau avec l'estang scis sur le ruisseau dudict Sommerance, le tout de 10 l. tournois.

« Item. 24 faulchées de pré, chaque faulchée redevable de cinq deniers tournois.

« Item. Une thuillerie qui vaut de loyer 4 milliers de thuilles à 15 solz tournois le millier. Et le bois qu'il convient avoir pour ladicte thuillerie se prend sur les habitans de Sommerance.

« Item. Les amendes dudict lieu qui peuvent valloir et monter par an à 4 l. tournois.

« Item. Audict Sivry-lez-Buzancy, à cause de ma femme, je tiens en fief du Roy ce qui s'ensuit, savoir, la haulte, basse et moyenne justice, à cause de laquelle j'ay droit de prendre 5 deniers sur chaque faulchée, ce qui peut monter à la somme de 40 solz tournois.

« Item. Chaque bourgeois me doit 6 deniers parisis, à la Sainct-Jehan.

« Item. A Noël, chaque bourgeois me doit 6 deniers parisis.

« Item. Chaque bourgeois et forains ayant ménage me doit 2 chappons. Ce qui monte à présent à 25 paires.

« Item. A cause de madicte justice fait accord avec les habitans du lieu pour 7 ou 8 arpens de terre en hayes propres à faire prez, moyennant qu'ils sont tenus me payer par an 12 solz tournois à la Sainct Jehan.

« Item. Les amendes dudict Sivry me peuvent valloir 4 l. tournois ou environ de rente.

« Item. Ung moulin à vent qui peut valloir par an 6 l. tournois.

« Audict Baldrange, à cause de madicte femme, je tiens en fief du Roy, la haulte, basse et moyenne justice.

« Item. 2 solz 6 deniers tournois à prendre sur chaque bourgeois au jour de Pasques et 15 deniers à la S. Remy.

« Item. La dixme et terrage du lieu vallant de présent 4 l. tournois de cens ou environ.

Item. Chaque bourgeois me doit 15 deniers tournois par an à la S. Remy.

Item. Audict Boureulles, à cause de ma femme, je tiens enfin du Roy ung huictiesme à ladicte seigneurie avec la moictyé du boys de Cornay.

« Item. La moictyé du boys de Debat le tout mouvant du Roy à cause de son château de S. Menehoult.

« Item. En foy de quoy Je Geoffroy de Ysenart ay signé ce dénombrement et scellé de mon scel et armes le 3 mars 1538.

Collatio facta in Camera compotorum per me auditorem Reg. Compotonu. die 24 martii 1538. Picot (1). »

. . . .

Nous ignorons la date de la mort de Joffroy Issenart et de Béatrix de Grandpré : il y a tout lieu de penser qu'ils ne survécurent pas longtemps à la seconde transaction survenue entre eux et Louis de Pouilly, et que ce dernier n'eut à leur payer que peu d'années la rente y stipulée. En effet, à la date des 12, 14 mai et 15 juin 1547 on partage les « chasteaux, terres, prez et aultres héritaiges demeurés après le décès » de Geoffroy Issenart. La mort avait frappé à coups redoublés à son foyer : non seulement Guillaume, son seul héritier mâle, était tombé sous les coups de Louis de Pouilly; mais deux de ses filles, également prénommées Nicole, mariées l'une à Claude de Rouvroy (2), l'autre à Jehan de Monthois (3), étaient mortes ainsi que leurs maris. Il ne subsistait plus que Jehanne qui avait épousé Regnauld d'Allamont (4) seigneur de Bantheville, et Thi-

---

(1) Bibl. nat. f. f. **22363** f° **34**. Il est à remarquer qu'il n'est question dans cet aveu que des biens que Geoffroy Issenart tient soit de la transaction faite avec Pouilly, soit de l'apport de sa femme; ce qui confirme bien le fait qu'il était seigneur de Landres avant son union avec Béatrix de Grandpré.

(2) Rouvroy : *D'argent à la fasce de sable au lambel de gueules de 5 pièces.*

(3) Monthois : *Pallé d'or et d'azur de 6 pièces* (Un Jean de Monthois fait encore aveu pour une partie de Landres, le **18** mars 1638.)

(4) Regnault d'Allamont était fils de Jean d'Allamont et de Marie de Pavant et frère de Jacques d'Allamont dont la dalle funéraire est dans l'église d'Andevanne. Allamont : *de gueules au croissant d'argent, au chef de même chargé d'un lambel à 3 pendants d'azur.*

Pavant : *d'argent à trois fasces de gueules au chef échiqueté d'or et d'azur de deux traits.*

riette qui avait, vers 1517, épousé Gratien de Maillart, Cette dernière eut en partage la plus grande partie des maisons, terres et près de Landres, Champigneulles et Cornay.

Avec elle entre définitivement la seigneurie de Landres dans la maison de Maillart.

CHAPITRE II

La Baronnie des Maillart. — Le Château de Landres

Vers 1517, par le mariage de Thiriette Issenart avec Gratien de Maillart, la terre de Landres entre dans cette maison pour y demeurer jusqu'à la Révolution.

Quelle était l'origine de ces Maillart et d'où provenaient-ils ?

Jean Coley, dit Maillart, premier du nom, rapportent les chroniqueurs, était vers 985 un gentilhomme du comté de Huy : c'était un colosse de six pieds et demi ; il combattit sous les drapeaux de l'évêque de Liège, Notger, contre Lambert, comte de Louvain ; il se couvrit de gloire à la bataille de Wanze en 988, où plus de vingt mille hommes restèrent sur le carreau : l'évêque, à la suite de ce haut fait, combla de biens Jean Maillart ; il le fit créer chevalier avec une pension de mille florins et lui fit contracter alliance avec la fille d'Arnud de Selle « chevalier qui possédait un grand pays d'héritages » ; enfin il lui donna pour armoirie *un escu d'argent sur un champ d'azur* qui étaient celles des anciens comtes de Huy. Jean Maillart continue, sous l'évêque

Baldéric de Looz, à commander l'armée liégeoise : battu à Hougarde, il ne tarda pas à prendre une éclatante revanche à Florenne où le comte de Louvain fut tué; il sortit également victorieux d'un sanglant combat contre les Frisons en 1017, mais il y perdit la vue. C'est à cet événement que, selon les chroniqueurs, se rapporterait l'origine du jeu de Collin Maillart (Coley-Maillart) que connaissent encore bien les enfants d'aujourd'hui.

Pendant près de quatre siècles, la descendance de Jean Maillart ne cessa de guerroyer tantôt pour l'évêque de Liège, tantôt au compte de l'empire ; on retrouve les Maillart bataillant dans toutes les affaires qui ensanglantèrent l'Europe pendant la première portion du moyen-âge. Nous ne rapporterons pas leurs exploits, ne reprenant la filiation qu'au premier Maillart qui vint mettre ses armes au service de la France, nous quittons la chronique toujours plus ou moins apocryphe pour aborder l'histoire.

I

HENRY DE MAILLART, chevalier banneret (1), était fils de Jehan de Maillart qui avait servi sous l'empereur Henry VII et à qui ses exploits valurent la concession du lion naissant et de la devise : « *Etiam nascendo tremendus* ». Il vint se mettre au service de Charles V et prendre part aux exploits de Bertrand Duguesclin; il commandait une compagnie de 50 lances avec laquelle il suivit l'expédition dirigée par Duguesclin contre Pierre-le-Cruel, roi de Castille, en 1369 ; on le retrouve

---

(1) Pour être chevalier, il fallait posséder 12 manses, et pour être banneret 12 fois 12 manses.

aussi guerroyant contre l'Anglais en 1370-71-72. Il eut un duel avec un seigneur de Hautefort en Périgord. Il était allié à la maison de Bar et avait épousé Catherine de Marmande (1), des anciens seigneurs du Perche. Grâce à la faveur du monarque, il put s'établir dans les Ardennes vers 1363.

II

C'est à son fils, Colesson, que Louis III dit de Maele, comte de Rethel, inféoda la terre de This. Colesson, chevalier, seigneur de This, près Mézières, se trouva aux batailles d'Azincourt, de Beaugé, de Crevant, de Verneuil en 1415, 1421, 1423 et 1425. Il fournit aveu et dénombrement de la terre et seigneurie de This au comte de Rethel les 12 mai 1407, 20 mai 1426 et 20 octobre 1436. Il laissa de son mariage avec une demoiselle de Beaujeu (2) deux fils, Yves et Jean.

III

Yves de Maillart, chevalier, seigneur de This, de Tournemont en Thiérache, de Guignicourt et de Géromont, homme d'armes des ordonnances du roy et capitaine gouverneur du château de Warcq servit sous Louis XI et Charles VIII. Le 30 octobre 1489, il avait épousé demoiselle Françoise de Berles (3), qui lui apporta partie de la terre de Guignicourt. De ce mariage il eut un

---

(1) Marmande : *d'or au chêne de sinople posé sur une terrasse du même et un lion léopardé de sable passant au pied du chêne.*

(2) Beaujeu : *de gueules à cinq triangles d'or.*

(3) Berles : *d'azur au sautoir d'or, accompagné de 4 lionceaux armés et lampassés de gueules.*

fils, Mengin, qui prit part à la guerre pour la succession du trône de Hongrie en 1527.

Son frère JEAN, dit Magin de Marment, qui continue la descendance, était seigneur de This, de Guignicourt, de Saint Marcel-les-Clavy, de Géromont, de la Grève, de Saint-Marceau, homme d'armes des ordonnances du roi et gouverneur de Montcornet. Il fait, au comte de Rethel, le 12 juin 1469, aveu et dénombrement de sa terre seigneuriale de This, mouvante de la chatellenie de Warcq. Le 30 octobre 1489, il épouse Ysabeau des Ayvelles (1), fille de feu Jehan, écuyer, seigneur des Grandes et Petites Ayvelles, de Chevrières, etc. et de feue Jeanne de la Grève. En 1481, Pierre Hamel, abbé de Mouzon, le constitua son avoué pour le prieuré de Saint-Julien et autres dépendances de sa crosse situées dans le voisinage. Il avait la garde noble de ses enfants mineurs lors de deux aveux et dénombrements faits les 6 mars 1506 et 6 juin 1509 à Jean d'Arras, seigneur d'Haudrecy, et à Philippe, comte de Porcien et seigneur de Croy. Il fut marié deux fois : de son premier mariage, il eut deux fils, Gratien, et Jean mort à la guerre sans postérité ; d'un second mariage, il eut une fille Jeanne, mariée à Grégoire de Frahan, écuyer, seigneur de Frahan et de Sainte-Croix, fils du gouverneur de Sedan.

IV

GRATIEN DE MAILLART, seigneur de This, Tournemont, Neuville-sur-This, Guignicourt, Géromont, Saint-Marcel-les-Clavy, Mézières en partie, La Grève, Douilly,

---

(1) Ayvelles : *d'argent au sautoir d'or accompagné de quatre merlettes de sable.*

La Fosse, la vallée de Magne, Landres, Sommerance, Champigneulles, Bayonville, La Forge-Maillart, naquit à Saint-Marcel vers 1490 et succéda à son père vers 1520. Il devint successivement gouverneur de Watephal, de Warcq, de Maubert-Fontaine. En 1537, nous le trouvons servant dans la compagnie de 97 hommes d'armes et 149 archers des ordonnances sous la charge du duc de Guise. Il porta les armes pendant presque toute sa vie sous les rois Louis XII et François Ier. Il se trouva à la défense de Guise et de Montreuil. Pris par les Impériaux en 1538, il servit dans le pays du Luxembourg et à Landrecies jusque vers 1541.

Quand Jean II d'Apremont, prince d'Amblize, seigneur de Buzancy et de Lumes, entra en rébellion contre le roi et embrassa le parti de Charles-Quint, ce fut, en 1542, Gratien de Maillart — qui était alors gouverneur de Maubert-Fontaine — que François Ier chargea de débarrasser les populations de ce dangereux voisin. Gratien vint donc mettre le siège devant la forteresse de Lumes. Ce brave militaire rassembla ses troupes et vint établir son camp en face du château qu'occupait Jean d'Apremont avec une garnison espagnole. Les assiégeants n'ayant pas de canons pour battre les remparts, se contentèrent d'élever un retranchement en terre ou blocus en face de la porte principale du manoir. François de Rabutin dit que ce blocus « ne feit aultre chose que despens et fraiz, pour que ce mauvais ordre y régnoit ». La relation de Micqueau semble confirmer le résultat négatif de ce siège. Mais les mémoires espagnols, conservés aux archives de Luxembourg sont plus affirmatifs : « Ayant, en l'an 1542, la guerre recommencée entre l'Empereur et le roi de France, le chasteau de Lumes fust prins par les Français. Mais la paix ayant esté conclue à Crespy, ledict sieur d'Apremont fust restably en sa ditte terre et seigneurie ensuite du traicté (1). »

Nous savons par un aveu et dénombrement servi au roi, le 24 janvier 1540, par Jean d'Arras, écuyer, seigneur d'Haudrecy, que Gratien de Maillart, écuyer, tenait de ce seigneur le quart de la seigneurie de la Grève, Pierre de Beffroy (2) et Adam de Bohan (3) en tenant également chacun un quart.

Gratien de Maillart mourut le 4 juillet 1545 dans son gouvernement de Maubert-Fontaine et fut inhumé en l'église paroissiale de Saint-Marcel-lez-Clavy où l'on peut voir sa tombe (4). Gratien et sa femme y sont représentés en bas relief de grandeur naturelle, les mains jointes, la tête appuyée sur des coussins; Gratien est armé de toutes pièces et sa femme en costume d'apparat; au-dessus d'eux, leurs armoiries. Voici l'inscription que comporte cette dalle, du moins telle qu'elle existait au XVIIe siècle d'après un « Extraict de l'escript quy se trouve escrit dessur une tombe de pierre de marbre quy est gysant à terre dans l'église paroissialle de S. Marcele-lez-Clavy (5) es la chapelle du St-Rozair d'ycelle » fait par « Mre Jehan Fayot nottaire roïal et tabellion en

---

(1) L'abbé HUBIGNON : *Rev. hist. ard.* 1905.

(2) Beffroy : *de sable au lion d'argent armé et lampassé de gueules ayant la queue passée entre les jambes.*

(3) Bohan : *de sable à la bande d'or cotoyée de deux cotices de même.*

(4) C'est par erreur que Senemaud, et après lui Don Noël, donne cette tombe comme brisée et disparue avant la Révolution. Elle a si peu disparu qu'on lit dans le classement des objets mobiliers d'églises ardennaises en 1908 : « S. Marcel; dalle à effigies gravées de Gratien Maillard, seigneur de S. Marcel et sa femme, pierre, XVIe siècle. »

(5) Chartrier de la maison de Maillart.

la résidence de Maizières en présence de Mre Noël Patoulet prestre curé dudict S. Marcel » et de plusieurs autres témoins, le 25 août 1663 (1) :

« CY GIST MESSIRE GRATIEN DE MAILLART EN SON VIVANT SEIGNEUR DE LA GRÈVE, LANDRE, CORNAY, FLÉVILLE, SOMMERANCE, SIVRY-LEZ-BUZANCY ET PREMIER GOUVERNEUR DE MAUBERT FONTAINE CAPITAINE DE CINQ CENS HOMMES DE PIEDZ AUSSY PREMIER ET DERNIER GOUVERNEUR DU BLOQUE DEVANT LUMES QUY TRES PASSA AUDICT MAUBERT L'AN DE GRACE MIL CINQ CENS QUARANTE CINQ LE QUATRIESME JOURS DE JUILLET PRIEZ DIEU POUR SON AME ».

Sa veuve Thiriette Issenart se remaria vers 1550 avec Ferry de Berles, écuyer, seigneur de Guignicourt qui mourut en 1563 ; elle vivait encore en 1577.

Gratien de Maillart laissait cinq fils et deux filles :

1° Jean qui fut tué à la bataille de Moncontour, le 3 octobre 1569. Nous savons que, le 5 mars 1563, sur le fait de l'aliénation du temporel ecclésiastique de Reims, il se rendit acquéreur, tant pour lui que pour Pierre, Claude et Antoine, ses frères, moyennant 651 livres tournois, de la seigneurie de la Forge appartenant à Mre Jehan Brouhet Bonfils, prieur de Thin-le-Moutier et consistant en « maison, grange, estables, prez, terres, savars, bois, hayes et buissons, assis sur la frontière distant du lieu de Symay de 6 lieues et de la ville de Maubert-Fontaine de 3 lieues environ ».

---

(1) Il est fort probable que l'église S. Marcel-lez-Clavy fut construite du temps de Gratien de Maillart ; en effet, sur la base du clocheton, qui avoisine, à gauche, le clocher principal, on distingue encore assez nettement un écusson aux armes des Maillart. (Communication de M. Ch. Gailly de Taurines.)

2° Pierre qui continue la descendance ;

3° Charles qui fut tué au siège de Metz contre Charles-Quint, le 1er janvier 1553. Le 30 octobre 1554, le partage de ses biens tant féodaux qu'en roture fut fait entre Jean, Pierre, Claude, Antoine, Françoise et Jeanne ; les biens féodaux échoient aux mâles chacun pour un quart et les autres biens et rotures à chacun des héritiers, pour 1/7 (1).

4° Claude qui épousa Guilaine de Tiges et mourut en 1563 laissant un fils mort jeune.

5° Antoine qui épousa en 1561 Christophe de Failly, fille de feu honoré Philippe de Failly (2) et de damoiselle Jeanne de La Ruelle. Il acquit, en 1561, la terre de Gruyères, de Messire Jean Jacques de Suzanne, chevalier, baron de Waga et de Cerny. Il mourut sans enfant en 1576.

6° Françoise qui épousa d'abord Nicolas de Pouilly, seigneur d'Esne, puis, vers 1550, Antoine de Montberon.

7° Jeanne qui épousa Pierre de Berles, seigneur d'Yvernaumont, puis Nicolas Guitot, seigneur de la Grange-aux-Bois. Elle mourut vers 1577.

V

PIERRE DE MAILLART, fut le premier qui, de par sa mère, prit le titre de baron de Landres. Il était seigneur de la Forge-Maillart, de la Ronchereulle, la Vonge,

---

(1) Chartrier de la maison de Maillart.

(2) Failly : *de gueules à la fasce d'argent accompagnée de trois haches d'armes de même* qui est de Failly-Champagne ; Senemaud en fait par erreur une fille de Failly-Lorraine (*d'argent à un rameau enraciné de 3 feuilles de gueules cotoyée de deux merlettes de sable en fasce*). Nous en donnerons la preuve épigraphique.

Neuville-les-This, Vienne-la-Ville, Sommerance, Fléville, Cornay, Boureuilles, Faignon, Bois-Maillart, Saint-Marcel-les-Clavy, Sivry-lez-Buzancy, Gruyères et Mézières en partie « à cause du cens qu'il possédait sur le château et les bourgeois de cette ville. » Il servit d'abord dans la compagnie d'ordonnances de Joinville (1563), puis dans la compagnie de cinquante hommes d'armes de Joachim de Dinteville. C'est lui qui, en 1589, avec Claude de Joyeuse, seigneur de Tourteron, arrive au secours du sieur de Renneville qui défendait Sainte-Ménehould assiégée par le maréchal de Saint-Pol. Leur arrivée inattendue avec 60 cavaliers releva le courage des royalistes et « frustra de leurs espérances les ligueurs qui se résolurent à lever le siège et à s'éloigner (1).

Le 25 avril 1563, sa mère Thiriette lui avait abandonné ses terres de Landres, le fief de la Roncheulle. A cette époque, les sieurs de Bouligny et de Sorbey sont copropriétaires de Landres : le nom de Cauchon a disparu (2). Le 14 mai 1574, il fournit aveu et dénombrement à la chatellenie de Grandpré pour la terre de Landres.

---

(1) E. Henry. — *La Réforme et la Ligue à Reims et dans le Rethélois.*

(2) Les Bouligny, ou des Ancherins de Bouligny sont descendants des Monthoye, et les Sorbey, des Rouvroy. — Il existe un contrat de 1576 au profit du sieur des Ancherins pour une portion de la seigneurie de Landres. En 1618, Robert des Ancherins, sieur de Bouligny, est seigneur en partie de Cierges, Landres, Cornay, Fléville et demeure à Cierges.

Bouligny : *d'azur à la bande d'argent chargée de trois coquilles de sable.*

Des Ancherins : *Ecartelé aux 1 et 4 de gueules à une tour et demie d'or accompagnée au canton dextre du chef d'un demi-massacre de cerf du même ; aux 2 et 3 de sable à 3 merlettes d'argent.*

Sorbey : *d'azur à un croissant d'argent surmonté d'une étoile de même.*

— 71 —

Le 9 avril 1577, il se rend acquéreur de quinze cents verges de prez à Landres « sur Etienne Loriant et Jeanne Henrion sa femme » (1). Il existe un contrat d'acquet de mars 1578 par lequel Pierre de Maillart, seigneur de Landres, achète pour lui, ses hoirs et ayant-cause à Jacques de Roucy, seigneur de Termes, et dame Loyse de Montbron, son épouse, demeurant audit Termes, leur part dans les terres et seigneuries de Gruyères, la Grève, la Forge, Landres, Cornay, Fléville, Sommerance, Sivry, etc, moyennant 222 écus soleil. Cette part, la dame de Roucy en avait hérité par le décès de Thiriette Issenart, sa grand'mère (2).

Le 5 février 1586, honoré Pierre de Maillart achète un lot de terres sises au ban de Landres à Etienne Buant, demeurant à Landres et Jeanne Bernard sa femme (3).

Le 17 juillet 1595, il rend foi et hommage pour sa terre de Gruyères au duché de Rethélois.

Le 15 avril 1596, il passe une transaction avec les habitants de Landres « qui prétendoient que les terres dudit seigneur devoient terrage et qu'ils avoient aquiescé à la sentence quy en a été rendue le 21 juin 1595 » (4).

Pierre de Maillart avait épousé le 15 juin 1563, par devant Charlot et Lallement, notaires royaux à la résidence de Landreville et d'Andevanne, Guillemette de Beauvais, fille de François de Beauvais (5), écuyer, sei

---

(1) Chartrier de la maison de Maillart.
(2) Chartrier de la maison de Maillart.
(3) Chartrier de la maison de Maillart.
(4) Chartrier de la maison de Maillart.
(5) Beauvais : *d'argent à 3 pals de gueules.* On retrouve vers 1520 un Didier de Beauvais, seigneur d'Autruche.

gneur de Landreville et d'Andevanne et de Lucie de Chamisso (1).

Il mourut en février 1610 : il est le premier baron qui ait habité le château de Landres; de ses quatre enfants, les deux derniers y sont nés, Arnoult le 5 août 1575, et Antoinette le 30 avril 1570, qui épousa, le 15 mars 1587, par devant Maucler, notaire à Landres, Christophe de Moitrey, seigneur de Custine.

Des deux ainés, le second François, sera la souche des comtes et marquis de Landreville; le premier, Charles, continue la descendance.

VI

Charles de Maillart, chevalier, baron de Landres, seigneur de La Forge, Sommerance, Cornay, Fléville, Sivry, la Vonge, la Ronchereulle, Millet, et autres lieux, est né au château de Landreville, le 15 juin 1565. Il fut homme d'armes des ordonnances du roi dans la compagnie de Joachim de Dinteville vers 1594. Henri IV l'honora de la charge de gentilhomme ordinaire dans laquelle Louis XIII le continua par lettres patentes du 27 février 1625. Il fait hommage au comte de Grandpré pour la baronnie de Landres, le 14 juin 1599 et le 21 septembre 1633. Le 2 septembre 1634, sa noblesse d'ancienne extraction fut reconnue en l'élection de Reims.

Le 20 septembre 1602, il achète une partie du « Petit Hazoir, dépendant de la commanderie de Boult et venant de Henry le Fauconnier (2) ». Il avait épousé d'a-

---

(1) Pierre de Maillart fut déchargé du ban et de l'arrière-ban le 2 avril 1588.

(2) Chartrier de la maison de Maillart.

bord Louise de Beauvau (1), dame de Millet, fille d'Aloph de Beauvau, seigneur de Rorté et de Madeleine d'Espence, laquelle mourut en 1608; ce mariage avait eu lieu le 27 mai 1590. En secondes noces, il épousa, le 2 juin 1621, Anne d'Allamont, dame de Bantheville, sœur de Daniel d'Allamont, baron de Cornay, seigneur de Bantheville, Bouru, etc. ; elle mourut en 1625. De son premier mariage, il eut six enfants, tous nés au château de Landres : trois fils : François mort jeune, en 1591 ; Pierre né le 1er janvier 1599 et tué au service en 1625 ; Christophe qui continue la descendance; et trois filles : Lucie, née le 21 avril 1594 qui épousa Jean de Wassemberg, puis Frédéric de Pouilly ; Nicolle, née le 20 septembre 1597, mariée à Georges comte du Buchet (2) ; Madeleine, née le 20 février 1602, mariée à Pierre de Gennes (3).

Charles de Maillart mourut au château de Landres en octobre 1638.

VII

CHRISTOPHE DE MAILLART, chevalier, baron de Landres, puis de Haneffe, seigneur de Fléville, Sommerance, la Vonge, des fiefs de Jousselin et Manbué, de Rocquigny, la Carpière, la Ronchereulle, de Chevrétouse, d'Evrehailles (4), Harduemont, la Carnière, naquit au château de Landres « un lundy onziesme jour d'aoust

---

(1) Beauvau : *d'argent à 4 lionceaux de gueules armés, lampassés et couronnés d'or.*

(2) Buchet : *d'azur à quinze billettes d'or posées 5, 4, 3, 2, et 1.*

(3) Gennes : *d'hermine à la fasce de gueules.*

(4) Evrehailles : 830 hab. au comté de Namur; fut possédé par les Maillart de 1638 à 1790.

à 6 heures du soir de l'an 1603 ». Il fut page du grand duc de Vaudemont-Lorraine ; puis, le 24 novembre 1632, épousa au château d'Evrehailles, Marie-Anne-Catherine de Mirbricht (1), baronne de Haneffe et d'Evrehailles, fille de Louis de Mirbricht et de Hubertine de Druyn-Rosey.

Christophe rend hommage au roi, le 11 octobre 1638, pour la hautesse et baronnie d'Evrehailles, mouvante de Sainte-Ménehould à cause du château de Poilvache ; et, le 8 janvier 1639, pour la baronnie de Landres. Il mourut en 1652 et fut inhumé dans l'église d'Evrehailles ; il laissait deux fils et deux filles, tous nés au château d'Evrehailles, dont Claude-Charles qui suit.

VIII

A partir de ce moment, nous pourrons puiser de nombreux et utiles renseignements dans les registres paroissiaux de Landres qui ouvrent en 1675 ; le premier acte est même relatif aux Maillart, c'est un acte de baptême où figure à titre de marraine Lucie de Maillart ; il paraît difficile de l'identifier avec la fille de Charles citée plus haut (elle aurait eu alors 81 ans) ; il s'agit plus vraisemblablement d'une Maillart de Landreville.

CLAUDE-CHARLES DE MAILLART, baron de Landres, de Haneffe et d'Evrehailles, seigneur de Carnière, Sommerance, Fléville, Millet, Rocquigny, la Ronchereulle, de Chevrétouse, d'Ozémont, etc., né au château d'Evrehailles vers 1639, capitaine de chevau-légers dans le régiment de Condé, se distingua au siège de Mayence en 1689 ; il y fut fait prisonnier avec son cousin, le chevalier de Gruyères, et conduit à Landau. Il épousa à La

---

(1) Mirbricht ; *de sable à un massacre de cerf d'argent.*

— 75 —

Haye, le 15 décembre 1660, Alcyde Margueritte Van der Duyn (1), fille de Nicolas Van der Duyn, seigneur de Riswick et de Béatrix de Bouckhorst. Il fit hommage au roi, en la chambre du domaine à Châlons, les 15 décembre 1669 et 20 février 1673, pour les fiefs et seigneuries de Millet, Sommerance, Jouselin (2), Manbué, les bois de Boureuilles et de Cornay et au souverain bailliage de Namur, le 21 octobre 1669, pour la seigneurie hautaine d'Evrehailles ; enfin, au comte de Grand-pré, le 18 décembre 1675 pour les terres de Landres et de la Ronchereulle. Nous ne possédons pas ces derniers dénombrements, mais nous avons celui du 20 février 1673 que voici :

« C'est l'adveu et dénombrement que donnent au Roy et présentent par devant nous, Messieurs les Présidents trésoriers de France, généraux des finances, grands voyers et juges ordinaires de la Chambre du domaine en la généralité de Champagne, Messire Claude Charles de Maillart, chevalier, seigneur et baron de Landre, Hanesy (3), Furchaille (4), Carnier (5), Sommerance et bois de Cornay ; — Louis-Henry de Maillart aussy chevalier, seigneur d'Ardémont (6), et damoiselle Louise-Joseph (7) de Maillart enfans et héritier de deffunct Messire Christophe de Maillart, vivant chevalier, sei

---

(1) Van der Duyn : *écartelé aux 1 et 4 d'or au lion de gueules surmonté d'un lambel d'azur, aux 2 et 3 à la croix de gueules.*

(2) Les fiefs de Jouselin et Manbué situés à Sainte-Ménehould, consistaient dans le droit de prélever 47 septiers d'avoine, mesure de Sainte-Ménehould, et 50 solz d'argent sur le hallage.

(3) Pour Haneffe.
(4) Pour Evrehailles.
(5) Pour La Carnière.
(6) Pour Harduémont.
(7) Senemand dit Marie-Josephe — laquelle épousa Jean, comte de Gozée.

gneur et baron des mesmes lieux ; des bois de Cornay à eulx appartenants et des droicts quy leur sont eschuz par le deceds dudict feu leur père; pour satisfaire à l'acte de foy et hommage rendu par ledict sieur Claude-Charles de Maillart, le 15e décembre 1666, à charge d'augmenter ou diminuer le présent dénombrement sy faire se doibt.

« Premièrement auxdicts sieurs et damoiselle de Maillart appartiennent sur le finage de Cornay les deux partz, les cinq faisant le tout, en une pièce de bois taillis contenant quarante arpens appelez le bois de Landre, tenant : des costez d'orient et d'occident les seigneurs de Cornay; d'un bout au septentrion l'héritage de Marcq, et au midy lesdicts seigneurs de Cornay.

« Item les mesmes parts en une autre pièce de bois contenant six arpens appelée les Neuf Arpens, joignant du coté d'orient la dame de Roimoville, et des aultres costez lesdicts sieurs de Cornay.

« Une aultre pièce de bois contenant huict arpens appelée le Rou-lieu, tenant de tous costez aux seigneurs de Cornay, sinon qu'elle aboutit aux héritiers du controlleur François.

« Les trois aultres parts appartiennent aux sieurs de Ginvry, de Gruyer et consorts, l'arpent desquels bois peut valloir en superficie, en l'estat qu'elle est à présent, cent dix sols l'un rapportant à l'autre.

« A cause d'iceux, ont lesdits sieurs et damoiselle de Maillart droitz de haulte justice, moyenne et basse, qu'ils pourront faire exercer sur l'estendue desdicts bois, mesmes chasses et pesches sur les banqs et rivières de Cornay et Fleinville, lesquelles droictz ne sont affermez mais peuvent valloir en croist et décroist trente sols par an.

« Toutes lesquelles choses susdites, lesdits sieurs et damoiselle de Maillart confessent tenir en fiefs foy et hommage du Roy nostre Sire, en tesmoing de quoy a ledict sieur Claude-Charles de Maillart signé, scellé de ses armes ces présentes le 20ᵉ febvrier 1763 (1). »

Claude-Charles de Maillart se consacre à reconstituer le domaine de Landres morcelé par le partage survenu à la mort de son grand-père, Charles. C'est ainsi que, le 7 août 1663, il rachète à Claude de Maillart et Anne Louise de Pouilly, son épouse, « ses droits de seigneuries, bâtiments, terres, prez, jardins, chennevières, vignes et aultres héritages qui leur appartiennent à Landres moyennant 8000 livres tournois (2) ».

Quelques jours plus tard, le 13 août, il rachète également la part des du Buchet, tous leurs droits seigneuriaux, moulins, bâtiments, chennevières, terres labourables, prés et vignes qui leur appartiennent à Landres pour 7500 livres tournois.

Enfin, le 4 juillet 1669, il rachète la part de Madeleine de Maillart, veuve de Pierre de Gennes, seigneur de Félin.

Il fut maintenu dans sa noblesse d'ancienne extraction par jugement de Caumartin, le 15 octobre 1670.

Senemaud dit qu'il mourut le 20 juin 1699 au château d'Evrehailles et fut inhumé dans l'église de ce lieu. C'est là sûrement une erreur, car nous avons retrouvé l'acte de sépulture de Claude-Charles : « *26 juin 1699, veille de S. Pierre et S. Paul, décès de Claude-Charle de Maillart, chevaillier, seigneur baron de Landre, Sommerance,*

---

(1) E. MEAUME. — *Mémoire pour M. le Maire de Chastel-Chéhéry contre M^{elles} de Salse et consorts.* Nancy 1866.

(2) Chartrier de la maison de Maillart.

Millet, Evrehailles et autres lieux en son chasteau dudit Landres vers les 6 heures du matin âgé de 60 ans environ (1) ». D'ailleurs, le 20 mars 1690, on lui avait baptisé à Landres un fils du nom de Claude, et que ne mentionne pas Senemaud dans les sept enfants (4 fils et 3 filles) laissés par Claude Charles. Nous avons vu plus haut qu'il eut en outre un fils naturel qui fut l'abbé de Boureuilles.

IX

Son successeur fut son second fils, LOUIS-FRANÇOIS DE MAILLART chevalier, baron de Landres, de Haneffe, d'Evrehailles, seigneur de Fléville, Sommerance, Millet, Andevanne, Beaufort, Nouart, Vienne-la-Ville, etc., né au château d'Evrehailles le 18 avril 1667 ; il servit d'abord en Hollande, puis passa au service de la France comme capitaine au régiment de Bezons-cavalerie, puis de Grignon-cavalerie le 1er novembre 1684. En 1703, il est major au régiment de Lenoncourt et fut créé chevalier de Saint Louis en 1710. Il meurt au château de Landres le 27 février 1711. Il avait épousé le 1er février 1707, Madeleine de Vassinhac, veuve de Claude-Charles de Maillart, seigneur de Landreville et de Gruyer, fille de Gédeon de Vassinhac, seigneur d'Imécourt (2), Alliépont, etc., brigadier des armées du roy, gouverneur de Montmédy et de Claude de Pouilly, dame d'Inor. Le surlendemain de la mort de son mari, elle accouchait d'une fille posthume.

Ce fut sous la tutelle de la veuve de Louis-François que vont commencer les démêlés entre les seigneurs et

---

(1) Registres paroissiaux de Landres.
(2) Imécourt : *d'azur à la bande d'argent cousue de sable.*

les habitants de Landres. Le 24 mai 1727, Madeleine de Vassinhac d'Imécourt, comme tutrice de ses enfants mineurs, fournit un dénombrement à « Jean Anne Gédeon de Joyeuse, seigneur et comte de Grandpré, seigneur suzerain dudit Landres, de la terre et seigneurie dudit Landres et du fief de la Roncheulle, mouvant en plein fief, foy et hommage des comtes de Grandpré à cause de son château dudit lieu ». Les habitants de Landres font opposition à la réception de ce dénombrement : les héritiers et ayant-droit du comte de Grandpré interviennent dans l'affaire et adressent une requête qui aboutit à l'ordonnance royale suivante :

« Louis par la Grâce de Dieu Roy de France et de Navarre au premier huissier de notre cour de Parlement ou autres nos huissiers ou sergent sur ce requis, scavoir faisons que vue par notre cour en la troisième chambre des enquêtes, la requête à elle présentez par Margueritte Dufrenne, veuve et commune (?) de deffunct messire Nicolas de Villers, chevalier, seigneur de Rousseville et Anthoinette de Villers, épouze séparez de biens de messire Anne Gédeon de Joyeuse, chevalier, seigneur comte de Grandprez, authorizé à la poursuite de ses droits, fille et unique héritier dud. sieur de Rousseville, poursuivant le droit de la terre de Granprez tendante à ce que les causes y contenues, il plut à notre ditte cour en conséquence de l'édit tant des criées de l'atribution porté par les arrests de notre conseil d'état, des treize avril mil sept cens dix sept, treize juin, vingt deux décembre 1723, deux fébvrier, deux mars et cinq aoust 1726, que de la litispendance en notre cour, ordonner que sur les contestations portez au baillage du comte de Grandprez entre les seigneur de la terre et baronnie de Landre d'une part, et les particulier propriétaire détempteur d'héritage sur le terroir dud. lieu d'autre, au sujet de la réception des dénombrements fourny par lesd. seigneur de Landre au comte de Grandprez comme seigneur dominant, circonstance et dépendance, les parties procédderont en notre cour en la manière accoustumé et suivant les dernier errement, leur faire deffence de faire poursuitte ailleurs à peine de nullité, ordonner pareillement commission être délivré aux suppliant pour y faire assigner lesd. seigneurs dud. Landre, propriétaire destampteur d'héritage, tant pour y procédder sur laditte contestation que pour voir dire que les suppliant y sont partis intervenant, lesquelles auront acte de l'employ qu'elle font du contenu en ladite requête par moyens d'intervention sur laquelle faisant droits lesd. particuliers propriétaire et détempteur d'héritages au terroir de Landre seront condamné à payer et continuer à ladite seigneurie les cens seigneurialle universel sur led. terroir à la cotitez et forme de prestacion accoustumé y celuy, en portants lots et vente saisine et amande, scavoir de cinq sols à deffaut de payement de lots et vente à raison de vingt denier par livre conformément à la coustume, et trois livres quinze sols d'amande pour chacune vente recellé au delà de vingt jour, pour jouir par le seigneur dominant de ses droits et prérogatif lors des ouvertures de fiefs dans le cas porté par la coustume, et lesd. particuliers propriétaire estre condamné aux despens que les suppliant pourront sy bon leur semble employé en frais extraordinaire. Ladite requête signé Duprez. Les suppliants, oui le rapport de M. Charles François Lefebvre de Loubrière, conseiller, tout considérez, notre ditte cour ordonne que sur la contestation portez au Baage du comte de Grandprez entre le seigneur de la terre et baronnie de Landre d'une part, et les particuliers propriétaires détempteur d'héritages sur le territoire dud. lieu d'autre et dont est question circonstance et dépendances, les parties procédderont en icelles à la manière accoustumé suivants les derniers errements, leur faisant deffance de faire poursuite ailleurs à peine de nullité, ordonne commission estre délivré aux supplians pour faire assigner en notre dite cour lesd. parties au fins du surplus de lad. requête, mandons mettre le présent arrest à exécution, de ce faire te donnons pouvoir. Donné en parlement le 29 novembre l'an de grâce 1730 et de notre règne le 16e.

Finalement vers 1732, la Cour ordonne la réception du dénombrement sans s'arrêter à l'opposition des habitants de Landres, les condamne ainsi que les détenteurs d'héritages à Landres à continuer à payer à la dame de Vassinhac et aux seigneurs de Landres, le cens seigneurial universel sur le terroir de Landres, savoir pour les terres de labour en 32 paires de septiers, moitié froment et moitié avoine, mesure de Grandpré, tenant lieu de terrage à reporter sur chacun détenteur à proportion des héritages qu'il laboure, et pour les prés, vignes, masures, jardins et chennevières en deniers, poules et chapons, vin ainsi et à la quotité accoutumée et conformément audit dénombrement du 24 mars 1727, ledit cens comportant lods et ventes sur l'universalité du terroir de Landres, à raison de 20 deniers par livre; saisies à 15 deniers; retrait censuel et amendes savoir de 5 sols faute de jugement et de 3 livres 15 sols par chacune vente recelée au delà de trente jours (1).

---

(1) Chartrier de la maison de Maillart.

Nous verrons plus tard ces difficultés renaître en 1785, puis en 1802, pour s'éterniser jusqu'en 1821.

Madeleine de Vassinhac mourut le 9 octobre 1754 et fut inhumée le lendemain en l'église paroissiale de Landres. L'ouverture de sa succession et le partage de ses biens entre les enfants des deux fils entraîna la vente mobilière du château de Landres. De son second mariage, elle laissait trois fils et une fille, tous — sauf l'aîné qui naquit au château de Landreville — nés au château de Landres.

X.

Ce fut le troisième qui continua la descendance.

Louis-Charles de Maillart, chevalier, baron de Landres, de Haneffe, d'Evrehailles, seigneur de Sommerance, Andevanne, Beaufort, Vienne-la-Ville, Nouart, Carnière, etc., naît au château de Landres, le 26 décembre 1709. Après avoir été page de la Reine, il fut capitaine au régiment de Champagne-infanterie. En 1757, lors de la guerre entre la France et la Hongrie, il dut quitter le service pour ne point être dépouillé des biens qu'il possédait au pays de Liège. Il avait épousé, le 21 février 1739, au château d'Imécourt, par devant Jacques Chenet, notaire royal à Champigneulles, Marie-Anne Scholastique de Vassinhac d'Imécourt, fille de Cœsar Hector de Vassinhac de la Loge-Imécourt et d'Innocente-Henriette de Sercey.

Nous avons plusieurs pièces concernant Louis-Charles (1). Il fit foi et hommage pour la baronnie de

---

(1) Arch. dép. de Mézières. Série B. — Landres papiers non classés.

Landres au comte de Grandpré, le 2 août 1740 ; le 12 juillet 1730 « par maistre P. Bernard praticien son procureur », il fait devant la justice de Landres, « lecture et publication du dénombrement de la terre seigneuriale baronnie dudit Landre et fief de la Roncheuil en dépendant rendu à très haut et très puissant seigneur Monseigneur Jean Anne Gédéon de Joyeuse compte de Grandpré seigneur-suzerain dudit Landre et fief de la Roncheuil. »

Le 4 décembre 1762, P. N. Mauvais, étant mayeur, Louis-Charles de Maillart fait offre devant la justice « à Jeanne Françoise de Rougemont, épouse séparée de feu Jean Baptiste Richard, demeurant au village de Boue-aux-Bois de 1800 livres pour prix de la vente faite à son profit par François Drouart demeurant à Binarville et Marie-Louise Cottret sa femme d'un corps de ferme situé au village et terroir de Landre, ladite somme mise à découvert sur le Bureau en espèce de 74 louis vallant chascun 24 livres, 7 écus vallant chascun 3 livres, 2 pièces vallant chascune 24 sols, une autre pièce vallant 12 sols, le tout étant en or et argent monnayé au cour de France. »

Il habita primitivement le château d'Imécourt où sont nés ses quatre premiers enfants ; puis il vint vers 1748, se fixer au château de Landres ; en effet le 9 juin de cette même année, on lui baptise à Landres un fils mort jeune ; le 21 septembre 1764, la douairière de Vassinhac d'Imécourt de Sercey meurt au château et est enterrée dans l'église de Landres. Enfin, en 1762, il fait construire une chapelle dans les dépendances du château : son chapelain particulier, Thomas Collard y baptise, le 7 avril 1769, sa petite-fille Catherine-Pierrette-Louise connue plus tard sous le nom de Melle de Haneffe et qui épousa M. de Miremont (1).

Le 2 septembre 1747, et le 4 septembre 1756, il fait aveu à la Chambre du domaine royal de Châlons, pour la terre et seigneurie de Sommerance, et, le 3 juin 1760, à S.-M. l'Impératrice-Reine mère pour sa terre et seigneurie hautaine d'Evrehailles dont il avait fait relief le 19 septembre 1740.

Sa femme mourut au château de Landres le 28 juin 1751 et fut inhumée dans l'église Notre-Dame du même lieu à l'entrée du chœur. Quand à lui, Sénemaud dit qu'il vivait encore en 1772 : bien que nous ne possédions pas son acte de décès et que nous ignorions l'endroit de sa mort, on est fondé à croire qu'il survécut beaucoup plus tard, comme tend à le prouver la pièce suivante existant aux Archives des Ardennes dans les liasses de la justice de Landres :

« Dénombrement du samedi 22 mai 1779 fourni par Louis-Charles de Maillart des terres et seigneurie dudit Landre et du fief de La Roncheulle mouvant en plein fief et hommage du Roy (2) à cause de son chasteau de Ste-Menehould : il a été lu et publié à la fin de l'audience publique tenue le 16 décembre 1780 en l'auditoire, le lieu accoutumé plaider audit lieu, et du tout les pièces affichées à la porte de ladite auditoire. »

Louis-Charles avait eu tant à Imécourt qu'à Landres six fils et une fille.

---

(1) Miremont : *d'azur au pal d'argent fretté de sable, accosté de 2 fers de lance du second.*

(2) La famille de Grandpré s'était éteinte en 1774 avec Jean Armand de Joyeuse.

XI.

Ce fut le second, Cœsar Hector, qui lui succéda et qui devait être le dernier seigneur de Landres. Il était né au château d'Imécourt le 5 octobre 1741 ; enseigne au régiment de Champagne en 1756, il est capitaine de dragons en 1763 au régiment de Nicolaï et en 1771 au régiment de Lassaus-dragons. Il fut chevalier de l'ordre royal et militaire de Saint-Louis, le 6 octobre 1781. Il avait épousé le 21 juillet 1772 Marie-Jeanne Couturier de Fournoue (1), fille d'Antoine-Olivier-François Couturier, chevalier, seigneur de Fournoue, Sommerandes, Le Saillant, Murat et autres lieux, conseiller d'Etat, demeurant en la ville de Guéret capitale de la Haute-Marche, paroisse de Saint-Pierre et Saint-Paul et de Marie-Jacqueline Huart. Presque aussitôt son mariage, en raison de l'état de délabrement où se trouvait le château de Landres, il acheta, le 20 mars 1773, à Hector Innocent de Maillart, comte de Landreville et autres lieux, mestre de camp de dragons, chevalier de l'ordre royal et militaire de Saint-Louis, ancien chambellan, chef de brigade des corps du feu roi de Pologne, duc de Lorraine et de Bar, et à Madeleine Arnoult de Prémont son épouse, le château de Landreville avec la terre et la seigneurie pour le prix de 152000 livres.

Cependant Cœsar Hector n'abandonna point Landres sans retour, car ses cinq premiers enfants y sont nés dont les deux derniers en 1788 et 1790 ; tous ces enfants

---

(1) Couturier de Fournoue : *d'azur à un chevron d'or surmonté d'une étoile de même et accompagné de 3 branches de laurier aussi d'or, posées 2 en chef et 1 en pointe, au chef de gueules soutenu d'une fasce d'or en forme de devise et chargé d'une croisette de même ancrée et posée au premier canton.*

d'ailleurs moururent en bas âge. Enfin, la Révolution le trouva au château de Landres : il figure dans les impositions patriotiques (1), pour 1963 livres 15 sols pour Landres, 1002 livres 19 sols 3 deniers pour Sommerance, 1434 livres 3 sols pour Landreville et Chennery.

C'est de Landres qu'il partit pour l'émigration dans des conditions que nous relaterons plus tard : d'ailleurs nous le rencontrerons à maintes reprises au cours de cette étude.

Sa femme mourut à Paris le 19 août 1811. Quant à lui, il mourut à Reims, le 7 août 1820 et fut inhumé à Imécourt puis plus tard ramené à Bayonville. Avec Cœsar-Hector de Maillart disparaissent la seigneurie et le château de Landres.

XII

Les monuments épigraphiques relatifs aux Maillart sont plutôt rares en dehors de la dalle funéraire de Gratien.

Le premier est une taque dont M. P. Laurent a donné la description : « elle porte un écusson mi-parti de Maillart et de Failly, entouré d'un orle et placé au milieu d'une grande bordure circulaire. L'écu est parti : *au 1, d'azur à un écusson d'argent en abysme au lion naissant de même, armé et lampassé de gueules* qui est de Maillart ; *au 2 de gueules à la fasce d'argent accompagnée de 3 haches d'armes de même* qui est de Failly (Champagne). En dehors de la bordure, à la partie supérieure de la taque, sont en capitales les lettres A.D.M., et sur

---

(1) Cœur Hector habita à Paris, 1, rue S. Claude au Marais, et précédemment 2, rue du Foin.

les côtés, à gauche P.D. et à droite M. Chaque groupe de lettres est surmonté d'une petite croix câblée en sautoir; le groupe supérieur est en outre accosté de deux autres petites croix semblables ». Ces armoiries sont celles d'Antoine de Maillart, cinquième fils de Gratien dont nous avons parlé plus haut. On peut peut-être voir dans les lettres A. D. M. les initiales d'Antoine et dans les autres P. D. M., celles de son frère Pierre, qui fut le premier baron de Landres (1).

Une autre taque existe au château de Gruyères; elle comporte deux écus : celui de gauche est écartelé : *au 1 d'argent à trois pals de gueules* qui est de Beauvais; *au 2, d'azur à la pointe de giron d'argent* qui est de Saint-Blaise; *au 3 de Chamisso; au 4, de sable à 3 annelets d'argent* qui est de Suzanne de Cardaillac; et sur le tout, de Maillart; celui de droite, écartelé *au 1 de Maillart; au 2, d'argent à la bande de gueules chargée de 3 fleurs de lys d'or* qui est de Strainchamp; *au 3*, de Beauvau; *au 4, d'argent à la tige de 3 feuilles de gueules accostée de 2 merlettes de sable*, qui est de Failly (Lorraine), et sur le tout, de Pouilly.

Le troisième monument épigraphique est l'inscription que porte la cloche de l'église d'Andevanne et que nous reproduisons d'après le docteur Vincent (2) :

« L'an 1763 je suis nommé Innocente Henriette par haut et puissant seigneur
messire Louis Charles de Mellart Baron de Landre et Dhaneff sgr des

---

(1) *Rev. hist. ard.* 1898. — Cette taque se trouve 4, faubourg d'Arche à Mézières, chez M. Baudrillart.
(2) Dr Vincent (loc. cit.)

Dits lieux Dandevanne et Arbeuville de Beaufort, Sommerance, Eve Halle

Nouart en partie et autres lieux mon parrain ma marraine haulte et

Puissante Dame Innocennte Henriette de Sercey douairière de Messire Cœsar Hector

De Vassinhac d'Imécourt et de la Loge, lieutenant général des armées du Roy

P^e Guillemin en 1763 »

Enfin, il existerait une autre taque aux armes des Maillart dans une maison inhabitée de Bayonville ; mais le propriétaire, tout particulièrement inhospitalier et grincheux, — il est d'ailleurs étranger au pays — n'autorise la visite de son immeuble sous aucun prétexte.

XIII.

S'il ne fut nul terre sans seigneur, à plus forte raison, il n'y eut point de seigneurie sans château. Landres avait donc son château dont on peut faire remonter l'origine à la fin du XIVe siècle : nous avons vu, en 1369, Girardin de Landres rendre hommage pour son chastel de Landres. Il est des plus probables que cette batisse primitive avait disparu quand les Issenart prirent possession de la seigneurie de Landres à la fin du XVe siècle et qu'ils édifièrent un nouveau manoir qui fut à son tour vraisemblablement abandonné depuis la mort de Geoffroy Issenart (1542) jusqu'à l'arrivée de Pierre de Maillart à Landres (1570). Il y a tout lieu de penser que, pendant les deux siècles que la dynastie des Maillart régna à Landres, le château dut subir de nombreuses transformations qui finirent par le modifier complètement.

Malheureusement, il ne reste plus aujourd'hui aucune trace de cette demeure seigneuriale, sauf quelques vestiges de fossés surtout indiqués par une vague ligne de peupliers de plantation récente. Aucune tradition orale, aucun document écrit n'a traversé les âges pour transmettre jusqu'à nous la description ou le plan du vieux château de Landres, il n'en existe nulle gravure, nulle reproduction et cependant sa disparition ne remonte qu'aux premières années de l'ère révolutionnaire.

Tout ce que l'on sait, c'est qu'il était situé à l'est du village : là encore il est un quartier qui s'appelle le « Château » et « la Cour » et qui figure certainement les dépendances de l'ancien château. Adossé à l'affluent de l'Agron, il faisait sans nul doute face au sud, précédé de vastes jardins — dont l'emplacement porte encore le nom de « Parterre » — donnant sur une rue désignée de nos jours sous le nom de « la Folie ». Cette dénomination même doit dériver d'un pavillon proche ou compris dans l'enceinte du parc ; quel est le château qui, au XVIIIe siècle ne possédait point sa folie?

Très vraisemblablement, vers cette époque, le château n'a plus rien de féodal ; ce n'est plus guère, semble-t-il bien, qu'une longue maison rectangulaire, entourrée de fossés, et enfermée sur les trois autres côtés par des dépendances et des bâtiments de ferme délimitant une vaste cour intérieure. D'après une note locale, à laquelle nous ne pouvons accorder qu'une créance très limitée, le château, au moment de sa disparition, mesurait 40 mètres de long sur 10 mètres de large ; les fossés auraient eu, celui d'arrière 82 mètres, celui d'avant 72 mètres de long. Nous allons chercher à nous faire une vague idée de la distribution des pièces du château, d'après l'inventaire qui fut fait en 1754, lors du décès de Madeleine de Vassinhac. Les curateurs entrent d'abord dans la cuisine, de là dans l'office ou *pâle* jouxtant la cuisine, puis dans la chambre de Catherine Ponsignon (la femme de charge) ; de là, ils reviennent dans la cuisine et passent dans une salle qui est au bout de la cuisine, puis dans la chambre de madame la douairière. Ils gagnent au premier une chambre haute au-dessus du poêle, puis une chambre haute au-dessus de la cuisine, puis une chambre grande donuant (sic) jour sur le jardin verger, puis le cabinet de M. d'Ozémont. De ladite chambre, on monte dans un grenier au-dessus de la grande chambre et de celle dont l'on vient de sortir. Dudit grenier, les gens de justice passent dans la chambre de Champagne (valet de M. d'Ozémont); de ladite chambre, étant montés à celle d'au-dessus, ils gagnent la grande chambre voisine et finissent par un grenier bas (?). Ils énumèrent ensuite la charbonnière, les caves, le garde-manger, la chambre à four, la laiterie, une remise tenant à la laiterie, le vendangeoir, la chambre de la bonne, les écuries, la bucherie, le poulailler, la vacherie, la chambre de la farine, la petite chambre du portier, les granges, et une remise où se trouve « un carosse en berline équipée doublée de velours sizelée bleu et blanc (1) ».

Nous pouvons nous rendre quelque peu compte des terres et dépendances qui avoisinaient immédiatement le château, d'après le partage qui eut lieu le 5 septembre

---

(1) Chartrier de la maison de Maillart.

— 91 —

1646 au décès de Charles de Maillart (1). Son fils Christophe eut dans son lot « la basse-cour de devant le chasteau dudict Landre pour 1800 livres ; le clos à prairie qui est depuis la porte et fossé dudict chasteau comme il se contient en longueur jusques au Canal (2) ; ledict Canal y compris de longueur comme il y a le long du ruisseau d'un costé et le long de la route des pommiers de l'autre, et à la verge prez (3) partout, contenant dans sa totalité 5 arpens 52 verges pour la somme de 1656 livres tournois ; le petit enclos vulgairement appelé Bouillon (4) pour 60 livres ; le grand jardin qui commence au pignon de la maison de Nicolas Robert ainsy qu'il se contient jusques au derrière dudit Bouillon du coté de dessus, et de la longueur desdicts pommiers audict Cent Verges (5) au dessous comme dit est contenant la totallité avec le petit jardin quy est entre le pressoir et le parterre, 4 arpens et un quarteron pour la somme de 510 livres ; le parterre quy est à costé dudict chasteau contenant 70 verges pour la somme de 280 livres ; le vieux jardin à arbres avec ses fossés derrière ledict chasteau contenant un arpent pour

---

(1) Notons la façon originale dont se fit le tirage des lots : « le tirage au sort est faicte par Maria Simon, fille de Jean Simon, saunier, demeurant à Fossé, aagée de douze ans comme elle a dit et quy a esté trouvé demandant l'ausmone par le village dudict Landre quy a jeté les billets en la manière et la forme accoustumée sur chacun desdits quatre lots. Le premier lot est advenu audict seigneur de Félin, le deuxième au sieur et demoiselle du Buchet, le troisième à messire de Pouilly, seigneur de Givry, et le quatrième au sieur Christophe de Maillart. » (Chartrier de la maison de Maillart).

(2) Lieudit encore existant.
(3) La verge-pré n'avait pas la même étendue que la verge-terre.
(4) Lieudit encore existant.
(5) Lieudit encore existant.

400 livres ; la chanvière de devant la maison du grand Collas tenant le chemin de ville d'une part et le ruisseau d'autre contenant 37 verges et demy pour 75 livres ; 50 verges 3/4 de chanvière à partir dudit par la roye dessus à la pointe de la haye dudict jardin à choux et haut en droicte ligne à la grange de la maison de Nicolas Radier ainsy que les pieux quy y ont esté plantez et à la place desquels seront plantez incessamment bornes et limites, et du dessoubs à prendre comme le fossé s'y trouve, aboutissant sur la rue pour la somme de 125 livres onze sols ; la grange dict la grange de la dixme, seize dans lesdictes 50 verges 3/4 pour 96 livres et 8 sols ; le pressoir qu'y est à costé de la porte du chasteau comme il se contient pour la somme de 100 livres ».

En 1754, à la suite de l'inventaire dont nous avons parlé et de désaccords survenus entre les héritiers des deux lits, il fut procédé à la vente du mobilier du château : cette demeure devait comporter des appartements très vastes et non dépourvus de confort, du moins pour l'époque, car la vente se prolongea pendant treize jours, du 26 décembre au 7 janvier 1755, de neuf heures du matin à cinq heures du soir ; le montant s'éleva à 8502 livres 16 sols 6 deniers.

A partir de cette époque, et pendant un certain laps de temps, les barons de Landres quittent à peu près définitivement le pays, attirés dans le comté de Namur par de nouvelles alliances ; ils ne feront plus à Landres que de rares et courtes apparitions. Cependant il est à remarquer que le vieux château ne fut point totalement déserté, loin delà. En effet, le 13 décembre 1761, Pierre Raux, curé de Landres et doyen rural de Grandpré visite l'emplacement destiné par Louis Charles de Maillart, baron de Landres, à l'édification d'une chapelle dans son château; le 19 décembre, le consentement est donné par l'évêque de Cydon, suffragant de l'archevêque de Reims, et la construction en fut sans doute rapidement menée, car le 11 janvier 1762 (1), le curé Raux écrit à l'évêque de Cydon afin de lui demander la commission nécessaire pour en faire la bénédiction. Nous tirerons de cette pièce, datée du 28 janvier 1762 et signée de Henry-Hachette des Portes, évêque de Cydon (2), les passages les plus intéressants. Le baron de Landres motive sa requête sur l'éloignement de son château de l'église paroissiale « les mauvais chemins qui sont impraticables même en voiture en certain temps de l'année et l'âge avancé ainsi que les infirmités de madame d'Imécourt qui y demeure ». Cette chapelle placée « sous l'invocation de la Très Sainte Vierge » n'est ouverte que sous certaines restrictions : « on n'y célèbrera pas la messe pendant la quinzaine de Pasques, les jours de Noël, de l'Ascension, du S. S. Sacrement, de l'Assomption de la Vierge, de la Toussaint, de la feste du Patron et de la Dédicace de l'Eglise paroissiale, et encore les premiers dimanches de chaque mois depuis Pasques jusqu'à la Toussaint; le prêtre desservant ne pourra biner en aucun cas; on n'y pourra célébrer les diman-

---

(1) « La chapelle, dit le curé Raux, est isolée au levant, septentrion, couchant et midi ; elle aboutit au levant sur le jardin, au nord et au couchant sur la cour du château; il n'y a aucun bâtiment au-dessus. Elle est décemment pavée de pierres, bien plafonnée; il y a une pierre de marbre bénite incrustée dans la table d'autel en bois; l'autel est ornée d'un tableau représentant l'Assomption de la Sainte-Vierge; il y a un missel romain, des chasubles de satin de toutes couleurs avec étoiles et manipules et des linges suffisants. »

(2) Chartrier de la maison de Maillart.

ches et fêtes qu'une messe et après celle de l'église paroissiale ; il n'y aura dans la chapelle ni tabernacle, ni confessionnal, ni tronc ; on n'y pourra ni prescher, ni confesser, ni communier que M. le baron de Landres, ses enfans et madame d'Imécourt ; le curé de Landres sera conservé dans tous ses droits de curé en ladite chapelle ; le baron de Landres sera tenu d'envoyer alternativement ses domestiques à l'office de l'église paroissiale.... Enfin nous exhortons M. le baron de faire en sorte que ni l'Eglise, ni ses ministres souffrent aucunement de leur absence de l'Eglise ».

L'autorisation, accordée pour cinq ans, fut revouvelée par l'archevêque de la Roche-Aymon le 10 janvier 1667, puis prorogée à nouveau le 29 septembre 1773.

En 1773, le baron de Landres, tenant à venir chaque année passer quelques temps dans ses propriétés, trouve le château dans un état déplorable : c'est alors qu'il entre en pourparlers avec le comte de Landreville pour l'acquisition du château de Landreville : il lui écrivait à ce propos : « mon château de Landres est dans un tel état d'abandon qu'il est impossible d'y loger.... mon fils s'en contentera s'il le veut et s'y logera comme il pourra... ». Cependant ses trois premiers enfants (il se maria en 1772) sont nés au château de Landres, et c'est delà qu'il partira pour l'émigration.

Toujours est-il qu'abandonné, menaçant ruines à l'aube de la Révolution, il fut pillé et mis à sac en 1792 par les Prussiens qui se chargèrent d'achever l'ouvrage du temps. Le secrétaire du roi de Prusse raconte qu'il existait, appartenant aux seigneurs de Landres une « maison de campagne avec de fort beaux jardins à la française et dont l'entrée était précédée d'une superbe avenue de peupliers » : inutile d'ajouter que les soldats de Brunswick, après avoir mis la maison au pillage, ne se firent point faute de couper ces peupliers vénérables pour alimenter leurs brasiers.

Mon grand-père contait que, vers 1796, le château fut adjugé pour la somme de 80000 livres (assignats?) à un entrepreneur sous la condition expresse qu'il serait démoli et entièrement rasé; les matériaux furent vendus à raison de 6 sols le tombereau et ont sans nul doute servi à la construction de nombreuses maisons du village.

Le 28 pluviose an VI, il fut adjugé par la nation au sieur de Trécourt, imprimeur à Mézières, sur les biens appartenant au baron de Landres, « 1º 9 espaces de bâtiments avec cour entourée d'eau, remises, etc.; 2º un jardin potager, 30 verges de pré plantées en peupliers : ces deux articles forment l'emplacement et dépendances du château dont M. le baron de Landres, Cœsar-Hector de Maillart était propriétaire et représentent un revenu de 600 livres (1) ».

Voici les très incomplets renseignements que nous avons pu recueillir sur le château de Landres, dont la tradition a à peine conservé le souvenir.

---

(1) Arch. départ. de Mézières. Série B, papiers non classés.

CHAPITRE III

La Justice de Landres.

Landres était le siège d'un tribunal de basse justice. Ces tribunaux de village, dits basses justices ou justices foncières, connaissaient des droits dus au seigneur, des dégats faits par les bestiaux, de toutes matières personnelles jusqu'à soixante sous parisis, et des délits dont l'amende ne dépassait pas six sous parisis. Le bas justicier pouvait aussi, dans sa circonscription, « mesurer et mettre bornes » du consentement des parties. Ces tribunaux se composaient d'un bailli ou mayeur, de son lieutenant et de deux ou plusieurs échevins. « Ces juges du village sont païsans, laboureurs, nourissiers, manouvriers, et telle autre sorte de personne : ils sont nommés par le seigneur (1) ».

I

Il y a tout lieu de supposer que les choses se passaient à Landres à peu près de semblable façon. Nous savons, par l'accord de 1529 (2), qu'il existait un

---

(1) Vrevin. — *Commentaires sur la coutume de Chauny.*
(2) Voir plus haut.

mayeur assisté de sept échevins, et qu'à partir de cette date et en raison même de cet acte, « dorénavant ont accordé lesdites parties qu'il n'y aurait audit lieu de Landres que trois échevins pour exercer la justice combien qu'ils eussent accoustumez d'en avoir sept parce que le nombre estoit excessif et de travail auxdits habitans ».

A la fin du XVIIe siècle et au cours du XVIIIe, le rôle de la justice semble s'être quelque peu modifié et sa juridiction singulièrement élargie, du moins à Landres.

Si nous nous en rapportons aux nombreux documents, malheureusement non encore classés, qui sont aujourd'hui conservés aux archives de Mézières (1) et qui vont de 1660 à la veille de la Révolution (le dernier acte est du 5 octobre 1790), nous voyons qu'il n'est plus guère alors question de mayeur ni d'échevins. L'appareil judiciaire n'a plus rien de majestueux : le tribunal se compose ou du syndic, ou du lieutenant de justice, ou de toute autre personnalité exerçant les fonctions de juge, assisté de son procureur fiscal et de son greffier, tous trois braves gens du village, mais tous trois PRATICIENS.

Qu'est-ce donc que ces praticiens que nous voyons incessamment figurer à chaque page des documents judiciaires ? Le « praticien », dit le dictionnaire de Trévoux, « est celui qui scait bien le style, l'usage du barreau, les formes, les procédures et les règlements de la justice, qui scait bien dresser un contrat et instruire un procès ».

---

(1) M. l'abbé Hubignon qui a méthodiquement compulsé jadis ces liasses déclare qu'elles ne renferment aucun fait important ou d'intérêt majeur. (Commu. orale du D' Lapierre).

7

Ce tribunal ainsi composé était donc un véritable tribunal de paix, plus encore un tribunal de famille. Les fonctions de juge n'avait rien d'inamovible : nous voyons le juge changer non seulement d'une année à l'autre, mais encore dans l'espace de quelques semaines ; il n'est pas rare de voir le juge de la semaine précédente devenir la semaine suivante le procureur du plaignant ou être lui-même l'accusé. Parmi ceux qui figurent le plus longtemps ou le plus fréquemment dans ces fonctions il faut citer :

Estienne Mazure 1670 ; Jean Chenet 1688 ; Robert Desnier 1687 ; Robert Bogud 1688, 1713, 1723 ; Estienne Lamorlette 1688 ; Nicolas Lendormy 1702 ; Jean Julien 1714 ; Mangin Perrin 1714 ; Jean Hutiaux 1739 ; Jacques Rossignon 1742 ; Innocent Ducloux 1752 ; Laurent Bernard 1753 ; Antoine Rossignon 1757 ; Pierre-Nicolas Mauvais 1762 ; Pierre Bernard 1763 ; Jean-Charles Haussard 1763 ; Jean-Baptiste Jacquet 1771 ; Henry Loriant 1777 ; Laurent Détante 1778 ; Jacques Gourdin 1781 ; Charles Signoret le jeune 1783 ; Gérard Ledoux 1783 ; Pierre Signoret 1786 ; Charles Bernard 1773 ; Nicolas Rossignon 1789 ; Gabriel Brissy 1790.

Les procureurs fiscaux et les greffiers semblent demeurer plus longtemps en exercice, en raison même des difficultés probables que l'on rencontrait alors pour trouver un écrivain qui put se charger de la rédaction des actes. Le rôle de procureur fiscal paraît, pendant la presque totale durée du XVIIIe siècle, s'être perpétué dans la famille des Chenet : nous trouvons en effet dans cette charge : Pierre en 1701, Philippe en 1736, Jacques en 1754, Louis-Nicolas en 1762. Quant aux greffiers, les noms qui reparaissent le plus souvent sont Innocent Ducloux, Nicolas Bernard et Gabriel Brissy.

Enfin, la justice comportait encore deux autres rouages : le sergent royal chargé de la signification des actes et qui n'était autre chose que notre huissier actuel, et le procureur (toujours un praticien) faisant fonction d'avoué ou d'avocat, qui représentait les plaideurs et exposait la défense de l'accusé ou les revendications du plaignant.

Les causes dont ce tribunal avait à connaître ne sont guère variables : ce sont le plus souvent des contraventions dressées par le garde-messier ou les pitoyeurs pour dégâts effectués par les bestiaux dans les empouilles, pour injures ou rixes, pour vols d'arbres dans les bois, pour rapt d'une roye de terre au voisin à l'occasion du labour, démélés pour le bornage d'un champ. Ces causes relevant d'incidents entre cultivateurs constituent plus des deux tiers des actes enfouis dans ces liasses. Les autres sont relatifs à des inventaires ou appositions de scellés à l'occasion d'un décès, nomination de tuteurs à héritiers mineurs, règlements d'hétages, etc..

Les seigneurs du pays n'hésitaient pas à soumettre à l'arbitrage de ce tribunal les menus débats qu'ils pouvaient avoir à régler, et à y faire enregistrer leurs accords. Le tribunal, réuni en audience solennelle, reçoit aussi et enregistre les dénombrements faits par les seigneurs de Landres aux comtes de Grandpré ; il enregistre également et fait publier les ordonnances royales quand il y a lieu. Tous les actes et exploits du tribunal de Landres sont contrôlés au bureau de Banthevilie.

Le tribunal tenait ses séances hebdomadaires du

samedi en un local appelé l'Auditoire, et qui faisait partie des dépendances du château (1).

II.

Dès le début du XVIIIe siècle, le personnel administratif et judiciaire de Landres, promulgua un règlement de police que nous croyons bon de rapporter in extenso.

« De par le Roy et de messieurs les seigneurs de Landre et de Monsieur le Bailly et Juge ordinaire dudict lieu,

« On faict ascavoir à tous qu'il appartiendras ce quy suit,

« Par devant nous, Nicolas Lendormy, bailli et juge dudict lieu de Landre, tenant l'audience le vendredy vingt troisième juin mil sept cent deux, audict Landre, Est comparu le procureur fiscal dudict lieu quy nous a dit et remonstré judiciairement qu'il estoit absolument nécessaire de retrancher et pour obvier aux abus et malversations quy se sont glissé pendant le cours des années passé tant de jour que de nuict au préjudice du bien publique. En quoy inclinant nous avons enjoingt, ordonné, interdict, prohibons, deffendons les poingts et articles cy après, affin que personne n'en prétendent cause d'ignorance soubs les peynes et amendes y encourue et en cas de récidive soubs les plus grandes peynes, à l'effet de quoy les présentes seront lue et publié et affiché à la porte et entrée principalle de l'église dudict lieu un jour de dimanche ou

---

(1) L'auditoire faisait partie des dépendances du château. Il existe encore dans le quartier de « la Folie » un lieudit « l'Auditoire ».

feste solennelle à l'issue de la messe de paroisse ou des vespres par nostre sergent ordinaire en ladicte justice.

« Premièrement enjoignons à touttes personnes d'assister les jours de dimanges et festes à la saincte messe et aux vespres, de ne sortir de l'esglise que le service divin ne soit achevé et célébré s'il n'y a cause légitime à peyne de trois livres d'amende pour la première foy et du double en cas de résidive.

« Deffendons à touttes personnes indifiniment de hanter les tavernes ou cabarets pour boire jouer et dancer es jours de dimanges et festes solennelles pendant le sainct service qu'il ne soit chanté et célébré, à peyne de trois livres d'amende contre chacune personne quy seront trouvé, aux cabartiers et aux taverniers de les renvoyer ny retenir en leurs maisons ou autres lieux, pendant ce temps, soubs les pareille amende de trois livres.

« Que le jour de dimange et feste commandé par l'esglise, personne n'ayt à travailler et faire œuvre servile ou mécaniques sans causes légitimes, et en cas que pendant les temps des moissons il y ait nécessité urgente pour travailler, en nous l'exposant et au sieur curé de la paroisse, pour leurs y accorder le cas eschéant, à peyne de trois livres d'amende et du double en cas de résidive.

« Deffendons à tous cabartiers d'exposer leurs vins pains et viandes en vente qu'au préalable ils n'ayent esté par nous taxé, à peyne de dix livres d'amende.

« Prohibons et deffendons à touttes personnes de n'aller dans les vignes, jardins et hayes d'autruy pour prendre aucuns raisins ny fruits de quel nature que ce soit, à peyne d'être mys au charquant pendant quatre heures pour la première foy.

« Interdissons et deffendons à touttes personnes de faire feux à cheminée quy ne soit pailloté et torché, mesme d'y mettre à l'entour d'ycelles aucunes pailles ny fourrages, de ne mestre dans les fours chanvres pour broyer ni ling, ny de broyer dans les estables ou maison, de nuict, ny autrement, à peyne de trois livres d'amende pour la première foy et du double en cas de récidive.

« Ordonnons que ceux quy on des porcqs et chèvres ayent à les retenir dans leurs estables et de ne les laisser courrir par les rues, ains les chasser devant les paistres à peyne de ladicte amende.

« Prohibons et deffendons à touts laboureurs et autres de ne faire aucuns troupeaux à parts, de ne mener ny envoyer directement ny indirectement leurs bestiaux dans les terres empouillées soient pour manger ou faire dommages, de mesme dans les prez non fauché et à garde faicte, aux peynes de ladicte amende, dommages intérests et despens. Pareillement de traverser avec chars ou charestes parmy les terres empouillée tant en froment que marsage, comme aussy de ne mesner aucuns bestiaux dans les terres et versaines quy sont enclavez dans les mesmes empouilles et prez, à peyne de rendre l'intérest et la susdicte amende.

« Enjoignons et ordonnons au messier et garde quy sera proposé par les habitans sinon nommé de nostre office à leurs frais et despens à la diligence dud. fiscal, de faire son debvoir et rapports de toutes personnes indiffiniment qu'il trouvera contrevenir à ces présentes, à peyne d'en respondre en son pur et privé nom, mesme de l'intérêt du propriétaire.

« Interdissons à touts laboureurs et autres de ne faire conduire et envoyer leurs bestes troupeaux dans le champs quy se trouveront estre encore empouillés, sillés ou non, que trois jours après que lesdictes empouilles auront esté transportés hors desdicts héritages affin que les glaneurs ayent le temps de recueillir les paumes et espis, de ne charger nuictamment pendant le temps des moissons sur pareille peyne et amende et du double en cas de résidive.

« Ordonnons que touttes personnes quy ont héritages affectés au droict de dixmes n'ayent à transporter les gerbes, chanvre, ling et autres légumes avant qu'ils ne soient pareillement visités par les porteurs de pau, lesquels à cest effet presteront le serment par devant nous, que chacun ayt à payer le droict de dixme sans fraude, à peyne de dix livres d'amende et d'estre déclaré faulx dimeurs.

« Que touts propriétaires ayent à clore et fermer leurs héritages quy sont sur les grands chemins, à peyne de l'amende de trois livres.

« Conformément à l'ordonnance des lois, deffendons à touttes personnes indiffiniment de porter armes à feux tant de nuict que de jour soubs quels prétexte que ce puisse estre, à peyne d'encourir l'amende conformément à l'ordonnance de sa majesté, comme aussy de chasser ny de tendre aucun laqz de quelle nature que ce puit estre.

« Deffendons à toutes personnes indiffiniment d'aller dans les empouilles en froment et marsage arracher des herbes, à peyne de trois livres d'amende contre les contrevenants ; à touttes personnes quy ont des chiens pour la deffence de leurs maisons et bastimens de leurs y mettre des billon de deux pieds de longueur à celle fin qu'il ne puisse prendre les gibiers, et ce dans vingt-quatre heures après la publication des présentes, à peyne de ladicte amende de trois livres.

« Deffendons à touttes personnes d'aller charger des bois dans les couppes ordinaires desdicts lieux que les bois ne soient partagez et la couppe rompue par arrest.

« Deffendons aux bûcherons et hottiers quy travaillent dans lesdictes couppes d'en rapporter à peyne de l'amende susdicte et au forestier d'en faire son rapport des contrevenants, à peyne d'en respondre en son pur et privé nom.

« Comme aussy à toutes personnes d'aller chercher les bois quy auront esté oragé (?) ou autrement pour en faire leurs proffits et aux laboureurs de les voiturer à peyne de dix livres d'amende contre chacunes personnes contrevenantes.

« Prohibons et deffendons à touttes personnes de desrober foing, grains, gerbes, javeaux, et autrement comme bled, orge et avoine, raisins, fruys, légumes et autres choses semblable à peyne d'estre procéddé contre eux comme voleurs, aux glaneurs ou moissonneurs de passer, entrer es champs empouillé ou sillé pour glaner ou recueillir les paumes ou espies que les gerbes ou trézeaux n'en soient transporté et mis hors desdicts champs, à peyne de la susdicte amende de trois livres contre chacune personne à prendre sur les contrevenants, ou bien leur père et mère, maistres, maitresse, tuteurs et curateurs dont-ils en demeureront civilement responsables.

« Et a ledict procureur fiscal ci requérant comme dessus signé avec nous et nostre greffier.

« LENDORMY. — CHENET. »

III.

Ce règlement vraiment topique nous amène tout naturellement à parler d'un rouage administratif et judiciaire qui se renouvelait annuellement pour la perception et la répartition de la dîme entre les décimateurs : c'étaient les pitoyeurs-pauliers (1).

A l'origine, Landres n'était tributaire de la dîme qu'envers Messieurs du Chapitre de Notre-Dame de Reims ; puis vinrent bientôt s'y ajouter, les seigneurs, le curé, la collégiale de Ste-Balsamie de Reims et l'abbaye de Chéhéry. A la fin du XVIIIe siècle, le seigneur perçoit 1/4, le curé 1/4, Notre-Dame de Reims 1/8, Ste-Balsamie 1/8 (2), et l'abbaye de Chéhéry 1/8 de la grosse dîme. Au XVIIe siècle, quand sa part était plus importante, le chapitre de Notre-Dame l'affermait à bail, en commun avec la dîme des villages voisins ; c'est ainsi que par un bail du 19 juin 1655, elle met aux enchères « les dixmes de Landres, Saint-Georges, Imécourt, Remonville, Chennery, Landreville, Champigneulles, Bar-soubs-Buzancy et Sivry, pour une période de trois ans : sur la mise à prix de 210 livres tournois », l'adjudication fut faite sur le chiffre de 710

---

(1) M. Paul Laurent a publié récemment une très importante étude sur ces fonctionnaires : *Le baton dixmier d'André Chenet, pitoyeur paulier à Landres*, (Rev. hist. ard. 1910), à laquelle nous ferons de très larges emprunts.

(2) L'abbé Haudecœur dans son travail : *Un compte des revenus de la collégiale de S^e Balsamie de Reims* (Rev. hist. ard. 1903) a totalement omis la dîme de Landres ; les documents aux Archives des Ardennes sont cependant formels à cet égard ; enfin, dans un inventaire de 1713 (pièce personnelle), on lit : « *Huict quittances joincte ensemble concernant les dixmes de Saincte Nourrice de Reims.* »

l. t. : dans ce total, Landres compte pour 30 l. t. et Saint-Georges pour 40 l. t. Du 26 juin 1666, il existe un autre bail « et adjudication à l'enchère des dixmes susdites appartenant au chapitre de Notre-Dame de Reims, à louage pour 6 ans aux mêmes charges et coutumes ; mise à prix 400 l., à charge de payer chaque an, au curé de Chennery la somme de 25 l. pour la pension à lui accordée par le chapitre, 5 sols au curé de Bar, et la somme de 30 l. pour réparations aux églises desdit villages » ; l'adjudication eut lieu aux prix de 760 livres tournois (1).

La grosse dîme se percevait à raison de la treizième (2) gerbe prise aux champs ; elle s'étendait, pour la menue dîme, sur les pois, les lentilles, le chanvre, le lin et les novales (3). La dîme est levée par les dimiers au nombre de trois ou quatre selon les années et qui sont les pitoyeurs-pauliers (4). Ces fonctionnaires sont nommés pour une année, sur la présentation des décimateurs, à l'approche des moissons, à des dates variant du 19 juin au 6 août. Le début de la moisson est fixé chaque année par le baron de Landres et en vertu d'une délibération de la communauté : puis la

---

(1) *Inventaire des chartes de l'Eglise de Reims*, T. IV.

(2) Dom Noël dit sur la 15ᵉ gerbe.

(3) Novales : « se dit des terres nouvellement défrichées et labourées qu'on a mises en valeur et semées (novalis, novalia). Les vicaires perpétuels qui n'ont qu'une portion congrue doivent jouir des novales ou des dîmes des terres défrichées depuis dix ans, non pas au préjudice du curé primitif. Cette terre n'est pas de la grosse dîme, c'est une novale. Les novales appartiennent aux curés de préférence aux gros décimateurs sans diminution de la portion congrue. » *Dict. de Trévoux.*

(4) « Paulier se dit en quelques endroits de celui qui lève les gerbes pour la dixme à cause du pau c'est-à-dire pieu ou bâton ferré dont il se sert habituellement. »

décision est proclamée en chaire par le curé à la messe paroissiale. Il est défendu de commencer la moisson avant l'ouverture du ban annoncée au son de la cloche (1).

On ne doit « siller » aucun froment avant ce signal. De même, il est interdit aux ouvriers moissonneurs d'aller « siller » le matin, avant la sonnerie de la cloche ; le soir (et pendant le jour, dans les moments de mauvais temps) ils sont tenus de revenir des champs à l'appel de la cloche, sous peine d'amende.

A la fin du XVIIe siècle, du temps de Claude-Charles de Maillart, baron de Landres, la nomination des Pauliers a lieu, le dimanche, par devant le mayeur en la justice, près de l'église, à la sortie de la grand'messe. En 1672, le 17 juillet, François Alexandre, Jean Daulet le jeune et Jean Putyot y comparaissent, en présence du mayeur Louis Ruppin. Ils disent être loués et gagés par les fermiers des décimateurs, pour lever et ramasser les dîmes du finage de Landres, tant celles du wayen que des marsages. Ils affirment par leur serment « et sur la part qu'ils préstendent en paradis, » qu'ils accompliront leur charge le mieux qu'il leur sera possible, et qu'ils partageront les gerbes entre les décimateurs, justement et au prorata de ce qui revient à chacun d'eux.

Au siècle suivant, voici comment se passait, à Landres, l'installation des pitoyeurs pauliers :

Les candidats des décimateurs ou de leurs fermiers se présentent au jour fixé, en la chambre de l'audi-

---

(1) Nous ne pouvons mieux faire que de citer à peu près intégralement le travail de M. P. Laurent, que l'on peut considérer comme définitif sur la question.

toire du lieu, par devant le bailli ou lieutenant de la justice de Landres ; en cas d'absence ou de décès celui-ci est remplacé par un ancien praticien. Là le procureur fiscal fait observer que le temps des moissons étant prochain, il est nécessaire de recevoir le serment des pitoyeurs pauliers. Auparavant, le syndic de la communauté de Landres, qui assiste à la séance est consulté ; à peu près généralement, il répond qu'il n'a aucun reproche à formuler contre les candidats, et qu'il consent à leur réception. Après quoi le bailli donne acte au procureur fiscal de ses diligences, dires et réquisitions, et au syndic de sa comparution et de son consentement. Puis, on procède à la prestation de serment ; les pitoyeurs jurent et promettent de faire la perception des dîmes de toutes espèces, en leur honneur et conscience, exactement et fidèlement, d'après l'usage, à la quotité et prestation accoutumée, sans rien innover, sous les rétributions ordinaires qui leur seront payées selon leurs conventions. Ils feront des rapports au greffier de la justice, dans les 24 heures, contre ceux ou celles qui tenteront de frauder leurs droits en tout ou en partie ; contre ceux qui passeront dans les empouilles et les javelles, en voiture, à cheval ou à pied ; contre ceux qui introduiront des bestiaux dans les chaumes avant les trois jours d'après l'enlèvement total des grains ; contre ceux qui glaneront dans les javelles ou les tas de gerbes (ce qui n'était permis qu'aux enfants, aux vieillards et aux infirmes).

Ils ne laisseront charger aucune gerbe avant le soleil levé, ni après son coucher à peine de 10 livres d'amende pour chaque contrevenant. Enfin, les pitoyeurs « s'accoupleront » deux par deux et ne procèderont à la levée ou au partage des dîmes, sans être tous les deux ensemble. Il feront le partage des dîmes le plus également possible entre les seigneurs décimateurs ou leurs fermiers, sans porter faveur à personne. Le procès-verbal d'installation était signé par le bailli, le procureur fiscal, le syndic de la communauté et les pitoyeurs-pauliers assermentés.

Des incidents venaient très rarement troubler cette séance d'installation. Nous n'en avons relevé que deux.

Le 25 juillet 1787, le syndic de la communauté, Charles Bernard (1) objecte que parmi les quatre candidats, deux, Laurent Détante et Hubert Lejeune ne peuvent pas être nommés pitoyeurs : le premier parce qu'il est greffier de la justice (il devait être plus tard le premier maire de Landres), le second parce que c'est un homme qui n'est pas connu de la paroisse. Le procureur fiscal Davanne réplique au syndic Bernard que Détante vient de se démettre de sa place de greffier ; quant à Lejeune, il a été reçu comme garde-chasse de la seigneurie de Landres, il y a six mois ; il est muni d'une commission de garde-traversier de la maîtrise de Sainte-Ménehould ; il est de bonne vie et mœurs, ainsi que l'attestent différents certificats produits par lui. Comme conclusion, le bailli Haussart passe outre et nomme quand même Détante et Lejeune comme pitoyeurs.

En 1789, à l'audience du 18 juillet, un désaccord survient entre Mre César-Hector de Maillart, baron de Landres, et le curé Me Nicolas Poulain, au sujet de deux de leurs candidats respectifs. Le baron de Landres

---

(1) Fils de Laurent Bernard et Barbe Golzart ; né le 27 septembre 1733, il avait épousé Marie Herbin le 24 novembre 1757 ; il est mort le 10 ventôse an III (1795).

reproche à Lambert Rossignon, candidat du curé, d'avoir choisi, l'an passé, les meilleures gerbes pour les donner audit curé ; et qu'un autre pitoyeur s'y étant opposé, Rossignon lui a dit des sottises. Le curé proteste en faveur de son protégé, et prétend qu'il arriva tout le contraire de cette imputation. M⁰ Poulain affirme avoir vu de ses yeux, à la Nau au Cerf, Hubert Lejeune, candidat du baron, attribuer sur huit gerbes dont deux était grosses et six médiocres, les deux grosses à M. le baron. Le bailli, en présence de ces contestations, renvoie les parties à l'audience suivante, du 25 juillet, et alors, il ordonne au curé et au baron de choisir deux autres pitoyeurs. M. de Maillart propose Nicolas Rossignon le jeune, dit Doudoux, maçon, et le curé, André Chenet (1), cordonnier, qui sont aussitôt reçus et nommés pauliers.

Les pitoyeurs étaient parfois obligés de sévir, pour faire respecter le ban des moissons.

Le 12 août 1739, la veuve Gondouin et vingt-deux silleurs sont surpris dans la contrée des Noyers et au-dessus du Mort-Derbe, en train de couper le froment, avant « que les javelles vieilles ne soient liées » ; le 18 août, au Poirier-le-Gascon, on trouve une cavale rouge et trois poulains qui mangent et « dégâtent » une terre empouillée en froment ; le 31 août, six bêtes à cornes sont à l'abandon et sans garde, dans une pièce d'avoine, à la Noue Le Gouis.

Le 10 août 1764, Innocent Ducloux (qui ayant été précédemment pitoyeur, devait cependant bien connaître le règlement) laisse un nombre insuffisant de gerbes

---

(1) Fils de Jean Chenet et de Madeleine Payerolle ; épouse Marie Jeanne Signoret ; meurt à 84 ans le 14 janvier 1833.

pour la dîme, dans ses terres, au-dessus des Vignes devant Hazoit, au Fond-des-Cheveaux, à Vilaine et au Haut-du-May.

Le 6 août 1768, à neuf heures du soir, les pitoyeurs constatent, dans la rue dite au Bout-de-la-ville, que la femme de Claude Rennesson, cordonnier en vieux, « rentre par une fenêtre gerberesse » des gerbes après l'heure ; elle allègue pour excuse quelle n'a pu avoir le voiturier plus tôt.

Le 14 août 1780, le pitoyeur trouve à la Petite-Couture, le laboureur Nicolas Coulon qui garde ses bêtes dans les chaumés et s'amuse à glaner pendant qu'elles mangent un tas de blé à M. de Landres et un autre dans la dîme.

Le 29 août de la même année, dix-neuf délinquantes récoltent des procès-verbaux pour avoir glané de l'orge, dans les gerbes en tas et non en tas, en une empouille au lieudit Derrière-la-Folie. Ce sont des femmes, des enfants et des filles, des familles Carrière, Détante, Mauvais, Dolion, Juttin, Lamotte, Etienne, Flamin, Rossignon, Citerne, Daulet, Jacquet et Robert. Mais, Jeanne Chenet, femme de Jean Robert, laboureur, mère de l'une des délinquantes, veut prendre sa revanche. Elle va trouver chez lui le pitoyeur, Laurent Détante et « avec un air fort eschauffé » lui dit son fait. Elle le menace, s'il dresse un procès-verbal contre sa fille, de le faire comparaître devant M. d'Ecquevilly (1). Le pitoyeur lui observe qu'il ne peut remplir que son devoir et il a grand peine à faire sortir Jeanne Chenet. Celle-ci

---

(1) Augustin-Louis Hennequin, marquis d'Ecquevilly, était devenu seigneur de Grandpré par son mariage avec Honorée de Joyeuse, sœur et héritière de Jean-Armand de Joyeuse.

« vomit plusieurs sottises en s'en allant » et, au comble de l'exaspération, s'écrie que c'était une grande injustice et que le pitoyeur était capable d'en faire bien d'autres.

Les mêmes pitoyeurs étaient parfois nommés plusieurs années de suite ou à d'autres intervalles. Ceux qui sont cités le plus souvent, dans les papiers de la justice de Landres de 1739 à 1788, sont : Antoine Clément, Jean Pignerolle, Innocent Ducloux, Pierre, Nicolas, Jacques et Robert Mauvais, Gilles Payerolle, Jean Signoret, Martin Cochin, Claude Baulny, et Jean-Baptiste Pasquet, régents d'école ; Pierre Leroux, Laurent Détante, Jean Poncelet, Lambert Rossignon et Hubert Lejeune.

Les quatre derniers pitoyeurs pauliers sont en 1789 et en 1790, Laurent Détante, Nicolas Rossignon le jeune, Jacques Brissy (1) et André Chenet.

Ce fut dans la séance du 8 août 1789 que l'Assemblée constituante décida que les dîmes seraient abolies. Les décimateurs, ne percevant plus les dîmes, ne furent plus chargés des réparations qu'ils étaient tenus de faire au chœur et au cancel des églises (2). Ces dépenses retombèrent à la charge des municipalités. Le 24 octobre 1792, les administrateurs du département écrivirent au district de Grandpré pour lui demander un état détaillé, avec pièces à l'appui, des réparations faites par les municipalités du ressort, aux lieu et place des décima-

---

(1) Mort à 39 ans le 15 germinal an VIII ; il était fils de Gabriel Brissy et de Madeleine Bernard et avait épousé Charlotte Dolion, la sage-femme.

(2) Les décimateurs étaient parfois tenus à de singulières obligations : c'est ainsi qu'en 1696, le seigneur de Tailly, Daniel Henry de Vassinhac, était tenu de fournir « les pères des troupeaux communs ».

teurs, et proportionnellement à la quotité qui appartenait à ceux-ci dans les dîmes du territoire. Ces dépenses devaient être remboursées sur la Caisse de l'Extraordinaire. La liquidation des dîmes ne fut terminée, après de nombreux décrets, que sous la Convention.

IV.

Aux faits si pittoresques sélectionnés par M. Paul Laurent, nous en joindrons quelques autres du même genre qui nous ont paru plus particulièrement intéressants en raison des lieux dits y cités.

Le 8 avril 1688, Jacques Estienne, garde-forestier surprend Robert Carvenant, vigneron, à Sommerance, en train de couper des chênes au dessus de la Fontaine du Gros-Faux.

Le 19 juillet 1714, Claude Bonnel, garde et messier des empouilles, rencontre les neveux « de M. Holleau, prestre et curé de Romaigne, qui passoit dans une terre labourable au lieudit le Gros Cerisier avec une hazlotte (?) attelé de deux chevaux et y a fait un chemin royal laquelle pièce de terre appartient à Claude Chenet ».

Le 21 janvier 1734, comparait au greffe Jean Signoret « garde messier juré des empouilles du bancq et feinage de Landres, déclarant qu'à la Mésange, il a trouvé les domestiques de Jean Poncelet traversant un champ à Pierre Bernard, maréchal, demeurant à Landres avec une voiture à vide attelée de six chevaux, le cheval de dans les limons était un cheval pie, et de là étant descendu le long des près de devant le bois de la Muzarde ils auroient passé tout le long d'une terre empouillée en froment, en dégastant ladite empouille, tant avec les pied de leur chevaux qu'avec les roux de ladite voiture ».

Le 15 janvier 1723, Robert Desnier, étant mayeur, Antoine Clément « garde des empouilles du bancq et finage de Landres, trouve six bêtes à cornes à la Cutez des Bois Boulants à Henry Gérard ».

Le 19 juin 1781, « quatre bêtes à corne à Jean Robert, gardé par un de ses enfans au Fossé de Pilleux, a traversé une grande contrée d'avoine tout mangeant ».

Le 23 juin 1781, « six bêtes à cornes à Jean Robert, traverse les avoines pour gagner les truosts ».

Le 20 juin 1781, un domestique à Claude Pasquis « traverse les avoines avec quatre chevaux pour les conduire dans un fossé qui est sous les vignes de la Cote-Hodée ».

Le 2 juillet 1781, contravention à un domestique de Jacques Gourdin qui garde son cheval dans les chaumes à la Potence.

Le 27 août 1781, un fils de Pierre Rossignon « traverse avec une charette toutes les avoines fauchéez et non fauchéez, et faisant un dégast très considérable ».

Le 9 septembre 1781, Jean Robert se voit encore dresser contravention pour six bêtes à cornes et quatre chevaux « trouvé dans une orge partie lilliée et non lillié à l'Enclos de la Vigne et à coté du chemin de Landreville ».

Le 3 octobre 1781, au chemin qui conduit de Landres à l'Adhuy, Jean Pasquis fait passer quatre chevaux et six bœufs « sur une haye vif nouvellement plantée fermant un clos appartenant à M. le Baron ».

Le 14 juillet 1771, « Gilles Payerolle et Jacques Mauvais, pitoyeurs requis par Nicolas Poulain, curé dudit Landres pour aller récolter « la dixme dans une terre ampouillée en Saintfoin, au champ Jantol, appartenant Jean-Baptiste Dardare, marchand demeurant à Landres; Dardare leur a dit que la terre empouillée en Saint-foin ne payoit point de dixme et que si il en devoit il la donneroit que si ce n'étoit que pour l'année présente, mais qu'il ne vouloit point laissé de charge ipareille à ses enfans; enfin il a refusé de payer la dixme disant et persistant que sa terre en Saintfoin ne doit rien ».

Le 17 janvier 1773, Jean Signorel « garde-chasse pesche et polier de la seigneurie de Landre, voit à quatre heures du matin, de loin, une femme tenant deux seaux d'eau à sa main passant sur une haye par le lieu dit la Folie et qui a entré dans les jardinages de M. le baron de Landre ; l'ayant considéré il a vu qu'elle venait puissé de l'aux à une fontaine qui est dans le jardin dudit seigneur de Landre. S'étant approché de plus près, il a vu et recongneu que c'estoit la femme de Charles Estienne, cordonnier en vieulx, demeurant à la Folie qui est venu au devant de laditte femme pour l'ayder à reporter ses sicaux d'aux ; que en passant sur laditte haye et dans les jardins susdits, il forme un sentier qui porte dommage à M. le baron de Landre ».

Le 29 janvier 1763, Jean-Charles Haussard mayeur et notaire royal condamne Henry Jittin « pour avoir, le 23 juillet 1762, surpris une perdrix sur ses œufs et s'en être emparé dans une empouille en froment dans la Cote-Hodée, à cent livres d'amende et encore à pareille somme de cent livres d'amende pour avoir prins les œufs de la ditte perdrix et de les avoir cassés et déchiré ».

Si nous avons relaté ce dernier procès, c'est pour faire ressortir, combien, vers la fin du XVIIIe siècle, étaient encore sévères les ordonnances qui réprimaient les délits de chasse.

Nous pourrions prolonger à l'infini l'énumération de contraventions analogues à celles relevées par M. P. Laurent et par moi; mais cette liste monotone à la longue, ne tarderait pas à devenir fastidieuse. Nous allons rapporter maintenant quelques procès que leur note locale et leurs particularités rendent intéressants pour nos compatriotes.

V.

Le 11 juin 1787, comparait au greffe de la justice, Jeanne Chenet, femme de Jean Robert, laboureur, formant plainte « disant, qu'étant devant sa porte située au Bout-de-la-Ville, royé au levant Jacques Gourdin demeurant en le même lieu elle scavoit apperçu que ledit Gourdin faisoit un foscée le long de sa finbrière et tiroit la terre sur son terrain, que la ditte Chenet lui ayant fait reproche pourquoi faisoit il ceste ouvrage pour leur faire préjudice. Que le dit Gourdin lui avoit répondu : retire toi de moy car cy il n'y avoit que toi je te fouteroit cinquante coup de pied dans les tripe et cela en présence de Pierre Prémerlant, Nicolas Citerne, Pierre Signoret, Jacques Juttin et Henry Mauvais, tous maçons demeurant audit lieu de tout quoy elle forme plainte ».

Le 4 septembre 1781, Jean Signoret « faisoit un trou sur la ligne d'un nouveau chemin qui passe au devant de sa porte au lieudit la Grand-Rue de la largeur de huit pieds et de la longueur de douze pieds ce quy pourroit nuittament faire périr quelques personnes ou des bestiaux ».

Le 24 août 1782, Antoine Signoret « estoit occupé à sciller les blés de J.-B. Charton au lieu dit Villaine, il a été attaqué et insulté par Augustin Rossignon et Jean Nicolas Citerne ; ils l'ont renversé, puis prins par les cheveux et lui ont mesme démis le pouce de la main gauche, ce qu'il l'a mis dans l'impossibilité de continuer sa moisson et l'a obliger d'aller se faire remettre le pouce à Sivry par Pierre Robert qui a reçu vingt sols suivant certificat ».

Le 1er mai 1773, assignation par Etienne Coulon sergent ordinaire, « immatriculé dans la haulte justice et police de Landre, à Henry Godefroid savetier, à Claude Rennesson savetier, à Hippolyte Rouyer, à Jean Lamotte, à Pierre Signoret chartier, à Jacques Bernard laboureur, à Michel Lamotte, à Mange Etienne cordonnier et joueur de violon, à Louis Loriant marchand et voiturier, à Henry Loriant laboureur, à Louis Charton, à Jean Jacquet, à J.-B. Jacquet, à Pierre Rossignon, à Antoine Geoffroy, à Charles Estienne cordonnier, à Martin Vassart tireur de mine, pour s'entendre condamner à dix livres d'amende pour avoir invectivé maitre Poulain prêtre et curé de Landre, dans l'église dudit lieu, environ neuf heures du soir, le 1er novembre 1772 ».

Le 6 août 1763, procès entre Louis Loriant, sa femme Margueritte et leur fils Henry d'une part et Jacques Bernard d'autre part. « Le 2 février, étant avec sa femme et son fils, ils rencontrèrent Jacque Bernard, fils mayeur du sieur Laurent Bernard qu'ils attaquèrent injustement et le poursuivirent jusque dans la maison de Gabriel Brissy aubergiste où ils l'auroient maltraité s'il l'avoient trouvé là ; le 12 juin, lui et son fils étant chez lui Rossignon, cabartier à Landres, où ils buvoient avec plusieurs particuliers de Bantheville, le dit Jacque Bernard il vint aussi avec deux jeunes hommes d'Imécourt, qu'ils demandèrent une bouteille de vin audit Rossignon, qu'estant occupez à la boire, Louis Loriant et son fils attaquèrent injustement le dit Jacque Bernard sans aucune provocation de sa part et lui jetèrent une bouteille remplie de vin à la tête, duquel coup ledit Jacques Bernard fut blessé sur le champ ». S'ensuit une condamnation à dix livres d'amende.

Le 12 septembre 1753, Pierre et Jean Henrion, « tous deux fils d'Antoine Henrion, disent qu'aujourd'hui cinq heures du soir, estant à la Femme-Morte pour charger une voiture d'avoine, ils ont rencontré Yves Coulon de la Thuilerie, paroisse de Bantheville, qui leur auroient dit que s'il n'y avoient personne là, qu'ils les tueroient comme deux sacré bougre et que quand toute leur famille seroient là qu'ils les turoient tous et qu'ils ne s'écarte pas dans la campagne, ledit Coulon leur ayant cheté plusieurs pierres, ledit Pierre Henrion auroient été obligé de se sauver pour éviter les coups et cela en présence de Jean Détante maçon et Jean Signoret le cadet ».

En 1746, on trouve la plainte suivante : « A Mr le lieutenant en la justice civil et criminel de Landre,

« Supplie humblement François Trassot, palfrenier de Mr de Landreville, Brigadier des armées du roy, enseigne et aide major des gardes de son corps, demeurant au château de Landreville, disant qu'ayant été avec la permission dudit M. Landreville son maître pour voir la fête que l'on faisait audit Landre le dimanche 13 du présent mois de novembre, après avoir soupé avec ses camarades, ils seroit allé ensemble voir les danses dans une grange de la maison de la ferme de M. le baron de Landre. Le suppliant s'étoit mis en mesure de danser un menuet, le valet du sieur Curé de Landre tenant une hallebarde à la main dans les danses au milieu de ladite grange, se seroit avisé de tendre le baton de sa hallebarde dans les jambes du suppliant pendant qu'il dansoit son menuet sans doute dans la vue de le faire tomber et cela environ les neuf heures du soir, ce qui aurait obligez le suppliant à finir son menuet. Après quoy ayant demandé au vallet dudit sieur curé de Landre ce quy l'avoit obligé à luy tendre le baton de sa hallebarde entre les jambes pendant qu'il dansoit, dans le même moment il fut surpris de se voir donner un grand coup de bâton sur la tête par le fils de la dite Mouton veuve de Jean Julien, sans aucun autre sujet de provocation et dans le même instant cinq ou six autres garçons dudit Landre inconnus au suppliant quy auroient donné aussy une grande quantité de coups de baton tant sur la tête qu'autre partie de son corps, de sorte qu'il se trouve tout ensanglanté desdits coups desquels il est grièvement blessé et se trouve en danger de la vie, ce qui l'oblige à se pourvoir ».

Cette plainte est suivie quelques jours après, d'une autre qui aggrave et précise les faits :

« A M. le lieutenant devant la justice de Landre,
« Supplie humblement François Trassot, palfrenier de M. de Landreville...... disant que le 15 du présent mois auroit donné sa requette de plaintes expositives que le dimanche 13 dudit présent mois, étant venu avec la permission dudit M. de Landreville, son maître, audit lieu de Landre pour y voir ses amis et pour se réjouir avec eux parce que c'étoit la fête de la paroisse et s'étant montré après souper aux danses, dans un

lieu appelé la Vieille-Grange où les garçons et les filles de Landre et autres personnes étoient assemblé avec les violons pour danser et sous le prétexte que le suppliant avoit dansé deux danses avec la même fille, les garçons qui faisoient la fête l'attaquoient et s'étant armé de gros batons de fagots avec lesquels sans aucun autre sujet de provocation, ils l'ont frappé sur la tête et autres parties de son corps en sorte que d'un très grand nombre de coups de batons qui lui ont été donné par lesdits garçons de Landre et entre autres par Nicolas Jullien, Jean Signoret fils de Philippe Signoret bourgeois dudit Landre, Claude Ledoux valet domestique de Mre Pierre Raux prêtre et curé dudit Landre et Nicolas Richard valet domestique de Lambert Hautecœur fermier de la ferme de l'Adhuy et d'autres garçons de lui inconnus..... il vous auroit requis qu'il fut par vous informé desdits excès et mauvais traitement et qu'il vous plaise adjuger au suppliant une somme de 300 livres par forme de provision alimentaire pour subvenir à ses aliments, pansements et médicaments.....».

Jusqu'à la fin du XVIIIe siècle, une ordonnance prescrivait aux filles non mariées qui devenaient enceintes de le notifier aux autorités locales dès qu'elles ne pouvaient plus douter de leur état de grossesse. Cette coutume, en certain pays a même survécu jusqu'à une époque très rapprochée : sans être d'une pratique courante, elle était encore en usage dans certains villages du Berry, il y a une dizaine d'années.

Nous ne rapporterons qu'un fait de ce genre (ils sont d'ailleurs tous identiques) : c'est la déclaration faite, le 20 novembre 1772, par Marie Geoffroy « enceinte des œuvres du sieur Bertrand Delacroix, garçon domestique au service de Mre César-Hector de Maillart, chevalier, baron de Landre, capitaine au régiment de Lassau, demeurant audit chateau de Landre ; en conséquence il est enjoint à ladite Geoffroy de veiller à la conservation de son fruit sous les peines des édits, arrets, et règlements ».

VI.

Nous bornerons là l'exposé de ces procès, plaintes et contraventions qui se renouvellent à peu près invariablement dans les mêmes conditions; cette série, pensons nous, est suffisante pour démontrer ; quel était le fonctionnement de la justice de Landres et qu'elles étaient les affaires qui s'y débattaient habituellement. Cependant, avant de terminer nous tenons à reproduire in-extenso une cause vraiment topique et qui jettera une lueur singulière sur les mœurs villageoises de cette époque.

« Le 20 mai 1727, nous, Robert Desnier estants dans une chambre de la maison de Pierre Bernard, marchal-férant, avec le procureur fiscal, assisté de Pierre Nicolas Mauvais, notre greffier ordinaire, est comparu Pierre Homez, tissier en toille, demeurant à Romagne et Anne Homez, sa fille d'avec deffunte Hélène Leroy, sa première femme, qui nous ont dit que la dite Anne Aumez se seroit engagez avec défunt maitre J.-B. Petitfils prêtre-curé du dit Landres pour le servir en qualité de servante domestique et avoir commencé son service dans le mois de Janvier 1726, âgée pour lors de 23 ans 5 mois, que la dite Anne Aumez n'a pas été entrez au service du dit sieur curé de Landres, que Jean Pettifils, son frère âgée d'environ 44 ans l'avoit poursuivit et

sollicitez pour la connaître charnellement avec des
promesses qu'elle n'avoit rien à craindre et qui ne
la bandonneroit jamais. Laquelle auroit eu la faiblesse
tant par rapport à son jeune âge que par toute ces promesses et leur précente sollicitation de se laisser voir
et connaître charnellement par le dit Jean Petitfils
depuis le commencement du mois de feuvrier de la
ditte année 1726 et jusqu'à 15 jour après Pasque dernier
de sorte qu'elle est venue enceinte de ses œuvres, et
pour de la part du dit Pierre Aumez, son père, qu'il ne
lui soit aucun reproche au sujet de la dite grossesse et
évènement dycelle nous a requis de recevoir le serment
de la dite Aumez, sa fille, et ensuite sa déclaration sur
le fait et circonstance de la dite grossesse. cela fait,
mettre de notre office la dite Aumez et son fruit à la
charge et garde de tel personne notable bourgeois du
dit Landres qu'il nous plaise de nommer au frais et
despens de qu'il appartiendras, attendu qu'étant con-
vollez en seconde noce il craind que la dite Haumez
ne soit chagrinez par sa seconde femme et les enfans
de son second lit par rapport de l'état où elle se trouve
Sur quoy nous, juge sus-dit ouys le procureur fiscal en
ses conclusions et huy le requérant, avons donné acte
au dit Pierre Homez et Anne Homez de leur comparution, dire, déclaration et réquisition sur lesquels faisant
droit avons de la ditte Anne Homez pris et reçu le
serment, au qua requis en la manière ordinaire sous la
foy duquel elle à jurez affirmez et promis de dire véri-
tez sur le fait de sa grossesse et circonstance d'ycelle ;
ce faisant elle nous auroit déclaré qu'étant entrez au
service de feu M^r le Curez de Landres environ le 15
jauvier 1726 et qu'el auroit continuez jusqu'à son
décèds arrivé le 6ème aoust dernier après lequel le dit

Jean Petitfils il auroit obligez de continuez à le servir domestiquement comme elle a fait jusqu'au 2 février dernier ; que, dez le commencement de son service chez ledit sieur Curez ou le dit Jean Petitfils demeuroit, il auroit tellement poursuivie et sollicitez qu'elle se serait rendu à ses sollicitations et promesses de ne jamais abandonner de sorte qu'il auroit connu charnellement dans le commencement du mois de février 1726, ce qu'il auroit continué de faire tant avant le décéds du dit sieur Curez que depuis jusqu'au 2 février dernier et ce toute foy et quand bon luy a semblez lequel l'obligeoit à coucher avec ly notamment depuis le décéds du sieur Curez, ce qu'il faisoit d'autant plus facilement qu'il ne demeuroit qu'eux deux dans la maison où le dit sieur Curez est décédé. Que de leurs copulation charnelle la dite Anne Homez est devenue enceinte des œuvres du dit Jean Petitfils qu'elle croit être grosse d'environ 7 mois, de quoy el ne s'est aperçue que dans le mois d'octobre dernier ou elle a manquez d'être réglez, ce qu'ayant déclaré au dit Jean Petitfils il l'auroit sollicitez et obliger de sortir de chez lui le dit jour de feuvrier suivant sous la promesse qu'il luy fit de la prendre ensuite et de l'espouser, mais qu'il falloit empêcher la manœuvre du monde, qui lui donneroit de quoy subsister pendant cet intervalle, qu'il la nourriroit en sorte quel ne manqueroit de rien, en effet, il lui a envoyé une partie de sa subsistance au lieu dit à Romagne ou elle étoit retirée depuis le dit jour de feuvrier dernier par Anne Evrard femme de Damien Fétu qu'il luy a porté de la part du dit Jean Petitfils des œufs et du bœur ; elle lui venoit dire que le dit Petitfils la prioit de se rendre au bois de Beuil au lieu dit le Grand Jardin et qu'il s'y trouveroit pour converser avec elle ce qui est arrivez par trois différentes foy sur les avis de la dite Evrard toujour venu expret de la part du dit Petitfils, où s'étant rendue toute les trois fois le dit Petitfils l'auroit sollicitez de déclarer qu'elle estoit enceinte des œuvres du nommé François Lamberd sy devant garçon marchal demeurant au dit Landres et de présent cavalier au régiment de Cheppy ou du nommé Landry Pasquis, jeune garçon agée d'environ 17 ans, orfelins de père et de mère. Et qu'après ces déclarations il lui donneroit comptant 30 livres avec du grain pour elle vivre et qu'il lui feroit une donation par écrit entre vif de deux septiers de froment et autant d'avoine pour nourrir l'enfant qui devoit naître de sa grossesse, que depuis le temps qu'elle est retirez au dit lieu Romagne il la mandez aussi de venir chez lui audit Landres ce qu'il a fait neuf ou dix fois où il la aussi connu charnellement dont la dernière fois s'étez quinze jours après Pasques. De laquelle présente déclaration elle a requis acte de même que le dit Homez son Père qui a offert de se charger de la dite Homez sa fille et de son fruit pour en faire la représentation quand il en sera requis. Lequel acte requis nous avons octroyez ainsy que de leur protestation de se pourvoir ainsi qui s'aviseront. Laquelle Anne Homez nous avons mis à la garde du dit Homez son père auquel nous avons enjoint de veiller soigneusement à la conservation de sa fille et de son fruit sous les peines de droits avons aussy enjoint à la dite Homez de se conservez et son fruit pour qu'il puisse naître en état de recevoir le Saint-Sacrement de baptême sous les peines estrigueur des ordonnances royaux que nous luy avons expliquez de même qu'au dit Homez son père. Laquelle nous a assuré que son fruit donnait continuellement des signes de vie. De tout quoy nous avons fait et dressé le présent acte.

« Le 21 may Homez demande une somme de 150 livres en forme de provision à Jean Petitfils pour l'entretien jusqu'à ses couches; sans préjudisce de requérir de nouvelle après les dites couches; que cette somme est très modique pour les considérations qui vient à avoir de l'àge de la dite Anne Homez, de la fragilité de son sexe et de la domination et empir qu'un maître a sur son domestique et comme l'honneur qui vient d'être enlevée à la dite Homez ne peut passer que pour un rapt qui mérite des peines considérables ».

Le tribunal accorde soixante-quinze livres.

CHAPITRE IV.

La Vie intime

I.

Landres semble n'avoir été, par le passé, que ce qu'il est encore aujourd'hui, un pays de pure culture, dont l'extension dut s'accroître d'une façon progressive avec les défrichements gagnant sans cesse en étendue.

Pendant la longue période obscure du moyen-âge, notre village n'échappa point aux ravages qui s'abattirent sans relâche sur la Champagne et l'Argonne. Les horreurs de la guerre de Cent ans étaient à peine oubliées que surgissaient les randonnées dévastatrices des guerres de religion, puis de la Ligue qu'avait précédées de peu l'invasion des bandes espagnoles de Marie de Hongrie : il semble que les troubles de la Fronde qui ont tant éprouvé la principauté de Sedan ne se sont point étendus jusqu'à Landres.

Pendant le XVIe et le XVIIe siècles, toute notre pitoyable région fut en proie aux pires calamités : aucune de ces rudes secousses ne fut épargnée à Landres qui, chaque fois se relevait opiniâtrement de ses ruines.

Si la misère se fit grande dans nos pays, après la guerre de Cent ans, c'est vers le milieu du XVIIe siècle qu'elle apparut la plus lamentable et qu'elle fut portée à son comble.

« La misère est noire dans notre pays, dit Abelly (1), au milieu de ce XVIIe siècle tant vanté, si noire qu'il est impossible à ceux qui n'en furent pas témoins de se représenter l'épouvantable extrémité. Les concussions, les brigandages universels des faux amis, les dévastations des bâtiments, les abacts des arbres fruictiers, les violements, les massacres, les sacrilèges, les incendies sont des crimes journaliers et tolerez et qui passent pour traicts de souplesse..... La nudité des femmes et des filles étaient même si grande qu'un homme qui avoit tant soy peu de pudeur n'osoient les regarder, et tous estoient pour mourir de froid dans la rigueur des hyvers (2)..... ».

Coquault, dans ses mémoires, raconte comment la vallée de l'Aisne fut saccagée (3) : « les bandes y ont laissé partout tant de funestes marques et mémoires de leurs actions forcenées, car il n'y a lieu qui se puisse vanter de n'en avoir les horribles cicatrices dont les moindres sont des démolitions de maison..... et d'autre, le plus horrible, les meurtres de froid sens par rage, à la façon des chiens enragez, sans en avoir subject contre ces pauvres paysans ». Les bandes espagnoles qui, sous la conduite de Martin van Rossen, envahirent la Champagne et l'Argonne, en 1552, n'avaient-elles pas reçu l'ordre d'exécuter toutes les horreurs qu'elles pourraient inventer !

---

(1) ABELLY. — *Vie de Saint-Vincent de Paul.*

(2) *Première lettre des échevins de Rethel à Saint-Vincent de Paul*, le 8 mai 1651.

(3) L. BRETEAUDEAU. — *Les œuvres de Saint-Vincent de Paul dans le Rethelois*, in Rev. hist. ard. 1902.

Mais ce qui donne l'idée la plus exacte de l'état pitoyable où se trouve notre pays au lendemain de ces calamités incessantes, ce sont les notices cadastrales de Jean Ernest de Terwel, seigneur d'Etrepigny (1). Il avait reçu de Fabert la mission de déterminer la force de chaque lieu par la grandeur du territoire et le nombre des habitants pour une meilleure et plus juste répartition de l'impôt. Il procède à son enquête au début de 1637. A cette époque non seulement le roi percevait l'impôt par taille, les ennemis voisins faisaient non moins régulièrement des réquisitions en nos pauvres villages qui ne pouvaient se soustraire à ces taxes sans risquer le pillage et l'incendie. Les habitants ruinés totalement, réduits à la plus extrême misère vendaient, à bout de toutes ressources, les aisances communales et jusqu'aux cloches de l'église pour se mettre à l'abri des pires malheurs. S. Pierremont et Sommauthe paient aux ennemis 1320 et 1400 livres pour se sauver du feu.

Voici la notice cadastrale de Terwel, relative à Landres :

« LANDRE : plusieurs seigneurs, au sieur de Gruyère partie (2).

« Terroir médiocre, un quart bon, 690 arpents, 200 au seigneur, 290 aux habitants, le reste censes.

« Prez 89 arpents, 22 aux habitans, le reste aux seigneurs et censes.

« Vignobles 24 arpents aux seigneurs, excepté 10 aux habitans.

---

(1) R. GRAFFIN, in *Rev. hist. ard.* 1902.
(2) Nous avons vu qu'à cette époque, différents partages avaient morcelé la seigneurie de Landre.

« Bois 58 arpents.

« Charrues (1) 12 1/2 compris 5 fermiers des seigneurs Pleins mesnages 48 et 12 demy. Payent à Luxembourg 550 livres, à Rocroy 550 livres. Le lieu est réduit par le feu à 50 maisons. Taille 822 livres. Taille nouvelle 1000 livres ».

Nous voyons que, malgré leur pitoyable dénuement, les habitants de Landres peu chanceux, virent encore augmenter le chiffre de la taille.

Il faut aussi retenir de cette note que les incendies n'avaient point épargné notre village ; les incendies, tant accidentels qu'allumés par la malveillance ou la main de l'ennemi, constituent le pire fléau de nos campagnes jusqu'à la fin du XVIII° siècle : les incendies se multipliaient avec une fréquence réellement incroyable, et en quelques instants, réduisaient en cendres des rues entières ou mêmes des villages complets ; il faut bien se rappeler, en effet, que jusqu'au début du XIX° siècle, les maisons ne consistaient pour la plupart qu'en un bâtis de bois et de torchis, recouvert de chaume, qui était une proie facile pour les flammes.

Les censes, dont parle Terwel, étaient l'Adhuy, les Hauts-Hazoirs, et les Bas-Hazoirs : outre un manoir et des bâtiments de fermes, ces deux dernières comprenaient 200 arpents de terre. Après avoir été la propriété des Templiers, elles passèrent ensuite aux Hospitaliers de Saint-Jean de Jérusalem. Elles ne furent pas plus heureuses que le village et furent détruites vers le milieu du XVII° siècle comme en fait foi le terrier de Boult (1666) : « La guerre a ruiné tous les membres de

---

(1) La charrue représentait 54 arpents, 18 à la roye ; l'arpent valait de 38 à 45 ares selon les localités.

la Commanderie comme l'Adhuy, la Chambre-aux-loups, Fonteneau, Chamiot, les Hazoirs..... (1). Il est donc probable qu'au moment de l'enquête de Terwel, ces censes étaient en ruines. Elles ne s'en sont jamais relevés, et on ne connaît plus guère aujourd'hui leur emplacement exact ; cependant, au sud de la ferme de la Bergerie, à mi-chemin entre ces bâtiments et la route qui conduit de Landres à Remonville, il existe actuellement une cavée semi-boisée, semi en friches qui fut certainement jadis occupée par des constructions importantes ; et ce qui tendrait à confirmer cette opinion, c'est qu'immédiatement au-dessus de cette cavée, il subsiste une citerne profonde qui est assez bien conservée. Il y a tout lieu de penser que c'est là que s'élevait autrefois la cense des Bas-Hazoirs. Quant à l'Adhuy, la ferme fut sans doute rebâtie, car, pendant tout le cours du XVIIIe siècle, les registres paroissiaux font fréquemment mention des censiers de l'Adhuy : elle est aujourd'hui encore en pleine exploitation.

Les malheurs des temps occasionnèrent de fréquents exodes ; les laboureurs de Landres découragés et ruinés allaient chercher ailleurs une terre plus propice : C'est ainsi qu'en 1687, Don Nicolas Langlois, prieur titulaire du prieuré conventuel de Notre-Dame des Roziers (2) loue à bail à Nicolas de Germont, laboureur à Landres, et à Françoise Ponsignon sa femme la moitié de la terre des Rosiers ; l'autre moitié, louée aupa-

---

(1) Dr O. Guelliot, in *Rev. hist. ard.* 1901.

(2) Comm. de M. Sécheret. — Les Roziers, (commune de Séchault) fut une abbaye de bénédictines fondée en 1240 par Baudoin II châtelain de Mézières ; dès 1490, ce n'est plus qu'un prieuré qui fut brûlé en 1617, puis vendu à la Révolution comme bien national. C'est aujourd'hui le château et la ferme des Roziers.

ravant à Michel Willemet, fut loué en 1689 à Pierre Ponsignon et à Philippe Ponsignon, laboureurs à Remonville (1).

II.

Ce n'est qu'avec le XVIIIe siècle que nos ancêtres vont entrer dans une période plus calme et plus heureuse : notre village se reprend à la vie et sa population tend à s'accroître, si l'on s'en rapporte au dénombrement de Saugrain (1709) qui compte 110 feux à Landres et 18 à Saint-Georges.

Ce n'est d'ailleurs qu'à dater de cette époque que nous pourrons retracer la physionomie de Landres avec sa note personnelle. En effet, en dépit de l'édit de François Ier, de 1539, bien connu sous le nom d'édit de Villers-Cotterets, qui imposaient aux curés l'obligation d'inscrire les baptêmes et les sépultures (l'inscription des mariages ne se fit que plus tardivement), les registres paroissiaux, dans notre région, ne sont guère antérieurs au dernier tiers du XVIIIe siècle. Les premiers cahiers ont-ils été perdus ? l'édit de 1539 ne reçut-il dans nos pays qu'une tardive application (2) ? toujours est-il qu'ils ne remontent à Landres qu'à 1675 (3 avril) et à Saint-Georges, à 1660. En tout cas, je ne crois pas qu'il y ait lieu de déplorer outre mesure cette

---

(1) Remonville, autrefois « Remauville » est très ancien : au XIIIe siècle, il y a une mesure de Remauville (Cartulaire du prieuré de S. Médard de Grandpré).

(2) Il est fort à supposer que, dans nombre de localités, les seigneurs qui avaient d'une façon très générale adhéré à la Réforme, détruisirent ou firent disparaître ces registres qui mentionnaient sans nul doute leurs actes d'abjuration.

lacune, car, au début des registres paroissiaux que nous avons eus entre nos mains, les actes sont d'un tel laconisme qu'on ne peut y relever aucun renseignement topique : nous en rapportons un à titre d'exemple :

« Damien Forgeaulx est allié par mariage avec Anne Bernard, tous deulx de la paroisse de Landres et sont espousez à l'église de Landres le lundy gras 1664 ».

Et c'est tout.

Les habitants de Landres consacraient tout leur temps à la culture de la terre. Nous avons vu dans le terrier de Terwel, que Landres possédait aussi quelques vignes (1), et il y a tout lieu de croire que la culture de la vigne prit au XVIIIe siècle, une assez large extension. Il existe, en effet, aux Archives municipales, un rapport concluant à fixer le jour de l'ouverture de la vendange au 23 fructidor an XI (11 septembre 1803). Ces vignes qui ne disparurent complètement que vers 1820, donnaient, au dire des anciens un vin qui n'était pas dénué de qualité; le vin de la Côte-Hodée, m'a dit souvent mon arrière-grand-père, était tout particulièrement réputé. Elles occupaient les lieux-dits la Côte-Hodée, la Dardanne, le Pied-Goma : il ne reste plus trace de ces vignes dont l'on ne retrouve plus que quelques ceps sauvages entremêlés aux haies vives. Il subsiste cependant, à titre de souvenir, une ruelle étroite et escarpée qui monte à la Dardanne, et qui porte encore le nom de « ruelle des vins » ; quelques dénominations de lieux-dits

---

(1) La culture de la vigne dans la vallée de l'Aire, de l'Aisne et de la Meuse remonte à la conquête romaine ; en 81, Domitien rend un édit défendant de cultiver les vignes dans la Gaule chevelue et ordonnant d'arracher celles qui existaient; cet édit fut révoqué par l'empereur Probe en 281 (Dr J. Masson, loc. cit., p. 168 et 177).

gardent encore la trace de l'emplacement du vignoble : le Champ-de-la-Vin, les Vignettes, les Vignes de l'Adhuy, la Vin-haut-la-queue.

Comme dans tous nos villages, aux siècles passés, le commerce et l'industrie ne tenaient dans la vie des habitants de Landres qu'une place fort insignifiante. Dans les désignations accolées au nom des déclarants ou des témoins qui figurent dans les actes paroissiaux, on ne relève que les professions banales, les petites industries indispensables à la culture et aux besoins quotidiens de la vie rurale : laboureur, manouvrier, « chartier », charron, marchand, « marchal-ferand (1) », « bourlier », marchand « cocassier », marchand de sabots, tailleur d'habits, fileuse, « tixier en toile », « taincturier », fouleur de bas, « cordonnier en vieil ». Ce dernier métier semble même avoir été l'occupation générale de nos aïeux : une enquête faite en 1774 rapporte en effet que, » parmi les habitans de Landres, le plus grand nombre est cordonnier en vieulx ou savetier ». Nombreux aussi sont les tireurs de mine, car il ne faut pas oublier qu'il y a plus de trois siècles que l'on extrait du minerai de fer sur le territoire : cette exploitation s'est même prolongée jusque vers 1860. Bien antérieurement au XVIII° siècle, il y a eu à Landres une forge (nous avons vu plus haut le contrat d'acquisition), transformation d'un moulin à blé, préexistant en 1490. De cette forge nul n'a gardé le souvenir : cependant, à mi-chemin de Saint-Georges, sur la rive gauche du ruisseau, il existe un assez large espace

---

(1) Aussi loin que les documents nous permettent de remonter, cette profession demeure à l'état de monopole dans la famille Bernard.

de terrain dont le sol est demeuré profondément noir et parsemé de scories et de machefer : il n'y a rien d'impossible à ce que ce fut là jadis l'emplacement de ladite forge, d'autant plus que le lieudit, situé immédiatement au dessus a porté, jusqu'au début du XIXe siècle le nom de « Au-dessus-de-la-Forge » (c'est aujourd'hui le Champ Notre-Dame). Ajoutons que l'extraction du minerai paraît avoir été particulièrement florissante à Saint-Georges : aux cours des registres paroissiaux, presque tous les habitants sont qualifiés de « tireurs de mines de fer » ou de « chargeurs en grosse forge ». D'ailleurs, en dehors de la forge dont nous venons de parler, Landres et Saint-Georges se trouvaient à proximité des hauts fourneaux d'Alliépont, de Champigneulles, de Chéhéry, dont l'existence est bien établie avant 1650 et dont les feux ne se sont éteints qu'à la fin du XIXe siècle.

Landres possédait encore un autre moulin dont le meunier est, au XVIIIe siècle, Jean Citerne, mari de Magdelaine Bernard. Ce moulin, nous a conté notre grand'père, était situé près du Grand-Pont, sur la rive gauche du ruisseau, dans un pré qui appartient aujourd'hui à M. Boffy. De ce moulin, qui fut peut-être banal, il ne reste plus qu'une très vague souvenance : les prairies sises en aval de cette propriété sont encore dénommées « les Prés-sous-le-moulin ».

Si Landres possédait jadis forge et moulin, il faut en conclure que, le ruisseau qui traverse le village de l'est à l'ouest, était alors beaucoup plus important que de nos jours. Il prend sa source au devant de la ferme de l'Adhuy, en un étang encore dénommé « le Gouffre »; c'était en effet, paraît-il, autrefois un véritable gouffre dans lequel, raconte une tradition, on vit un jour s'engloutir un chariot attelé de six chevaux dont on ne put jamais rien retrouver si profondément que l'on sondât. A l'heure actuelle, « le Gouffre » n'est plus qu'une mare à canards.

III.

Après l'épouvantable misère qui laissa au XVIIe siècle, nos villages dénués de toutes ressources, Landres avec le début de XVIIIe siècle, semble renaître à l'existence. Ce n'est point un pays perdu ni totalement déshérité : il possède même un « chyrurgien », et cet emploi ne paraît guère être demeuré vacant jusqu'à la Révolution. Le premier en nom est Philippe de Neuvilly (1675); puis on relève les noms de Charles Vincent (1705), Louys Soydé (1729), Philippe Signoret (1750).

Il y avait aussi une sage femme : mais si la profession de maréchal-ferrant fut de tout temps l'apanage des Bernard, celle de sage-femme semble également s'être perpétuée dans la famille Dolion : nous retrouvons, en effet, à la fin du XVIIe siècle, Charlotte Clément « sage femme jurée » épouse d'un Dolion; un fils, né de ce mariage, épouse Margueritte Vignon, sage-femme, et cette union donne naissance à Charlotte Dolion « sage femme demeurant à Janivot ». Cette dernière était mariée à Jacques Brissy, fils de Gabriel Brissy et de Madelaine Bernard, qui mourut le 15 germinal an VIII.

A la « Petite-Rue » il y avait un abattoir et une boucherie, qui sont tenus, en 1747, par Pierre Rossignon ; de père en fils, les Rossignon demeurèrent bouchers au même endroit et y continuèrent l'exercice de leur profession jusqu'au premières années du XIXe siècle : nombre de nos comtemporains se souviennent encore d'avoir vu la grande porte en plein cintre de l'abattoir.

Les cabaretiers ne faisaient point défaut : en 1763, Louis Rossignon tient auberge à la « Petite-Rue » ; il y avait aussi une autre auberge, à « la Rue-Haute », en face de l'église : le tenancier était Henry Nicolas Fossier, cuisinier-chef du baron de Landres, qui avait épousé, en 1788, Marie-Gabrielle Bernard. Il y avait, derrière la maison, un puits que l'on désignait encore, il y a une quarantaine d'années, sous le nom de « Puits-de-la-Gabrielle ». Enfin, quand nos ancêtres voulaient organiser un bal, point n'était besoin, comme aujourd'hui de recourir aux artistes des environs : en 1630, Claude Dembrum est joueur de violon ; en 1773, Menge Estienne joint le même emploi à son métier de cordonnier.

IV.

Si nos aïeux revenaient faire un tour dans leur village, ils ne s'y égareraient point à coup sûr : ni la topographie de Landres, ni la dénomination des rues et quartiers n'ont subi aucun changement à travers les âges : les rues d'autrefois sont celles d'aujourd'hui : la Grande-Rue, la Petite-Rue, la Rue qui monte à-l'Eglise, la Rue-Haute ou Rue-de-l'Eglise, le Bout-de-la-Ville, la Folie, Janivot. Quant aux lieux dits du territoire, quelques-uns — très rares — ont disparu ; quelques autres ont été déformés par une prononciation vicieuse : la Fosse-aux-Vaches est devenue la Fosse-Sauvage, le Champ-Huenon, le Champ-Huguenot, etc. ; mais la plupart des désignations actuelles sont celles que l'on retrouve aux XVIe et XVIIe siècles.

A Landres, comme partout, les vieilles traditions ont presque totalement disparu : nous en rappellerons quelques unes. La fête patronale de Landres avait jadis lieu le jour de la Nativité de la Vierge, le 8 septembre : cette solennité donnait lieu à de joyeuses réunions de familles : on l'appelait la « fête aux inglois » du nom local d'une espèce de prunes avec lesquelles on confectionnait des tartes pantagruéliques. Bien que, dès la fin du XVIIIe siècle, la fête du village ait été reportée à la Saint-Martin (11 novembre), on n'a jusqu'en ces dernières années, cessé de chômer le 8 septembre sous le nom de « petite fête ».

La fête de la Saint-Martin donnait également lieu jadis à une préparation culinaire justement réputée, les fameux « pâtés d'ouyes » : on élevait en effet, à Landres, d'innombrables troupeaux de ces volatiles (jadis, dans les environs, on donnait aux habitants de Landres le sobriquet de « ouyettes ») dont la plupart était sacrifiée la veille de la fête pour servir à la confection desdits pâtés : aussi un vieux dicton, contait il que, la veille de la fête, le moulin de Saint-Georges ne tournait plus, sa roue étant enrayée par les débris et vidanges d'oies que charriait le ruisseau.

Au temps jadis aussi, le soir du Mardi-Gras, chaque famille se réunissait chez le plus ancien ou le chef pour le souper en commun ; ce dernier ne préparait qu'un traditionnel plat de céleri, chaque ménage invité et attendu devant apporter son plat. C'est ainsi qu'au début de la soirée, on voyait les rues du village sillonnées de couples munis d'une cocotte soigneusement couverte et d'un falot aux carreaux de corne, se rendant à la demeure du « pater-familias ». Puis le repas fini, me contait mon arrière-grand-père, on remontait jambons, saucisses et andouilles dans la cheminée pour y demeurer jusqu'à Pâques; car, à cette époque patriarcale, le maigre du Carême n'était sous aucun prétexte rompu pendant les quarante jours fixés par les lois de l'Eglise.

Une autre tradition qui n'était point dénuée d'un certain charme poétique et qui n'a disparu qu'il y a quelque vingt ans : le jour de la Fête Dieu, chaque jeune pâtre enguirlandait de fleurs et de verdures la plus belle bête de son troupeau, celle qui conduit habituellement et dirige ses compagnes, le chef du troupeau : inutile de dire que c'était à qui, à la rentrée au village, aurait la bête la plus copieusement et la plus coquettement fleurie.

V.

Pouvons-nous nous représenter quel était l'intérieur de nos ancêtres ?

Il n'existe plus guère à Landres de maisons du XVIIIe siècle que les transformations et le temps n'aient profondément modifiées. Mais nous en retrouvons une idée exacte dans la description de la maison de Sivry où Goethe logea, les 4 et 5 octobre 1792, au retour de Valmy, et dont il nous a laissé un tracé minutieux et fidèle (1).

« Après tant de souffrances, nous trouvâmes délicieuse la vie domestique et nous pûmes encore observer pour nous amuser et nous distraire le caractère homérique et pastoral des maisons champêtres de France.

---

(1) *Campagne de France*, trad. Porchat.

« On n'entrait pas immédiatement de la rue dans la maison : on se trouvait d'abord dans un petit espace ouvert, carré, tel que la porte elle-même le donnait. (Ce petit réduit s'appelle encore aujourd'hui « l'allée »). De là, on arrivait par la véritable porte de la maison, dans une chambre spacieuse, haute, destinée à la famille ; elle était carrelée de briques ; à gauche, contre la longue muraille, un foyer adossé au mur et reposant sur la terre ; le conduit qui absorbait la fumée surplombait. A droite, près du feu, un haut coffret à couvercle qui servait aussi de siège. Il renfermait le sel dont la provision devait être gardée dans un lieu sec. C'était la place d'honneur qu'on offrait d'abord à l'étranger le plus marquant : les autres arrivants s'asseyaient sur des sièges de bois avec les gens de la maison. Pour la première fois, je pus observer là exactement le pot-au-feu national. Une grande marmite de fer était suspendue à un crochet, qu'on pouvait élever et abaisser au moyen d'une crémaillère ; dans la marmite, se trouvait déjà une bonne pièce de bœuf avec l'eau et le sel. On y ajouta des carottes, des navets, des poireaux, des choux et d'autres légumes......

« J'observais l'heureuse disposition du dressoir, de l'évier, des tablettes où étaient rangés les pots et les assiettes. Tout cela occupait l'espace allongé que le carré du vestibule ouvert laissait de côté intérieurement. Tous les ustensiles étaient brillants de propreté et rangés en bon ordre.

« On mit la table, on posa une grande écuelle de terre, dans laquelle on jeta du pain blanc coupé en petites tranches et le bouillon chaud fut versé dessus..

« Nous questionnâmes ces gens avec beaucoup d'intérêt sur leur situation. Ils avaient déjà beaucoup souffert à notre premier passage quand nous étions demeurés si longtemps près de Landres.....».

Telle quelle était alors, telle est encore à très peu de chose près aujourd'hui, la disposition de la pièce qu'occupent habituellement dans leurs maisons, les ménages ouvriers de nos régions, en tenant compte, bien entendu, de l'aisance et du confortable qu'ont amenés les progrès de la vie rurale.

Il nous reste à savoir de quelle façon étaient meublées ces habitations : c'est là que nous puiserons les plus curieuses indications sur la vie intime de nos ancêtres. Nous ne pouvons avoir de plus sûrs guides que les inventaires dressés à différentes époques. Nous rapporterons d'abord l'inventaire de Nicole Maldant, veuve de Charles Gondouin ; l'«asposition» des scellés est faite le 2 mars 1753, par Laurent Bernard, maieur :

« On la trouve morte ensevely dans un drap de toille sur son lit dans la cuisine ».

Suit l'énumération des objets mobiliers :

« Un petit coffre en bois de chesne, fasson de menuisier, sans serrure et sans clef, où nous avons trouvé dedans trois bichets de froment, mesure de Grandpré; un cramail (1) ; une petite poille à frire ; un crouille de fer battu ; un choderon de fer ; un autre d'érain supporté ; un petit pot de fer de fonte ; un sciaux ferré; un bichet aussi ferré; un tonneau vindange avec trois

---

(1) Il est à remarquer que, dans tous les inventaires de l'époque, quelqu'en soit l'importance, qu'il s'agisse de la mère Maldant ou du château de Landres, l'énumération commence par la crémaillère. Quelle est l'origine de cette curieuse tradition qui attache à cet ustensile ménager une importance qui n'a pas encore totalement disparu ? l'inauguration d'une maison ne se traduit-elle pas encore par la pendaison de la crémaillère.

bichets d'avoine dedans ; un vieil demie Cazy ; un Jacqueson et un négligé fort supporté ; un Juppe, le tout de droguet ; un autre négligé de serge grise ; un tablier de dophine brune ; trois chemises de toille supporté ; une paire de pantoufe ; un lit de plume, un traversin garny de leur toye pesant ensemble...... livres ; un drap toille de tramoure ; un tamis supporté ; un may de hêtre sans couverc ; une Gatte (Jatte) d'étain ; deux cuillers d'étain.

Ce mobilier est certes des plus modestes ; nous en ferons mieux ressortir la modicité, en reproduisant l'inventaire dressé après la mort d'un bourgeois aisé.

Ce Jean Bernard, fils de Pierre Bernard, maréchal-ferrant et de Perrette Robert avait, en un premier mariage, le 6 Février 1680, épousé Magdelaine Desnier qui mourut le 21 Décembre 1694. Le dimanche 4 Mars 1696, il se remaria avec Margueritte Le Roy, fille de Me Jean Le Roy, notaire royal, et de dame de Neuvilly. Jean Bernard mourut le 9 octobre 1712, à l'âge de soixante ans environ. C'est à la suite de ce décès, le 27 mars 1713, que fut dressé l'inventaire suivant, par Robert Bogud, lieutenant en la justice de Landres, assisté de son greffier ordinaire, après levée des scellés dont Henry Vaquant était gardien.

Il y a d'abord « plusieurs meubles qui n'ont put estre renfermé sous led. scellé, comme plusieur pièce de vin, une quantité de gerbes de froment, orges et avoines, la boutique de maréchal avec les outils en dépendant ». Puis l'on trouve, « Premièrement, à la Cuisine, une armoir avec un ménagé par dessus deux porte dont une ferment à clefs et deux tiroirs, le tout bois de chesne, façon de menuizier ; un cramail fer battu ; une paire de Chenez ; un richos ; une vieille

Lanterne; sept pot et plat de terre; un Grugeoir de scel; une bouette à poivre; une bouteille de ver; un Couleux et un essingnon; une Goddelierre; un petit pot de fer sans couverture; quatre vieux livres. Un la grandmaire française, un autre Mérite de la vertu, l'autre des Vieille heure, un vieux breuvière tout deschiré; deux vieille canne de bois; une vieille Escritoire; un vieux sacle; un aubinitier de faïence; une seillière de bois pour mettre du scel; une balance avec ses poix de caillou; un ban; un vieux salloire ».

A la Grange : « une petite queue (?); un petit oyaux; une table bois de chesne; une petite pièce de bois; un Ratto; une petite Eschelle; une brouette; environ dix-huit fagot; une crèche à brebis; un collée de limont avec la Cullière; un rouet à filler; deux broye; un petit lict de plume; une peelle à frire; un chauderon de fer; deux petit chauderon de cuivre; six botte d'eschala; une foëne à char; deux gironde (?); deux cacque; un licoup; un vieux salloire; deux demie cacque; un vieux pot de fer; environ 2 douzaine de Gerbée; huis botte de Glu; un fléau; un vieux coffre; deux couvre-chassis de fer; un chauderon de fer; deux vieille caque; un autre demie caque; une maye avec couverte et le Dressoire; un furgond; deux pelle à four; une selle buresse; un bichet; une carte; trois vieux sasset; un bichet de bulton (1) dans un vieux saque; un touret; une vergette de fer; deux pannier un à salade et l'autre à bras; un coffre bois de chesne sur lequel le scellé estoit apposé duquel avons l'ouverture ou se sont trouvé les meubles qui suive : trois toillons; deux pièces de toile d'habit de lit avec le tour toile de lit avec de la franche; une bessace; deux chemise usage d'homme; deux serviette de toille; sept serviettes nappés ; quatre vieux craucettes (?) ; une pettite nappe ; deux toye d'orieu ; une paire de manche de toillette ; une livre de chanvre à filé ; une pièce de fil ; un estuis à razois avec deux vieux razois ; neuf fourchette d'aveu main avec quatre fourchette de pareille espèce ; deux cuillère d'estain ; quatre vieux couteau d'estain ; un acte d'indemnité fait par Gagneur le 12 octobre dernier ; un autre vieu couteau ; un pannier à mettre le linges ».

« A la Chambre en haut : une tabatière d'argent ; un vieu escritoire de corne ; un vieu sabre avec son seinturon ; environ une livre d'Estoupes ; un vieux mancheron avec la seinture ; un vieu justencorps ; un bichet de scel ; une demie carte de fève ; trois cartel de chennevausse ; une chaise tourné ; deux escabeaux ; un rouët ; une poelle à frire ; une passette de cuivre ; une pressoire de cuivre ; une bassinoire ; un grand chauderon d'airain ; un autre moyen ; deux autre plus petit ; un mortier de fer avec son pilon ; un bichet ferré ; une pinte, une chopine, une gade (?) ; une autre petite gade (?) ; un autre pinte estain ; un pot de chambre estain ; deux saillière estain ; un moutardier ; dix plat estain ; quatorze assiettes le tout estain commun ; deux chandelier de cuivre ; un peson ; un chapeau supportée ; un habit avec sa veste et les culotte de pinchina (?) et serge avec son train doublé de serge et de toile ; une vieille camizol de drap noire fort supportée ; une autre de toile fort supporté ; un drap à lict ; une nappe ; deux paire de bas de toile fort supporté ; un vieux manteau de serge gris fort supporté ; deux chemises usage d'homme ; un morceau de toile d'environ deux aulne

---

(1) Résidu du tamisage de la farine.

de paris ; une escuelle d'estain ; une petite hachette ; une table de cuisine ; un lict de plume avec son traversin ; un coffre bois de chesne ; une caque ; une couverture de salloire ; une jupe d'estamine usage de femme couleur de mort ; un devantier de mesme couleur ; un colsin (?) ; un corps de serge de londe (?) noir ; une cotte de mesme serge rouge ; une jupe de ratine rouge ; un autre de mesme couleur tous deux supportée ; trois chemise usage de femme ; deux devantier ; deux négligé ; une cotte blanche ; un tour de lit de tariolle le tout avec cinq pièce de rideau de toille ; un pot de fer avec sa couverture ; un petit panier d'ossier et carré. »

VI.

Pour compléter cet aperçu, il n'est pas sans intérêt de savoir quelle était au temps passé la valeur du bétail, des animaux de culture, des récoltes et des denrées agricoles. Pour le XVIIe siècle, nous trouverons de précieux renseignements dans le procès-verbal de la vente des meubles du château de Launois en 1620 ; nous en détachons les objets et prix suivants :

« Ung cheval hongre 18 livres ; ung aultre cheval poil noir harnaché de collyer 17 livres 5 sols ; une jument estant aussy ahanarché, 15 livres 10 sols ; ung cheval poil gris aveugle 6 livres ; ung aultre cheval poil noir aussy aveugle 7 livres ; trois vaches trayant poil rouge 38 livres ; une aultre vache trayant poil rouge 10 livres ; une aumal de deux ans 10 livres 10 sols ; ung vau d'ung an poil rouge, 9 livres ; treize bresbis bergerie tant portière que anneau 37 livres ; trois grand porcq truye, 15 livres ; trois aultre moyen porcq,

— 145 —

8 livres; quatre petit cochon agé de 3 smaine, 4 livres ; douze pièces d'oiseau dinde, 7 livres; deux douzaine de volaile que chappon, 6 livres ; une pièce de vin claret du cruz de Wagnon, 13 livres ; une caque de vin blanc du mesme cruz, 7 livres ; trois pièces de cidre, 9 livres; ung chair à quatre roux monté d'ycelles supporté, 12 livres; une viel charue avec les fer, 40 sols; quatre herses tell et quell, 20 sols; une charette sans roux tell ou quell, 8 sols; cent livres de chanvre non escouyé, 6 livres ; cinquante livres de chanvre escouyé, 105 sols; trente six livres de plume, 15 livres; douze septier de bled (1) froment, 40 sols le septier; ung septier poids, 40 sols ; deux quartels petite febvre, 10 sols ; trois septiers de sarrazin, 30 sols ; six quartels orge, à 12 sols le septier; sept quartel froment, à 8 livres ; 97 septiers de bled froment à la rose, à 40 sols le septier; 4 muy d'avoine à la rose, à 10 sols le septier ; 34 septier tant orge que termois, à 12 sols le septier; 800 bottes de pail, à 60 sols le cent ; 600 bottes fourage tant d'avoine que orge, à 50 sols le cent; un tasseaux de fourage contenant 12 chairs, à 4 livres le chair ».

Au XVIIIe siècle, ces prix ce sont très sensiblement modifiés : pour nous en rendre compte, nous n'avons qu'à consulter le procès-verbal de la vente mobilière qui eut lieu au château de Landres en 1754-55, une rapide comparaison entre les chiffres démontrera combien la valeur des mêmes objets s'était accrue en 150 ans :

« Huit cochons de l'aids adjugés ensemble à Nicolas

---

(1) Le terme bled s'emploie indifféremment pour quelque grain que ce soit; on y ajoute, selon ce dont-il s'agit, le terme froment seigle, orge, etc. — Au XVIIIe siècle, le setier vaut environ 80 litres.

Guillaume de Bayonville, à la somme de trente-six livres dix sols cy........................ 36 l. 10 s.

« Un porc d'environ six mois adjugé à Nicolas Gatelet dit la Douceur demeurant à Romagne à dix livres quinze sols cy............... .... 10 l. 15 s.

« Un autre cochon d'environ six mois adjugé à Pierre Davanne le jenne, demeurant à Romagne, à neuf livres cy.................................... 9 l.

« Un autre cochon du même âge adjugé à Catherine Petitpas veuve Perottin, demeurant à Chinnery, neuf livres, cy................................. 9 l.

« Deux autre cochon du même âge adjugés à Henry Daiguière et Laurent Bernard demeurant à Landres, à quatorze livres douze sols, cy........... 14 l. 12 s.

« Une grosse vache adjugés à Robert Davanne de Bayonville, à trente-cinq livres, cy........ 35 l.

« Une aultre vache adjugés à Jean Citerne de Landres, à trente cinq livres cinq sols cy........... 35 l. 5 s.

« Une autre vache sous poil brun adjugés à mademoiselle de Landreville à quarante six livres dix sols cy...... .... 46 l. 10 s.

Une autre vache sous poil noire adjugés à Jean Baptiste-Somptard de Bayonville à trente sept livres cy................................... 37 l.

« Une autre vache poil brune adjugés à François Fouquet demeurant à Buzancy à vinq-cinq livres cy 25 l.

« Une autre vache adjugés à Nicolas Rousseau de Bayonville à vingt une livres quinze sols cy. 21 l. 15 s.

« Un toreau adjugés au sieur Allardin d'Imécourt à trente livres cy...................... 30 l.

« Une laye adjugé à Claude Simon meunier de Champigneulles à quatorze livres cy........... 14 l.

« Un veaud adjugés à Charles Signoret cabaretier de Landre à la somme de neuf livres cy...... 9 l.

« Un veau de l'aid à Rossignon boucher à Landre à la somme de six livres dix sols ...., 6 l. 10 s.

« Un porc mâle adjugés aud. Nicolas Gatelet de Romagne à vingt une livres............. 21 l.

« Un autre porc adjugé aud. Somptard de Bayonville à vingt une livres cy.. .... 21 l.

« Un autre cochon adjugé à Antoine le Grand de Bayonville à dix huit livres cinq sols cy... 18 l. 5 s.

« Un autre porc adjugés aud. Somptard de Bayonville à dix huit livres cy................. 18 l.

« Deux chèvres adjugés aud. sieur Allardin à sept livres cy............................ 7 l.

« Les poulles adjugés à Jean Baptiste Petitpas demeurant à Bayonville à raison de douze sols la paire, il s'en est trouvé la quantité de trente deux paires et demye ce qui fait la somme de dix neuf livres dix sols cy........... .... 19 l. 10 s.

« Un cheval de carosse adjugés aud. sieur Somptard de Bayonville pour le compte de monsieur le Baron de Maillard à la somme de cent quarante cinq livres cy .... 145 l.

« Un autre cheval de carosse adjugés à Louis Loriant de Landre à cent livres cy .... 100 l.

« Un autre cheval de carosse adjugés au sieur Jean Baptiste Notré de Grandpré à soixante et quinze livres cy.. .... 75 l.

« Une jument de carosse adjugée au sieur Pierre François de Montfaucon à cinquante cinq livres cy 55 l.

« Une autre jument de carosse adjugée aud. Louis Loriant de Landre à cent deux livres cy... 102 l.

Les Chapons adjugés à Jean Petitpas de Bayonville à

raison de vingt sols la paire dont il sy en est trouvé la quantité de douze paires à douze livres cy. 12 l.

« Deux paires d'oyes adjugés aud. Jean Petitpas de Bayonville à trois livres cy.............. 3 l.

« Une jument adjugés aud. Loriant de Landre à deux cent cinquante cinq livres cy............ 255 l.

« Un chart équipé adjugé à Monsieur le Baron de Landre à soixante livres cy.............. 60 l.

« Une charette à moisson monté avec ses roux adjugés à Monsieur le Baron de Landre à trente deux livres cy.......................... 32 l.

« Un tombereau monté sur quatre roux adjugé à Monsieur le Baron de Landre à vingt une livres cy. 21 l.

« Une charette montée avec ses roux adjugée aud. Lefèvre de Chinnery à dix-huit livres cy .. 18 l.

« Une charrette à fumier monté sur ses roux adjugés à Monsieur le Baron de Landre à trente sept livres cy.......................... 37 l.

« Trois airses adjugé au sieur Allardin d'Imécourt à quarante trois sols cy.................. 2 l. 3 s.

« Deux brouettes, deux fourches, un palon adjugé à Monsieur le Baron de Landre à trente six sols. 1 l. 16 s.

« Une charrette à fumier monté sur ses roues adjugé à Monsieur le Baron de Landres pour vingt sept livres cy.......................... 27 l.

« Le froment et l'avoine adjugés à Monsieur le Baron de Landre à quatorze livres cinq sols la paire la carte comble par chaque septier de froment et les quatre pour cent pour l'avoine dont il si est trouvé la quantité de

« L'orge adjugée à Monsieur le Baron de Landre à cinq livres douze sols le septier sans droits il s'en est trouvé la quantité de

« Une cloche de sucre adjugée à Mademoiselle de Landreville à quarante quatre sols cy....   2 l. 4 s.

« Cent trois livres de l'ard adjugé à raison de huit sols la livre à Melle de Landreville il s'y en est trouvé cent trois livres ce qui fait la somme de quarante une livres quatre sols cy...................   41 l. 4 s.

« Les lantils adjugées à raison de trois livres et deux sols le cartel mezure de Grandpré à Melle de Landreville il s'y en est trouvé la quantité de quatre cartels et une carte ce qui fait la somme de quinze livres dix sols cy..........................   15 l. 10 s.

« Un caque de vin nouveau adjugés franche de droit d'aide aud. Gabrielle à dix livres cy.......   10 l.

« La Chandelle adjugée à raison de huit sols la livre à Melle Crétot de Grandpré, il s'y en est trouvé la quantité de vingt huit livres ce qui fait en total la somme de onze livres 4 sols cy..................   11 l. 4 s.

« Le seigle adjugé à raison de trente cinq sols le cartel à Antoine Détante de Landre il s'y en est trouvé la quantité de six cartels ce qui fait la somme de dix livres 10 sols cy ....   10 l. 10 s.

« La consommation de chaque cent de Pailles froment, orge et avoine apartenant à laditte succession adjugé à Monsieur le Baron de Landres à 20 sols par cent de gerbes ce qui fait la somme de 31 livres, s'en étant trouvé la quantité de mil six cent de paille tant froment, orge qu'avoine (1).

---

(1) Tous ces renseignements relatifs à la vente du château de Launois et du château de Landres, sont puisés au Chartrier de la maison de Maillart.

VII.

Ce Jean Bernard, dont nous avons rapporté l'inventaire, avait, à plusieurs reprises, rempli à Landres certaines fonctions administratives, telles que collecteur de la taille, de la dîme, de la gabelle, comme il ressort des innombrables papiers « trouvés dans une armoire pendante au dessus de la porte de la cave ». Nous ne mentionnerons que quelques uns de ces documents :

« Deux quittances pour nourritures et frais faits par les hommes establys en garnison au sujet de la taille de l'année 1711 en datte du 25 juin 1711.

« Huit quittances portant la somme de 1336 l. 1 s. 6 d. donnés par le sieur Ramoulli receveur des tailles et taillons de l'année 1711 et par le sieur Raulin de Ste Ménehould en datte du 22 octobre 1711.

« Deux quittance en parchemin de la charge de greffier des rolles de la paroisse de Landre.

« Une sentence en parchemin rendue en l'élection de Ste Menehould, a requette du sieur Raulin contre ledit Bernard et autres collecteurs de tailles du 24 janvier 1699.

« Une quittance donné audict deffunct et à Gille Lombard par le sieur Allexandre pour le droit d'aforage dudit Landre pour l'année 1690, sur la datte du 5 janvier 1692.

« Trois exploits concernant les tailles et taillons de la paroisse de Landre.

« Un mémoire concernant la fabrique pour sa reddition de compte avec trois autres mémoires y attachée.

« Huict quittance joincte ensemble concernante les dixmes de Sainct Nourrice de Reims.

« Une quittance donné par Nicollas Bernard de l'argean qu'il a receu comme soldats de melise suivant sa quittance du 3 février 1692.

« Un mandant de la taille de la paroisse de Landre du.....

« Un exploit d'establissement de garnison du 22º mars 1712.

« Un roolle des taillons de l'année 1696 vérifié le 2 janvier aud. an.

« Le roolle de la taille principale dud. Landre de l'année mil six cent nonante sept.

« Un autre roolle pour la suppression des droits d'eschange de lad. année.

« Un traité fait entre le deff^t Bernard et ses associez avec le sieur Chenet sergent royal pour la levée des deniers du Roy datte du 1er juin 1711.

« Une quittance de Hugue Simon soldat de garnison portant 9 l. du 2 avril 1712.

« La signiffication de l'ordre de Monseigneur l'Intendant pour establissement de lad. garnison du 1er avril 1712.

« Une quittance de Margaine pour la taille de 1711 portant 48 l. du 5 octobre 1712.

« Un rolle de taillon du 9 juillet 1697.

« Une quittance de M. Raux portant 50 l. payé par Jean Bernard à l'acquite de M. le curé de Landre le 25 novembre 1706.

« Le rolle de grains fourny en la ville de Messière de pour la communauté de Landre du 13 octobre 1707. »

Il est superflu de dire que tous ces papiers ont disparu. Heureusement, il en est un qui à échappé au naufrage et ce n'est pas le moins intéressant. Jean Bernard qui, nous l'avons vu, avait exercé pas mal de fonctions administratives, avait été aussi, à plusieurs reprises « collecteur du scel ». On retrouve en effet :

« Treize quittances des sieurs Ragot et Dinant receveur du scel à Ste-Ménehould pour l'année 1703 portante en toute 1134 l. 17 s. 3 d.

« Une sentence rendue par Messieurs du Grignascel (sic) le 27 avril mil six cent nonante sept au profit dud. Bernard contre Pierre Gagneur et autre disnommez.

« Une quittance général du scel de la paroisse d'Increville pour l'année 1693, en datte du 18 novembre de laditte année.

« Le mandant du scel de l'année 1703 ».

Mais la pièce de beaucoup la plus intéressante, découverte au cours de l'inventaire, est le « rolle du scelle fait par ledit deffunct Bernard, Pierre Caillet et André Daulet collecteurs de la paroisse de l'an 1703, vérifié par Mre Jacquesson conseillier au gregnier à scelle de Ste-Menehould le 16 mai de ladite année ». Le lieutenant de justice eut l'excellente idée d'en faire prendre par son greffier une copie que nous allons reproduire. Ce document nous donnera une idée exacte de ce qu'était au début du dix-huitième siècle cet impôt exécré qui souleva tant de fois les protestations et les fureur populaires ; il a aussi pour nous un autre avantage, celui de constituer d'une façon à peu près complète le dénombrement de la population de Landres à cette époque.

« Anthoine Carlet rayé ; Dautrin Cousin redoit encore 40 s. ; Anne de Corné rayé ; André Daulet vigneron sa femme 12 pintes redoivent 11 l. 1 s. ; Alexis Robert payé ; Anthoine Destante payé ; Anne Paradis veuve

Guiot 8 pintes redoit 12 s. 6 d. sans préjudice aux frais;
Anne Julien payé; Bernard Desbrot brasseur 7 pintes
redoit 3 l. 6 d.; Beatrix Martinet payé; Claude Chenet
payé; Charles Raineson payé; Charles Vincent 19
pintes redoit 7 l. 13 s.; Claude Causart payé; Christophe Zacarie payé; Christophe Carier payé; Charle
Robert payé; Charle Gondouin 8 pintes 1 chopine
redoit 8 l.; Charle Robert le jeune payé; Chaterine
Rupin payé; Damien Cerlet payé; Damien Moriset
payé; Estienne Robert payé; Esmon Vuaquant payé;
Elizabette Bernard 11 pintes redoict 6 l. 3 s.; François
Henrion 8 pintes redoict 9 l. 4 s.; François Renard
laboureur 16 pintes redoict 54 s.; François Aubertin
7 pintes qui est le totale de sa cotte portant rien de
receu; François Philippot 5 pintes et chopigne redoict
41 s.; Gille Lombard a payé le prix de sa cotte; Gille
Garra doict 7 pintes et chopigne redoict 8 l. 5.; Henry
Le Doux payé; Hubert Godfrin payé; Henry de Saint-
Juvin payé; Hubert Ponsard 12 pintes redoict 11 l. 11 s.
6 d.; Jeanne Jannot veuve 15 pintes et chopigne redoict
3 l. 10 s.; Jean Martinet 10 pintes redoict 6 l. 4 s. 6 d.;
Jean Putiot 20 pintes redoict 3 l. 8 s.; Jean Jullien
l'esnel 12 pintes redoict 9 l. 18 s. 6 d.; Jean Citerne le
jeune 6 pintes doit toute sa cotte; Jacque Lamorlette
payé; Jean Robert payé; Jacque Boudier payé; Jean
Putiot le jeune payé; Jean Mouton payé; Jean Aubertin
tissier 5 pintes, redoict 47 s. 2 d.; Jean Duchesne
9 pintes payé; Jean Estienne 7 pintes redoit 55 s.;
Jean Normand 12 pintes et chopine payé; Jean Bernard
cotté à 18 pintes le tout dub.; Jean Daulet cotté à 10
pintes payé; Jean Daulet l'esnel 11 pintes payé; Jean
Le Roy nottaire royal 26 pintes payé; Jean Citerne
l'esnel 22 pintes payé; Jean Merland masson 9 pintes

et chopines redoit 21 s. ; Jean Ponsardin payé ; Jean Henriquet payé ; Jean Clément payé ; Jean Simon payé ; Jacque Juttin payé ; Louis Radier 19 pintes, redoit 17 l. ; Louis Pasquis 10 pintes payé ; Louis Desteau 8 pintes payé ; Leonnart Festu 11 pintes doit le tout ; Martin Burteau payé ; Magdeleine de Neuvilly payé ; Mengin Périn payé ; Marie et Jeanne les Villaine 6 pintes redoive 38 s. ; Nicolas Ury 24 pintes redois 40 s. ; Nicolas François payé ; Nicolas Poncet 24 pintes et chopine redois 11 l. 8 s. 6 d. ; Nicolas Jacquet 12 pintes redoit 52 s. 6 d. ; Nicolas Trassot 22 pintes redoit 58 s. 6 d. ; Philippe Pillier se trouve croiez ; Pierre Gagneur 13 pinte et chopine redoit 15 l. 7 s. 6 d. ; Pierre Lamorlette se trouve croiez ; Pierre Loriant se trouve aussy croiez ; Pierre Daulet 11 pintes se trouve croiez ; Pierre Chenet 16 pinte se trouve aussy croiez ; Pierre Caillet tailleur d'habit 14 pinte et chopine redoit 20 l. 12 s. ; Pierre Henrion cotté à 9 pintes redoit 20 s. ; Pierre Jacquemet 10 pintes payé ; Ponce Leplomb 23 pinte croiez ; Pierre Jacquet 18 pinte croiez ; Pierre Aubertin l'esnel 6 pinte redoit 3 l. 16 s. ; Pierre Aubertin le jeune se trouve croiez ; Robert Desnier l'esnel 20 pinte croiez ; Robert Desnier le jeune 17 pinte redoit 6 l. 2 s. 6 d. ; Richard Daulet 14 pinte redoit 7 l. 9 s. 6 d. ; Hilaire Lefebvre 13 chopines redoit 19 s 6 d. ; Jeanne Chenet 1 pinte redoit 31 s. 3 d. ; Jeanne Parant 2 pinte et chopine redoit 16 s. ; Claude Bonel 4 pinte redoit 15 s. 6 d. ; Masson Das 3 pinte croiez ; Masson Putiot 2 pinte redoit 58 s. 9 d. ; Nicolas Lamotte 4 pinte redoit 43 s. qui se trouve estre payé par les moyens d'une sentence portant ne doit rien ; Perette Berteaux 4 pinte croiez ; Jehan Festu 2 pintes redoit 59 s. ; Jeanne Lamorlette 2 pintes se trouve croiez ; Jeanne Cognat la jeune 4 pintes croiez ; Margueritte Daubrenne 5 pintes croiez ».

Si nous comparons ce tableau à la liste des habitants de Landres énumérés en tête de la charte de 1529, nous voyons que la plupart des familles du XVIe siècle ont disparu : il n'est que trois noms qui subsistent encore Bernard, Flamain, Estienne. Si d'autre part nous établissons une comparaison entre les habitants de 1703 et la population actuelle, nous ne retrouvons plus comme existantes aujourd'hui que les familles Bernard, Chenet, Detante, Jacquet, Jullien, Loriant. Nous sommes donc amenés à conclure que, dans l'espace de deux siècles, la population d'un village se renouvelle presque entièrement, les familles disparaissant soit par extinction soit par exode (1).

Depuis de longues années, la propriété était morcelée et répartie entre nombre de détenteurs : cependant, à la fin du XVIIIe siècle, Landres compte encore quelques importants propriétaires : voici les plus notoires avec le montant du revenu de leurs terres :

Maillart l'aîné 1080 l. ;

Maillart le jeune 895 l. ;

M. de Miremont (qui avait épousé Mademoiselle de Haneffe) 930 l. ;

Nicolas Debrosse, de Chatel 231 l. ;

Montfrabœuf, des Petites Armoises, une petite propriété.

La Commanderie de Boult. 2017 l. (2).

---

(1) Il est un fait curieux à noter, c'est que, malgré la grande quantité de noms cités dans ce travail ou rencontrés au cours de nos recherches, nous n'avons jamais trouvé le prénom Paul : il n'apparaît que dans les dernièrss années du XVIIIe siècle. Nous n'avons pu trouver une explication de cette bizarrerie.

(2) Communication du Dr Lapierre.

VIII.

Il n'est si petit pays qui n'ait son grand homme, si modeste soit-il.

Certes Landres n'a donné le jour ni à un Mabillon comme Saint-Pierremont, ni à un Taine comme Vouziers, ni à un Chanzy comme Nouart, ni à un Corvisart comme Dricourt. Néanmoins, il est né à Landres en 1770, un homme qui devait acquérir une certaine illustration au cours des campagnes de la Révolution et de l'Empire, c'est J.-B. Dourtre, dont nos contemporains n'ont d'ailleurs conservé aucun souvenir. Mais ce qui rend l'histoire plus piquante encore, ce sont les circonstances mystérieuses qui entourèrent sa naissance. Vers la fin de mai 1770, on recueillait à Landres un enfant trouvé. Voici d'ailleurs son acte de baptême :

« L'an 1770, le 22º jour de May, je Nicolas Poulain, prestre curé de Landre soussigné ay baptizé sous condition un garçon qu'on a trouvé exposé dans la rue, dont on ignore le père et la mère, auquel on a imposé le nom de Jean-Baptiste. Le parrain a été Jean-Baptiste Cochin jeune garçon et la marreine Margueritte Cochin jeune fille sa sœur qui ont signé avec nous les jour, moi et an susdits. Jean-Baptiste Cochin, Margueritte Cochin, N. Poulain, curé ».

Quel était cet enfant qui eut sans nul doute pour parrain et marraine les enfants du maître d'école de l'époque ? Une tradition que j'ai recueillie à plusieurs sources raconte que cet enfant fut trouvé à « Janivot » au seuil de la maison qui dans ma jeunesse était occupée par Nicolas Chenet (et qui très vraisemblablement était alors la demeure de la sage-femme) et que c'était un enfant clandestin provenant du château de Landres : on voit que, déjà, au XVIII° siècle les méchantes langues se donnaient beau jeu ! Toujours est-il que plus tard, sous le nom de J.-B. Dourtre, cet enfant trouvé prit part, comme nous l'avons dit à toutes les campagnes de la Révolution et de l'épopée impériale, et s'y comporta avec une vaillance au-dessus de tout éloge. D'où et quand prit-il ce nom de Dourtre ?

Tout laisse à supposer que c'était là le nom des braves gens qui le recueillirent et l'élevèrent : la chose est d'autant plus plausible que, si nous nous en rapportons à divers renseignements oraux, il y avait autrefois à Landres une famille de ce nom qui habitait « le Bout de la ville ». Je dois dire qu'elle aurait disparu sans laisser de trace et qu'il n'en existe aucune mention, ni dans les registres paroissiaux, ni dans aucun autre document. Quoiqu'il en soit, d'après la brève notice que M. Jules Mazé a consacré à notre héros (Soldats d'Ardenne, in Petit Ardennais, 25 avril 1909), J.-B. Dourtre s'engagea le 9 juin 1788 — il venait donc d'avoir dix-huit ans — au 4° régiment de cavalerie devenu 4° de cuirassiers et fit avec honneur la campagne de 1792 à l'armée du Rhin et celle de 1793 à l'armée de la Moselle. En 1793, à l'affaire qui eut lieu contre les Prussiens près de Rodaff, il porta plusieurs fois et sur plusieurs points les ordres du général de division Moreau à travers le feu de l'ennemi. Dans cette même affaire, il rallia, lui seul, un peloton d'infanterie qui avait laché pied et le ramena au combat. Quelque temps après, il délivra encore, au péril de sa vie, un capitaine de son régiment qui venait d'être fait prisonnier. Brigadier le 17 germinal an II, et maréchal des logis le 2 prairial an II, Dourtre servit depuis l'an II jusqu'à l'an IV à l'armée de Sambre-et-Meuse et ensuite à celle d'Allemagne pendant la campagne de l'an V. Envoyé en l'an VI à l'armée du Rhin, il y fit la guerre jusqu'en l'an IX et il obtint le grade d'adjudant sous officier, le 2 ventôse an VII. Le Premier Consul lui décerna un sabre d'honneur le 4 pluviose an XI et le 21 fructidor suivant, il le nomma sous-lieutenant. Dourtre fit les campagnes de l'an XIV et de 1806 à l'armée de l'Italie. Le 8 janvier 1807, il fut fait lieutenant et adjudant-major, le 19 juillet 1808. Promu capitaine le 4 mars 1812, il prit part à l'expédition de Russie, et fut désigné le 19 novembre de la même année pour passer comme capitaine dans la 3e légion de gendarmerie d'Espagne. Le 11 janvier 1814, il fut rappelé au commandement du 1er bataillon de gendarmerie attaché à la vieille garde, et passa le 26 avril suivant au dépôt de gendarmerie réuni à Vincennes. Après la rentrée des Bourbons, Dourtre demeura sans destination jusqu'au 16 décembre 1814 où il reçut le commandement de la compagnie de gendarmerie de l'Indre. Employé dans les compagnies des Basses-Pyrénées et d'Indre-et-Loire pendant l'année 1815, il revint à celle de l'Indre le 26 janvier 1816 et fut retraité le 15 décembre 1819. Telle fut la glorieuse odyssée de notre enfant trouvé : quel fut le lieu de sa retraite ? où s'éteignit-il ? quelle fut la date de sa mort ? Nous sommes absolument dénué de tout renseignement à cet égard, mais il y a tout lieu de penser qu'il ne revint jamais dans son pays natal.

Voilà tout ce que l'on peut trouver de saillant dans l'existence de la commune ou plutôt de la paroisse de Landres, au cours de près de trois siècles : c'est la vie calme et tranquille d'un petit village où ne se répercutent que lointainement les évènements historiques et qui ne se trouve que très accidentellement et surtout très involontairement mêlé aux bouleversements politiques contemporains : nous allons voir dans quelles circonstances.

CHAPITRE V.

La Vie Administrative.
Le Procès des bois de Landres.

I.

Landres possédait aux XVIIe et XVIIIe siècles les rouages administratifs habituels que comportait alors tout village de quelque importance. Nous ne reviendrons pas sur le personnel qui relevait du groupe judiciaire. En dehors de ces fonctionnaires, Landres a possédé, jusqu'à la Révolution, un notaire royal; le premier dont on trouve trace dans les Archives est Jean Mauclerc (1587); puis on relève les noms d'Etienne Gratien (1638); enfin cette charge fut occupée par Alexandre (Jean) qui fut le mari d'Elisabeth Bernard et qui mourut le 14 février 1697. Il avait cédé la place en 1684 à Jean Le Roy « nottaire et sergent royal » marié à une demoiselle de Neuvilly et dont la fille Margueritte épousa ce Jean Bernard dont l'inventaire nous a longuement retenu plus haut. Au XVIIIe siècle, nous relevons les noms de Nicolas Matis (1720), Jacques Chenet (1736), Charles Chenet « nottaire royal de S. Georges, Landres et Champigneules (1755); enfin vient en dernier lieu Adolphe Ponsard (1760).

— 161 —

Notre village était également le séjour d'un brigadier des fermes du Roy : en 1751, cet emploi est tenu par Gilles Fligny; en 1756, par Louis Dupeyre; en 1762, par François Bouveret; le dernier semble avoir été vers 1789, J.-B. Villard.

Ce fonctionnaire avait sous ses ordres quelques employés dont on retrouve les traces dans les registres paroissiaux.

D'après ces mêmes documents, les conditions hygiéniques ne paraissent pas avoir été plus défectueuses par le passé que de nos jours, et la population ne semble pas avoir très sensiblement varié, les naissances y ayant à peu près toujours équilibré les décès (1). On compte même, au XVIIIe siècle, trois centenaires, une femme, Françoise Jittin, qui meurt à 108 ans, un homme Jehan Trassot, à « cent ans et plus », une autre femme Béatrix Vincent, à 100 ans. On relève cependant en 1803, une épidémie qui sévit surtout sur les enfants et en emporta une trentaine pendant le cours de l'été. N'oublions pas non plus de signaler l'épidémie cholérique de 1854, de sinistre mémoire, qui fit 46 victimes tant à Landres qu'à Saint-Georges.

II.

Nos aïeux n'étaient pas à beaucoup près aussi dénués d'instruction qu'on se plaît volontiers à le répéter : on remarque même des signatures très curieusement enjolivées de paraphes et des monogrammes très ingénieusement combinés. Au XVIIIe siècle, il n'y avait pas dans le diocèse une paroisse qui n'eut son école,

---

(1) Pendant la période où mon grand-père exerça les fonctions de maire (1851-1905), on enregistre 666 naissances contre 653 décès.

même les plus privées de communications, même les plus perdues au milieu de la forêt des Ardennes. Dans les campagnes, les maîtres sont presque toujours laïques ; ils instruisent généralement à la fois les garçons et les filles ; ils reçoivent habituellement une modique rétribution des parents de leurs élèves ; parfois, les communautés d'habitants, pour décharger les parents, assignent aux maîtres un traitement fixe ; parfois aussi, comme à Tailly, le curé remet au maître une portion de la dîme. L'école se tenait le plus souvent dans la maison d'habitation du maître.

En tout cas, si loin que l'on remonte dans les registres paroissiaux, nous y retrouvons la trace des maîtres d'école. Nous avons déjà vu, que, en 1663, François Adam est « maistre des écolles tant dudit Saint-George. que dudit Landre » ; un de ses descendants sans doute, Jean Adam, exerce les mêmes fonctions à Landres en 1680 ; puis on relève successivement les noms de Jean Lechesne (1699) ; Frédéric Jupin (1710) ; Jean Notton (1737) ; Martin Cochyn qui était originaire de Marq et épousa le 23 février 1745, la fille de Philippe Signoret le chirurgien ; Joseph Perin (1758) ; J.-B. Claude Ducloux (1761) ; Louis Maucler (1763) ; Claude Baulny (1770) ; Pierre Le Roux (1782) ; Davanne (1784) ; J.-B. Cochyn, fils de Martin Cochyn (1789) ; Pierre Ducloux (1815).

Au début du XIX⁰ siècle, il est un maître d'école qui est demeuré célèbre dans les fastes scolaires et dont le nom est encore populaire : c'est Laurent Fouquet. Il fut d'abord instituteur à Saint-Georges où il épousa, le 17 décembre 1814, Marie Gouvernant ; il arrive à Landres en 1820 et ne tarde pas à y fonder un pensionnat fréquenté par nombre d'enfants de la région.

Il a été l'éducateur de multiples générations qui ont gardé de lui un vivace souvenir. Il mourut le 13 janvier 1862 : depuis de longues années, il avait abdiqué la férule pour s'établir cabaretier. On voit encore, dans la Grand'Rue, sa maison dont la porte est surmontée d'un cartouche enjolivé de palmes et de fleurons encadrant cette inscription : « Pensionnat 1822 ».

Il eut pour successeur en 1850, Mangin ; puis viennent Niclot (1855) ; Cartulat (1861) ; Debant (1888) ; Templier (1909).

En 1866, l'augmentation de la population enfantine nécessita le dédoublement de l'école mixte. La création d'une école de filles fut décidée ainsi que l'acquisition d'une maison qui fut aménagée, en 1867, de façon à pouvoir servir à la fois d'école et de domicile pour l'institutrice, pendant que l'on construisait à côté la future école. La première institutrice arriva à Landres en 1868 : c'était Mlle Mahaut, qui fut remplacée en 1873, par Mlle Dreptin, devenue par son mariage, à Landres, Mme Détante. Puis se succèdent Mlle Christel (1882) ; Mme Couailler (1883) ; Mme Paulot (1886) ; Mme Debant (1888) ; Mme Templier (1909).

En 1905, la diminution de la population détermina une nouvelle remanipulation des écoles : l'école des garçons redevint mixte, et l'école des filles fut transformée en école maternelle.

III.

Landres à toujours appartenu au culte catholique de toute ancienneté et sans trace d'aucune rivalité dogmatique. La Réforme qui fit tant d'adeptes dans la haute bourgeoisie et surtout dans la noblesse de notre région, ne paraît pas avoir eu grande prise, ni retentissement dans le peuple, bien qu'il y ait eu à Imécourt un prêche très suivi et des plus importants (1). D'ailleurs les habitants de Landres ne se montrent pas très enthousiastes des idées nouvelles, et le divorce n'a pas rencontré parmi eux plus de partisans que la Réforme : en effet, tant à Landres qu'à Saint-Georges, les registres de l'état-civil demeurent muets à cet égard pendant la période où la rupture du mariage fut autorisée. Ajoutons que, depuis que le divorce a été rétabli dans notre législation, nos compatriotes n'ont point encore mis cette mesure à profit.

Landres a donc toujours été le siège d'une cure.

Quels furent les successeurs de ce « Karolus » et de ce « Jacobus » que nous avons vus être doyens de Landres en 1170 et en 1247 ? Nous n'en avons trouvé nulle trace. Nous ne relevons aucun nom avant le XVIe siècle : en 1547, « messire presbtre Collas » possède des terres à Haravaulx et à la Noue Godard : c'est très vraisemblablement le curé de Landres de l'époque. En 1556, Anthoine Faveret est curé de Landres et comparaît à l'occasion de la réforme des coutumes du Vermandois.

Quoiqu'il en soit, on peut croire que la cure de Landres eut jusqu'au XVIIIe siècle une certaine importance, car le premier curé en nom sur les registres paroissiaux, Robert Gueulin (1664) est qualifié « doyen du doyenné de Grandpré » ; à partir de 1667, il lui est

---

(1) En 1675 et 1677, Jacques Gonzal de Nouart figure au nombre des anciens, assistant le pasteur d'Imécourt (c'était alors Abel de Lambermont) pour Nouart, Tailly, Dun, Villers devant Dun, Increville et Villefranche. (L. BOSSUT. — *La famille des Portes*, in R. H.. A. 1902). On voit qu'il n'est pas question de Landres.

adjoint un vicaire du nom de Flandre. Puis vient Pierre Chaussel en 1675 ; en 1682, lui succède le curé Jean-Baptiste Petitfils, dont le frère eut avec la justice de Landres des démêlés qui nous ont longtemps retenu. Ce curé mourut à Saint-Georges le 5 août 1726 : nous rapportons ici son acte de sépulture qui présente quelqu'intérêt en raison des localités qui y sont citées :

« L'an 1726, le 6e jour du mois d'aoust, est décédé en cette paroisse maître Jean Baptiste Petitfils, presbtre et curé de cette paroisse, agé de 60 ans environ, lequel a été inhumé en l'église de ce lieu par nous, Frédéric Gippon, prebtre curé de Buzancy, doyen de Grandpré, avec les cérémonies ordinaires en présence de M^{ro} Pierre Le Febvre, presbtre curé de Bayonville, de Mre Claude Girin presbtre desservant la cure de Chinnery et Imécourt, et de sieur François Josselet, diacre du diocèse, demeurant à Remonville, et en présence des parents soussignés ».

Il eut pour successeur Pierre Raux, qui exerça son ministère à Landres pendant 42 ans et qui y mourut le 4 mai 1769, à l'âge de 74 ans ; il était depuis 1755, doyen rural de Grandpré, et dans les dernières années de sa vie, il eut pour le seconder un vicaire du nom de Hervieux.

Après lui vint le curé Nicolas Poulain qui mourut le 15 novembre 1789. Une tradition locale raconte qu'il succomba subitement en disant la messe à Saint-Georges, et elle se trouve justifiée par divers documents. En effet, à cet date, nous rencontrons un acte de mariage (Joseph François et Marie Gondouin) écrit de la main du curé Poulain et brusquement interrompu vers son milieu ; au verso du feuillet, on retrouve le même acte, mais de la main du Curé Robert (de Remonville) qui déclare — plutôt un tantinet naïf — « officier à la prière de Mre Nicolas Poulain décédé hier subitement ». Enfin à la dernière page du registre paroissial de l'année, au dessous de l'acte qui clôture ce registre, se lit la note suivante : « Nous soussignez, sindic et greffier de la paroisse de Saint-Georges, certifions que l'acte cy dessus n'est pas signé par M. le Curé pour cause de mort à Saint-Georges. Le 24 janvier 1790. Boudier, greffier ; Jullien, sindic ». Voici d'ailleurs l'acte de sépulture :

« L'an 1789, le 15e jour de novembre, est décédé Mre Nicolas Poulain, prêtre curé de Landre et Saint-George l'annexe, âgé de 57 ans, lequel a été inhumé dans le cimetière de ce lieu où nous, Jean Nicolas, prêtre et curé de Châtel et doyen de Varennes, l'avons conduit avec les cérémonies accoutumées en présence de Jean Baptiste Warcollier cy devant curé et doyen de S. Juvin et de Claude Cordier, curé de Bayonville et des autres confrères et parents soussignés avec nous, les jours et an susdit. Warcollier ; Cordier ; Nicolas, curé de Chatel ; Laviarde, curé de Briquenay ; N. Robert, curé de Remonville ; Fage, curé de Fléville ».

Ce desservant a laissé de nombreuses traces de son passage dans la paroisse de Landres ; il semble avoir été fort éloigné de ce que l'on appelle un pasteur bénévole, et il eut, à maintes reprises — nous l'avons vu au chapitre de la justice — maille à partir avec ses ouailles et avec le seigneur. Mais le différend le plus curieux qui surgit entre lui et les habitants s'éleva parce qu'il lui vint l'idée singulière de changer l'heure de la messe dominicale. Et les paroissiens, mécontents de cette innovation, de se pourvoir contre cet abus par la requête suivante :

« A Monseigneur l'Indendant en la province et frontière de la Champagne, Supplient humblement les habitants et communauté de l'Andre,

« Disants que le sieur Nicolas Poulain leur curé qui est chargé de la desserte de S. George annexe de l'Andre s'étant avisé de changer tout à coup l'heure à laquelle depuis des siècles on leur disoit la messe paroissiale les dimanches et fêtes, ils se sont trouvez la plupart dans le cas de perdre la messe.

« Ils alloient s'adresser à Votre Grandeur pour la supplier de les autoriser à agir contre ce curé novateur lorsqu'ils ont apris que le sieur baron de l'Andre leur seigneur les avoit prévenu et avoit fait assigner le curé à comparoir au Baillage de Sainte-Manehould pour être condamné à dire la messe à l'Andre à l'heure ordinaire.

« En conséquence de leur délibération, ils sont intervenus sur la demande de leur Seigneur, afin qu'on ne puisse pas juger sans eux une contestation qui les intéresse aussy essenciellement, mais ils en sont restez sur cette intervention, c'est pour en suivre l'effet qu'ils ont l'honneur de vous faire cette requette.

« Ce considéré, Monseigneur, qu'il vous plaise, vu la délibération des habitans et communauté de l'Andre, en datte du onze octobre dernier et la consultation des deux advocats du vingt-cinq du même mois, les authorizer à suivre l'intervention par eux judiciairement formé au Bailliage de Sainte Manehould, sur la demande du sieur Baron de l'Andre, contre le sieur Poulain, et à demander qu'ils soient maintenus et gardez dans le droit et possession d'avoir la seconde messe à l'Andre vers les dix heures du matin ; à demander encore qu'il soit fait deffences au sieur Poulain, de les troubler dans ce droit et possession ; qu'il lui soit pareillement fait deffenses de rien ignorer à l'égard de l'heure de la messe ; qu'il soit condamné à la dire à l'heure ordinaire accoutumé et que pour par son intervertion de l'heure avoir fait perdre la messe à nombre de ses paroissiens, il soit condamné à cinq cent livres de dommages intérests aplicables aux pauvres de la paroisse et aux dépens. Enfin les authorizer à faire tout ce qui sera convenable pour suivre et faire juger les dittes interventions et demande jusqu'à sentence définitive.

« Et ils continuent leurs vœux pour la santé et prospérité de Votre Grandeur.

« LAVIER, fondé de pouvoir.

« Vu la présente requête et la délibération consultation et avis d'avocats y énoncés, ensemble l'avis du sieur Martin, notre subdélégué à Sainte-Menehould, Nous, autorisons les sindic et habitans de la communauté de Landres à suivre au Balliage de Sainte-Menehould l'intervention et former la demande dont il s'agit et à faire par raison de ce en nom collectif et des deniers communs toutes poursuites et procédures nécessaires jusqu'à sentence définitive.

Fait par nous, Intendant de Champagne, le six février mil sept cent soixante quatorze.

« ROUILLÉ D'ORFEUIL (1). »

---

(1) Arch. départ. de Mézières. Série C, 374 et 376.

Qu'advint il de cette singulière instance qui peint d'une touche curieuse les mœurs de l'époque ? Une sentence du 23 mars 1774, donna gain de cause aux habitants de Landres et contraignit le curé à revenir aux usages anciens et à reprendre l'ordre primitif du service.

A ce curé dont la disparition ne dut point laisser de cuisants regrets, succéda le curé Jean-Baptiste Lescot (1789). Il arrive donc à Landres au début de la période révolutionnaire et ne tarde pas à être remplacé dans la rédaction des actes par Menge Pasquis « offici public ». Mais ayant sans nul doute prêté serment à la constitution civile du clergé (1), il reprend bientôt la plume, très vraisemblablement au grand soulagement de Menge Pasquis fort piètre clerc en écriture (2), et en 1793, il cumule les fonctions de curé et d'officier

---

(1) Sur les 78 prêtres exerçant dans le district de Grandpré, 5 seulement se refusèrent à la prestation du serment : ce furent Pognon, curé de Seraincourt, retiré à Fossé ; Guillemart, curé de Brécy ; Collignon, curé de Montblainville ; Laviarde, curé de Briquenay ; Jean Nicolas, curé de Chatel, doyen de Grandpré — (D' JAILLOT, loc. cit.) — Ce serment n'avait d'ailleurs rien d'éminemment subversif, le voici : « Je jure de faire profession de la religion catholique, apostolique et romaine de veiller avec soin sur les fidèles de la paroisse qui m'est confiée, d'être fidèle à la nation à la loy et au roy et de maintenir de tout mon pouvoir la constitution décrétée par l'Assemblée nationale et sanctionnée par le Roy ».

(2) Voici, par curiosité, un de ses actes : « Cejourd'huy 3 vendemier l'an IV année Républicaine françois et indivisible l'an 1795 et comparu par devant nous offici public de commun de Landre le citoins Louis-Jérimie Bernard marchal il m'a déclaré qu'il avet un enfant né que cet un garçon de Marie Loriant ma fame d'un légitim mariage et on na imposé le nom de Pierre et actes. Pierre Loriant cultivateur le parin et la marin Jeanne Jullien ma fame. Il m'ont déclaré actes et que j'ai requis la présante actes et qui ont signé après lectur fait ».

public gardant ce double rôle jusqu'à l'institution des maires (1).

Les curés qui suivirent furent François-Frédéric Duffau, mort à 66 ans, le 26 septembre 1820 ; puis François Cornet, originaire de Saint-Fergeux, mort également à Landres le 17 décembre 1844 à l'âge de 81 ans ; le curé Godelle (1845) ; le curé Mudessain (1850) ; le curé Girondelot (1857) ; l'abbé Miette (1885) ; l'abbé Collignon (1887) ; l'abbé Pissavy, l'abbé Syren, l'abbé Scheffer, enfin, qui quitte Landres en 1907. Consécutivement à la loi de séparation, il n'y a plus de curé à Landres depuis cette date.

Quand un curé est déplacé ou vient à disparaître, l'intérim est fait soit par un curé du voisinage, soit plus souvent encore, à la fin du XVIIe siècle et au début du XVIIIe, par un religieux de Mouzon, un capucin de Sedan, un frère « prescheur » de Verdun, un cordelier de Varennes ou un cistercien de Chéhéry.

IV.

Lors de la constitution des maires, le premier maire de Landre fut Laurent Détante : c'était un homme rompu à la pratique des affaires, un « praticien », qui avait été syndic, officier de justice, pitoyeur paulier, etc. Il exerça ces fonctions jusqu'en 1820 : il ne fut supplanté en son poste que pendant un très court laps de temps, en août 1815, où nous voyons Jean-Baptiste Sellier figurer comme maire et officier de l'état-civil.

---

(1) Le cas n'était pas rare à l'époque : c'est ainsi que Pommier, ancien prieur de l'abbaye de Chéhéry, devenu curé et officier public à Cornay, n'hésitait pas à rompre par le divorce comme officier public, les unions qu'il avait bénies comme curé à l'église (V. Dr JAILLOT, loc. cit.).

En 1820, Laurent Détante qui avait été rétabli en fonction dès septembre 1815, est remplacé par Jacques Jullien qui lui-même a eu pour successeur mon grand-père Paul-Louis Bernard ; ce dernier né à Landres le 23 octobre 1819, élu conseiller municipal le 30 juillet 1848, adjoint le 12 août de la même année, devint maire le 11 octobre 1851 ; il ne résilia son mandat qu'en août 1905, après 54 ans d'exercice ininterrompu, il était alors le doyen des maires de France Il s'éteignit le 15 avril 1908. Son successeur est le titulaire actuel M. Edmond Jullien, petit-fils de Jacques Jullien.

Dirons-nous quelques mots de la criminalité à Landres, si l'on peut se servir d'un pareil terme pour un aussi paisible village ? Les registres paroissiaux ne font mention d'aucun meurtre, n'ont trait à aucun crime : on relève çà et là, au XVIIIe siècle, quelques actes pouvant attirer un instant l'attention, relatifs à des individus trouvés morts sur le territoire de Landres, mais que rien ne peut faire supposer avoir succombé à un attentat criminel. Nous en rapporterons trois à titre de pure curiosité :

« L'an de grâce 1692, le 21e jour du mois de septembre, a esté tué et décedé François Lointhier, vivant marchal-ferrand de cette paroisse, lequel a esté trouvé mort proche Saint-George dans une pièce de terre appartenant aux héritiers Collin. Et après que les formalitez de justice ont esté faite et rammesné dans sa maison dudit Landre, nous l'avons inhumé au cimetière de cette paroisse avec les cérémonies accoutumées le 23e dudit mois et ans aagé d'environ 35 ans ».

« L'an de grace 1747, le 30e janvier a été inhumé dans le cimetière de cette paroisse un garçon qui a déclaré autrefois se nommer Jacques Richard et être natif du village d'Issel proche Orval, au diocèse de Trèves, et a paru âgé de 55 ans environ, de la taille de 5 pieds 3 pouces, de poil chatin, son corps a été trouvé mort dans la compagne ayant sur lui un chapelet et nous a été remis par les officiers de justice, après quoy nous l'avons inhumé ainsy qu'il est dit cy dessus en présence de Jean Mauvais et de Martin Cochin de cette paroisse qui ont signé. J. MAUVAIS. COCHIN. RAUX.

« L'an mil sept cent soixante-quatre, le vingt septième d'aoust, en vertu de l'ordonnance d'un ancien praticien exerçant la haute justice civile et criminelle de Landres pour l'absence de Monsieur le lieutenant en icelle signé Haussard, Je, Pierre Henry Vermon prêtre-vicaire de Charleville, ay avec la permission de Maitre Pierre Raux prêtre-curé de Landres et doyen rural de Grandprez, inhumé avec les cérémonies accoutumées de l'église dans le cimetière de cette paroisse, le cadavre d'un homme de nous inconnu, lequel a été trouvé mort sur le territoire dudit Landres munit de tout ce qui pouvoit constater qu'il était de la religion catholique, apostolique et romaine. Furent présents à l'inhumation Louis Mauclerc M^{re} des écolles dudit Landres et Robert Jacquet, garçon, tous deux de cette paroisse quy ont signé avec nous an et jour que dessus.

« L'an 1806, le 27 décembre, nous, J.-B. Prioux, maire et officier de l'état-civil de la commune de Fléville, département des Ardennes, canton de Grandpré, étant instruit qu'on venait de trouver un cadavre masculin sur le terroir dudit Fléville, dans une terre au lieudit de la Contrée de la Creu, nous sommes transporté audit endroit avec Monsieur le Juge de Paix du canton dudit Grandpré, faisant les fonctions d'officier de police, lequel était accompagné de deux gendarmes et du sieur Sasset officier de santé demeurant à Chatel, où étant nous avons trouvé effectivement ledit cadavre étendu sur la terre; ledit sieur officier de police a dressé procès-verbal d'après les renseignements qu'il s'est procuré duquel il résulte que ledit cadavre est celui de Médart Normand demeurant à Landreville, manouvrier demeurant à Landres, mari de Anne Jacquet, et fils de Médart Normand demeurant à Landreville et son neveu à cause de sa ditte femme et que d'après la visite faite dudit cadavre par ledit officier de santé, il n'avoit sur lui aucune cause de mort violente. De tout quoy nous avons dressé le présent acte de décès dont expédition d'y celuy sera envoiée à l'officier de l'état-civil de Landres pour être par lui transcrit sur ses registres et avons signé lesdits jours et an ».

V.

En dehors du fameux procès des bois de Landres sur lequel nous nous étendrons longuement, on ne possède que fort peu de documents sur les actes et affaires de la communauté de Landres; et encore les plus anciennes de ces pièces ne sont pas antérieures au milieu du XVIIIe siècle. Nous relatons ici les quelques faits que nous avons pu relever aux Archives de Mézières (1).

En août 1760, les habitants de Landres demandent à être dispensés de corvées sur les grands chemins pour travailler à curer le ruisseau; ce curage s'impose de toute urgence, car « à la plus petite pluie, il inonde les maisons du village qui le bordent des deux cotés ».

---

(1) Série C, 374 et 376.

Cette exemption est refusée et l'intendance ordonne que ces travaux seront faits à prix d'argent et adjugés en la manière accoutumée. Le curage du ruisseau eut donc lieu dans ces conditions : il nécessita l'imposition de 600 livres prise sur les habitants au marc la livre de leur taille (la taille était alors de 750 livres). Cette décision fut arrêtée le 17 août 1762.

A la date du 4 juin 1761, nous trouvons l'ordonnancement de 38 livres, prix des réparations à faire au presbytère; somme repartie 25 livres 6 sols 8 deniers sur les habitants de Landres et 12 livres 13 sols 4 deniers sur ceux de Saint-Georges : cet ordonnancement parfait « la somme de 327 livres, total du montant des réparations à faire, en outre du presbytère, aux ponts et fontaines de Landres et qui ont été imposés sur les habitants de la communauté de Landres ».

Voici les comptes de la communauté pour l'année 1771, J.-B. Jacquet étant syndic :

« Recettes : 356 livres 7 sols.

« Dépenses :

« payé 52 livres pour les frais de transport de bagages des troupes suivant l'ordonnance de M. Lyntard.

« payé 82 livres 10 sols à Bernard préposé du 20e pour le 20e des usages des années 1769, 1770, 1771.

« payé 13 livres à Signoret garde des bois pour la marque des baliveaux de deux coupes de bois.

« payé 50 sols à Destante pour l'achapt d'un ratelier pour poser les armes.

« payé 45 sols pour prix de mesure et radoire fourni au collecteur du sel pour servir annuellement à la délivrance du sel.

« payé 42 sols à Gillet messager pour port de lettres et paquets pendant laditte année ».

Il existe quelques autres comptes très analogues pour différentes années, mais, comme ils ne comportent ni l'un ni l'autre aucune particularité saillante, nous croyons suffisant, de nous en tenir à cette citation.

Le dimanche 6 avril 1777, on procède à l'adjudication des travaux de la fontaine « ou buerie », à Pierre Nicolas Prémerlan, maçon demeurant à Landres, pour la somme de 121 livres. Cette adjudication est faite à la sortie de la messe, au son de la cloche, en présence des habitants et devant l'église. Laurent Détante syndic, reçoit les travaux le 2 mars 1778.

On rencontre aussi une question d'achat et de vente d'un presbytère, laquelle demeure assez embrouillée. Le curé Raux, nous l'avons vu, meurt en 1769 : durant la longue période qu'il exerça à Landres, il avait sans nul doute fait l'acquisition d'une demeure personnelle.

Toujours est-il qu'en 1773, on vend à Charles Bernard l'ancien presbytère, la communauté ayant probablement, à la mort du curé Raux, acheté sa maison pour la convertir en presbytère communal. Qui fit les premiers fonds de cette acquisition ? La chose est loin d'être des plus claires. D'une part, à la date du 6 juin 1771, nous trouvons un procès engagé par Louis-Charles de Maillart, baron de Landre, contre les habitants et réclamant paiement d'une somme de 292 livres 16 sols « pour l'achat fait aux héritiers de Pierre Raux ancien curé d'une maison et dépendance pour servir d'une nouvelle maison presbytérale en place de l'ancienne qui a été vendue ». D'autre part, à la date du 25 avril 1775, il existe « un acquiescement à la requête du curé Poulain contre Louis Charton collecteur de la taille à Landres pour lui payer la somme de 600 livres qui lui est due par cette dernière communauté, savoir :

« 1° 533 liv. 8 sols 6 deniers qu'il a payé à la décharge de laditte communauté aux héritiers du sieur Raux précédent curé de Landres sur le prix de la maison que ces derniers ont vendu pour servir de presbiter audit Landres, distraction faite des deux tiers de 400 livres que ledit Mre Poulain a consenty à payer à son compte ; 2° celle de 66 livres 13 solz 4 deniers à laquelle il soit restraint pour luy tenir lieu de logement depuis sa résidence à Landres jusqu'au 3 may dernier époque de l'acquisition d'une maison de cure. »

Suivant l'instance du Baron de Landres, l'acquisition aurait été faite en 1771 ; suivant celle du curé Poulain, elle n'aurait eu lieu qu'en mai 1775. Quelle est la version exacte ? Si nous nous en rapportons à une note de 1773, nous voyons que la communauté « paie au curé de Senuc 835 livres pour parfait remboursement du principal de 1200 livres montant de l'achat du presbytère ». Et puis nous savons, pour en avoir rencontré maintes preuves au cours de cette étude, que le curé Poulain n'était pas un procédurier ordinaire !

Il ne nous reste plus que quelques faits secondaires à noter : c'est en 1781, un traité entre Jacques Gourdin, syndic, et les sieurs Robert et J.-B. Leschenel, charpentiers à Bayonville, pour le rétablissement de la toiture de l'église pour le prix de 500 livres. Enfin en 1783, Gérard Ledoux étant syndic, on relève les murs du cimetière, ce qui occasionne une dépense de 131 livres 5 sols.

VI.

L'ordre chronologique nous amène au célèbre procès des bois de Landres.

Le premier exploit est en effet du 3 août 1785. Que

fut donc ce procès qui ne dura pas moins de 36 ans puisqu'il en est encore question en 1821 ?

Combien de fois, dans ma jeunesse, ai-je entendu répéter aux anciens dans un langage tout empreint encore d'acrimonie et de regrets : « Ah ! si on ne nous avait pas volé nos bois ! si notre affaire n'avait pas été plaidée par un avocat négligent, incapable, ou plus probablement acheté, nous aurions encore nos bois et la commune serait riche ! ». Nous allons tâcher d'exposer la cause, qui ne laisse pas d'être compliquée, aussi clairement que possible.

On connait l'accord passé entre les seigneurs de Landres, l'abbé de Chéhéry, et les habitants de Landres, le 21 décembre 1529. On sait que, par cet acte, lesdits seigneurs et abbé concédaient à nos aïeux des terres en friches, moyennant une redevance fixée, et de plus 300 arpents de bois.

En 1785, César Hector de Maillart, baron de Landres, dont la situation, semble-t-il, était loin d'être brillante, adresse au Grand Maître des Eaux et Forêts en la province de Champagne, à la date du 3 août, une requête dans laquelle il déclare (1) :

« Que les habitans de la communauté de Landres tiennent de la libéralité de ses prédécesseurs la quantité de 300 arpents de bois taillis situés sur le territoire de ce lieu pour raison desquels ils ne paient aucune espèce de cens ni redevance quelconque, et qui même sont plus que suffisans pour leurs besoins puisqu'ils en ont vendu dans différens tems sans que leur coupe annuelle en ait été interrompue.

---

(1) Arch. départ. de Mézières, Série C, 374 et 376.

« Que désirant user du droit qui lui est accordé par l'ordonnance de 1669, de demander le triage et de jouir divisement du tiers de ces bois a honneur d'avoir recours à votre Grandeur faire assigner les habitans et faire procéder à l'arpentage et triage des bois cy-dessus énoncés, en conséquence que le tiers des bois sera distrait au proffit du suppliant pour par lui et ses successeurs en jouirent en toute liberté et propriété, faire défense auxdits habitans de plus à l'avenir s'immiscer dans la jouissance et exploitation du canton qui formera la portion du suppliant, et il renonce à la double part qu'il est en possession d'en prendre annuellement dans la coupe des bois communaux ».

Le Grand-Maître des Eaux et Forêts en la province de Champagne ordonne communication de la requête aux habitants pour y répondre devant le maître particulier en sa maîtrise de Sainte-Ménehould.

C'est le dimanche 21 août suivant que la chose leur fut signifiée par Robert Davanne, huissier à Autry, lequel déclare « au devant de la principalle entrée de l'église paroissiale dudit Landres, fin et issue de la messe de paroisse, le peuple en sortant en grand nombre, avoir lu, montré et signifié aux habitans et communauté dudit Landre, en parlant pour eux à la personne de Pierre Signoret, l'un d'eux, leur procureur sindic en exercice, en présence de Médard Rossignon et Nicolas Estienne, et autres principaux habitans de Landre qui n'ont voulu signer le présent quoique sommé ».

On ignore quelle fut la réponse des habitants et quelle fut l'issue de l'instance. Il y a tout lieu de supposer que les choses traînèrent en longueur : puis survinrent les événements révolutionnaires, l'émigration du baron de Landres, qui mirent à néant la procédure entamée.

En 1804, après son retour d'émigration, Cœsar Hector de Maillart, à qui la fortune n'avait point trop sans doute souri à l'étranger, reprend l'affaire à nouveau, mais sur un tout autre pied et en donnant à ses revendications une extension inattendue.

En effet, par un exploit du 21 ventôse an XII, il actionne les habitants de Landres en paiement de 480 setiers de froment et autant d'avoine, mesure de Grandpré, pour quinze années de prétendue redevance en raison de la transaction de 1529, lesdites redevances échues le 11 novembre 1803, sans préjudice de l'année courante ; de plus, il ne réclame plus le triage et le partage par tiers de 300 arpents de bois, il requiert la totalité de cette propriété.

Par un jugement du 3 juin 1808, le tribunal de première instance de Vouziers déboute le baron de Landres, sur tous les points engagés.

Mais, il ne se tient pas pour battu, et le 21 juillet 1809, il fait appel de ce jugement, alléguant que « les premiers juges en supprimant la rente réclamée par l'appelant ont fait l'application la plus éronée des décrets. Dans le fait, il dépendoit de la cidevant baronie de Landre des terres et des bois ; il paroit que les seigneurs propriétaires ont été forcés d'en abandonner pendant longtemps la surveillance, les différentes guerres que la France avoit à soutenir ne permettant pas à la noblesse de séjourner beaucoup dans ses domaines, en sorte que les terres dont il s'agit tombèrent en friches ; elles restèrent comme vacantes, il en fut de même des bois. Les habitants de la commune de Landre profitèrent de ces circonstances pour se permettre des usurpations, soit en y envoyant leurs bestiaux, soit autrement. Les ci-devant seigneurs rentrés dans leur foyers voulurent réprimer un pareil abus ; ils se livrèrent à diverses démarches, un procès allait naître, lorsque pour le prévenir les seigneurs de Landre et les habitans de cette commune ayant à leur tête leurs mayeur et échevins conclurent une transaction par laquelle il fut convenu que les habitans auroient la propriété de ces terres vacantes qui sont en friche moyennant une redevance de 32 septiers de froment et autant d'avoine, mesure de Grandpré, on leur abandonne de plus un droit d'usage dans 300 arpents de bois qui dépendoient également de la baronnie.

« Cette convention fut exécutée fidèlement jusqu'en 1789, époque à laquelle les habitans de Landre refusèrent d'acquitter la rente sous prétexte qu'elle était supprimée par les décrets de l'Assemblée nationale.....

« Ils ont obtenu le succès le plus complet devant le Tribunal de Vouziers qui, par son jugement du 3 août 1808, déboute l'exposant de ses conclusions. Le 21 octobre suivant, il a interjetté appel de cette décision et va en démontrer toute l'injustice......».

Cœsar Hector de Maillart s'efforce de démontrer au cours de sa requête — dont nous ne rapportons in-extenso que le début — que la rente réclamée a pour cause une concession de fonds, donc qu'elle est foncière, donc qu'elle n'est point seigneuriale, donc qu'elle doit être acquittée. Les décrets de l'Assemblée nationale n'ont déclaré biens communaux, que les terres vaines et vagues, mais ici les terres en litige étaient en valeur productive à l'époque de la promulgation des décrets.

Les motifs invoqués par le tribunal de Vouziers sont :

1º Que c'est une rente imposée par des seigneurs aux habitants ;

2º Que la rente est assise non seulement sur les terres et bois en question, mais encore sur toutes les terres de Landres ;

3º Que pour l'inexécution du paiement de la rente, les habitants paieraient 10 livres d'amende, ce qui montre bien qu'il s'agit d'un droit féodal ;

4º Que la transaction stipule que la rente sera payée à la maison seigneuriale ;

5º Que les habitants ont été forcés d'abandonner leur corps en cas d'inexécution dudit acte (interprétation erronée de la formule juridique moyenageuse « prominrent en leur foy et serment de leur corps pour un chascun corporellement) ».

Le baron de Landres combat très éloquemment ces divers attendus, puis il conclut en demandant « la mise à néant du présent jugement ; le paiement de 6240 décalitres de froment, et autant d'avoine, le froment raclé et l'avoine comble, représentant 480 septiers, ancienne mesure de Grandpré, pour arrérages de la rente jusqu'au 19 brumaire an XII (10 novembre 1803); plus 2080 décalitres de froment et autant d'avoine, pour les arrérages du 10 novembre 1803 au 10 novembre 1808 ;

« S'ils n'aiment mieux payer le tout suivant les mercuriales du marché de Vouziers ; condamner à payer le 10 novembre de chaque année ladite redevance jusqu'au rachat, ainsy et comme il est dit au titre constitutif du 21 septembre 1529 ».

Et comme il s'aperçoit sans doute que le terrain n'est peut-être pas trop solide sur ces points, il se hâte d'ajouter :

« Subsidiairement, et dans le cas où il plairait à la Cour de ne point faire droit aux dites demandes, de condamner les habitans de Landre à lui laisser la libre jouissance des 300 arpents de bois qui leur avoient été abandonnés par titre d'usage seulement pour ladite transaction,

« Condamne en outre la commune aux dépens tant de cause principale que d'appel ».

Cette requête fut présentée par Me Dupin, avoué, à la Cour « royalle » (sic) de Metz.

Nous n'avons connaissance de l'arrêt de cette Cour que par une délibération du Conseil municipal de la commune de Landres du « mardy 24 octobre 1809 ».

Le maire, Laurent Détante, expose que « par arrêt rendu en la Cour royale, le 31 août 1809, le jugement du Tribunal de Vouziers a été confirmé quant à la suppression de la redevance réclamée par le sieur Maillart, mais qu'il a été infirmé au chef qui avait débouté ce dernier de sa demande subsidiaire tendante à la revendication de 300 arpents de bois qui ont toujours été considérés comme appartenant à la commune et desquels elle a joui à titre de propriétaire de temps immémorial, et que la commune a été condamnée par cet arrêt à laisser au sieur Maillard lesdits 300 arpents de bois, sauf à y exercer le droit d'usage conformément à la transaction de 1529, les dépens faits par le sieur Maillart et la commune doivent être supportés par moitié ».

Le Conseil estime à l'unanimité qu'il y a lieu de se pourvoir en cassation et de demander l'autorisation nécessaire au Conseil de Préfecture. Les principaux motifs qui déterminent le Conseil sont :

« 1° Que l'arrêt dont il s'agit ravit à la commune de Landres 300 arpents de bois qui lui appartiennent légitimement et depuis les temps les plus reculés. Et en effet, longtemps avant la transaction de 1529, la commune de Landres était en possession et jouissance à titre de propriétaire de ces 300 arpents de bois, bastils et pâturages ; cette transaction a été amenée par des lettres terrier obtenues par les ci-devant seigneurs de Landres et en vertu desquelles ils prétendoient forcer la commune à représenter les titres de propriété de tous les biens qui lui appartenoient et dont elle jouissoit ; il y eut procès sur cette prétention des seigneurs qui se termina par la transaction de 1529.

« 2° Que la redevance n'est due que pour les terres vacantes et non pour les bois ; que si les seigneurs avoient été réellement propriétaires de 300 arpents de bois, ils n'en auroient certainement pas fait l'abandon sans stipuler à leur profit une redevance ou indemnité considérable ; ils exigoient bien pour des terres qui n'avoient jamais rien produit et qui en somme ne leur appartenoient pas une redevance énorme de 32 septiers d'avoine et autant de froment, et assurément ils n'étoient pas assez généreux pour abandonner des bois gratis lorsqu'ils se faisoient une rente si considérable pour des terres vaines et vagues qui déjà étoient la propriété des habitants de Landres et sur lesquelles les seigneurs n'élevoient pas plus que sur les bois qu'une prétention seigneuriale ». Signé : Chenet, N. Mauvais, Ducloux, Rennesson, Bernard, Poulain, Loriant, Détante maire ».

L'autorisation du Conseil de Préfecture tardant à

venir, et le temps pressant, les habitants de Landres décident d'un commun accord de faire les frais de l'instance et font parvenir à Benoist, avoué à Vouziers, une adresse dans laquelle ils s'engagent « à payer tous les frais, faux frais, voyages, avances, honoraires et débours faits tant par ledit Benoist pour l'instance de Vouziers que par Demeaux, avoué et avocat à la Cour d'appel de Metz » ; ils chargent ledit Benoist « aux mêmes conditions, de faire immédiatement toutes les démarches nécessaires pour faire faire le pourvoi en cassation sur le simple pouvoir du maire de Landres ».

Suivent cinquante-cinq signatures : L. Détante, maire ; Seillier ; P. Loriant ; J. Bte Etienne ; H. Loriant ; Mauvais ; Bernard ; S. Détante ; Ducloux ; Normant ; Gilles Signoret ; Jean-François Le Bas ; Soidé ; Lamorlette ; Nicolas Etienne ; Citerne ; Gourdin ; P. Signoret ; Jean Desnier ; J.-F. Loriant ; Mathieu Rouy ; Antoine Rossignon ; Jacquet ; Henri Jacquet ; Ch. Colas ; Jean Mauvais ; P. Signoret ; Menge Pasquis ; Charles Mauvais ; Jean Signoret ; Signoret ; N. Mauvais ; A Rossignon ; François-Frédéric Duffau, desservant de la paroisse ; Etienne ; N. Mauvais ; André Legros ; Henry Pasquis ; Pre Jullien ; Prémerlant ; C. Devaux ; B. Rossignon ; Fossier ; Rennesson Jean-Louis ; Menge Ducloux ; Augustin Chenet ; Jean-Nicolas Signoret ; Pierre Rouy ; Chenet ; H. Mauvais ; Jean-Henris Jacquet ; Citerne ; Poullain.

Ce projet, arrêté le 6 décembre 1809, ne tarda pas à être mis à exécution, car voici un document qui en témoigne :

---

(1) Notons que sur les 29 noms de famille cités ici (en laissant de côté le curé), 15 ont déjà disparu de Landres à l'heure actuelle.

« Je soussigné, secrétaire de M. Pérignon avocat, reconnois avoir reçu pour lui des mains de M. Benoist, avoué à Vouziers, la somme de 300 livres tournois à valoir sur les frais du pourvoi en cassation de la commune de Landres contre un arrêt de la Cour d'appel de Metz du 31 août dernier. Paris ce 23 Xbre 1809. Bourgeois ».

On ne sait au juste — les documents font défaut — la teneur de l'arrêt de la Cour Suprême en date du 14 juillet 1812 : toujours est-il qu'un jugement du tribunal civil de Vouziers du 23 mars 1810, nomme : « Henry Bernier, Pierre-Joseph Pousardin demeurant à Briquenay ; J.-B. Bouginet demeurant à Vouziers, tous trois marchands de bois, et Martin-Louis Jacotin arpenteur-géomètre, ex-élève de la cy-devant école du Génie de Mézières, experts et arpenteurs pour établir la désignation, arpenter et évaluer les bois en litige :

« Ces bois forment trois lots :

« la 1re pièce nommée le bois de la Corre ou Grand Caurier, au levant et au nord-est de Landres ;

« la 2e pièce nommée le bois de Châtillon, au sud et au sud-est de Landres ;

« la 3e pièce située au sud-est et au sud, à dans son étendue plusieurs dénominations différentes, le bois de Saint-Ignon, le Toupet, la Culée de Niaux, le Sart-Mulet, les Vieux-Fossés et autres ».

Cet arpentage, commencé le 19 mars 1813 et terminé le 17 décembre 1814, était sans nul doute fait en vue de délimiter les parts attribuées par la Cour au Baron de Landre et à la commune : il conclut que

Le bois de Châtillon contient 13 hect. 12 a. ou 37 arpents ;

Le bois de la Corre contient 8 hect. 70 a. soit 24 arpents 45 verges ;

Le 3e lot au Grande Forêt 67 hect. 94 a. soit 191 arpents 58 verges.

L'évaluation totale, tant en fond qu'en superficie, donne une valeur totale et générale de 81.772 fr. pour les trois lots ; les bois de Châtillon et de la Corre figurant dans ce chiffre pour 20.828 fr.

Il semble que la commune de Landres n'obtint qu'en partie gain de cause, puisqu'elle ne possède plus aujourd'hui que ces deux derniers bois : elle perdait ainsi près des trois quarts de sa propriété. Elle fut en outre condamnée à l'amende et au tiers des dépens, ainsi qu'il résulte d'une délibération du Conseil municipal d'août 1821, tendant au règlement de compte de « Monsieur de Maillart, baron de Landre » (le changement de régime a fait retrouver aux édiles des termes plus respectueux) ; nous y lisons ce relevé :

« Amende portée en l'arrêt du 14 juillet 1812.   150 l.
« Dépens liquidés à......................   65 l.
« Coût et signification dudit arrêt......   65 l. 46 s.
« Enfin le tiers dans les dépens taxés par autre jugement du Tribunal de Vouziers du 26 janvier 1815 montant à ....   913 l. 37 s.
dont la commune fait offre à Monsieur de Maillard (1) ».

C'est le tardif et dernier écho de cet interminable procès.

---

(1) Tous les matériaux et documents sont puisés aux Archives municipales de Landres.

CHAPITRE VI.

Landres dans l'histoire. — Le Camp de la Crotte.
La Révolution.

I.

Au cours de la guerre de Cent ans qui plongea la Champagne et l'Argonne dans la pire désolation et la plus noire misère, en 1427, Edouard de Grandpré qui était resté fidèle au roi de France, envahit les terres du Verdunois qui tenaient pour l'Anglais et le duc de Bourgogne ; il s'avança jusqu'aux murs de Verdun, s'empara de quelques prisonniers et se retira à Grandpré avec son butin. Les représailles des gens de Verdun ne se firent pas attendre : conduits par Erard de Gimenich, gouverneur de Damvillers, et les deux prévots de Marville, ils envahirent le comté de Grandpré : les troupes ennemies se rencontrèrent à Landres : les gens de Grandpré en déroute durent se réfugier dans l'église dont les Verdunois firent le siège. C'est alors qu'arriva à la rescousse Jean de Herbigny, seigneur de Beauraing et de Dercy, marié à la fille aînée de Jean de Landre ; il avait pour allié Barthélemy d'Autel qui tenait le château d'Orchimont ; ils vinrent donc attaquer les

Verdunois dans Landres, mais leurs efforts réunis à ceux d'Edouard de Grandpré ne purent triompher de l'ennemi qui resta maître de la situation et fit de nombreux prisonniers (1).

Pour en terminer de part et d'autre, on remit les prisonniers au cardinal Loys de Bar (2) qui demeurait à Varennes et qui fut chargé de faire l'accord. Voici sa sentence arbitrale :

« Loys, par la grâce de Dieu, cardinal de Bar, à tous ceuls qui ces présentes lettres verront, salut. Comme pour certaine querelle et demande que Morvet de Suzanne se disoit avoir à l'encontre des citains, bourgois et habitans de nostre cité de Verdun, iceluy Morvet ait naguère prié nostre très chier et bien aimé cousin Edouart, seigneur de Grantpré et de Sivry et aucuns compaignons d'armes, de les aidier à l'encontre des dis de Verdun, et depuis soit venu encore devant nostre cité de Verdun et rué sus et mené prisonniers aucuns des bourgeois, habitans et servans d'ycelle, entre lesquels ayant été mé sus et menés à Grantpré prisonniers de nostre dit cousin, ceuls dont les noms s'ensuivent; c'est assavoir Gilien Malicet, Rogequin, le Brigotel, Gilien le sergent, Pierre Varlet, Watrin, Simonin et Thomas de la Haye ; après lesquelles choses ainsi avenues, lesdites parties ayant accepté journée à aujourd'huy par devant nous, partant sur la demande

---

(1) Dr LAPIERRE. — *La guerre de Cent ans dans l'Argonne et le Rethelois.* Sedan 1900.

(2) Le cardinal de Bar n'avait pas échappé à la misère des temps, car c'est vers cette époque (1420) qu'il engage pour 80 livres une chaîne d'or à une dame de Landres. (Dr JAILLOT, loc. cit.).

et querelle principale dudit Morvet, comme sur la délivrance des dis prisonniers, et aussi entre icelles parties aviser et trouver aucun bon traictié et aicort, à laquelle journée, comparans nostre dit cousin Edouart et Morvet en leurs personnes et les dis de Verdun par Messire Gille Paixel, Jean Guiot, Pierre de Loisin et Jehan Galien, icelles parties nous ont du tout et rompuement chargié de tous les débas, demandes et querelles estant entre euls et mesmement à nostre dit cousin, mis en nostre main tous ses prisonniers dessus nommés et aussi les dis de Verdun ceuls qu'ils tenoient des servans dudit Edouart, s'aucuns en avoient pour en dire faire et disposer à nostre plaisir et voulonté, promettant chacune desdites parties en droit soy s'en tenir et avoir ferme estable et aggréable ce que par nous en seroit dit et rapporté. Savoir faisons que nous, désirans le bien et appoisement des dites parties, avons prins et accepté ladite charge à nous donné par icelles, et veu et considéré dilligemment ce qui en ceste matière et les circonstances et deppendances d'icelle faisoit à considérer, avons fait et faisons sur ce nostre rapport en la manière que s'ensuit :

« Premièrement par vertu de la charge et consentement dessus dis, avons quitté et quittons du tout les dis Gilien Malicet, Rogequin, le Brigotel, Gilien le sergent, Pierre Varlet, Watrin, Simonin et Thomas de la Haye, et pareillement tous les servans de nostre dit cousin, s'aucuns y en a prisonniers des dis de Verdun, sans ce que à y ceuls prisonniers ainsi quittés puisse jamais, à cause de la dite prinse ou crans par euls fait, tant d'un costé comme de l'autre, estre aucune chose demandée, excepté toutevoyes que ceuls par les dis de Verdun furent prins, quand ils furent derrenièrement devant le moustier de Landres (1), en la compagnie de messire Errard de Guimigny et des deux prévots de Marville ne sont pas quittés par vertu de ce présent rapport, mais demeureront prisonniers ainsi qu'ils estoient auparavant. Item, disons et rapportons bonne paix estre et devoir doresnavant demeurer entre nostre dit cousin et tous ces servans et ceuls de nostre cité de Verdun et leurs servans et en oultre, que les dites parties seront du tout quittes les ungs envers les aultres, de toutes les querelles demandes, poursuittes et actions qu'ils avoient et pooient avoir ensemble, tant au regard dudit Morvet et sa querelle, comme d'autres choses quelconques, pour que jamais ils puissent faire demande et poursuitte les ungs aux autres, pour quelconque cause qu'ils puissent dire ou alléguer de tout le temps passé jusques aujourd'huy et au regart du temps à venir, rapportons que dorénavant, pour quelconque cause ou querelle qui puisse estre ou seurvenir entre nostre dit cousin de Grantpré, les dis de Verdun, et les servans de l'une partie et de l'autre, ils ne pourront courre sus ne faire guerre ou entrepreindre aucunement l'un sur l'autre, ou les servans et aidans jusques à ce que celle des dittes parties qui vouldra entreprenre sur l'autre, l'ait deument signifié et fait savoir à l'autre, ung mois devant, et tous sens malengin.

« Desquelles choses ainsi par nous rapportées en la présences des dittes parties, icelles parties ont esté contentes et les eu aggreables, en promettans comme

---

(1) Jean d'Herbigny, seigneur de Bebrain, fait prisonnier par les Verdunois au siege de Landres donna pour sa rançon 800 fr. à raison de 12 gros de Metz pour 1 fr. (B. N. Coll. Moreau, t 228, p. 208).

dessus léalement en bonne foy et sur leurs honneurs de les tenir, chacun, en droit soi, fermement et sans enfraindre.

« En tesmoing de ce, nous avons fait mettre nostre scel à ces présentes. Donné en nostre ville de Varennes, le 24e jour d'aoust l'an 1427 (1) ».

Cette sanglante échauffourée n'est pas un fait isolé dans ces périodes troublées ; des incidents de ce genre éclataient à chaque instant. Pareille querelle s'était déjà élevée entre les gens de Verdun et Jehan de Saulx, Pierre d'Augiers et Guyot de Savigny en 1387 (2) :

Les gens de Verdun, soutenus par Richard des Armoises, Jean de Wadonville et Jacquemin de Baleicourt, eurent l'avantage comme à Landres, et ravagèrent tous les environs de Sainte-Ménehould.

Nous ne reviendrons pas sur la querelle entre les Issenart et les Pouilly au début du XVIe siècle : nous l'avons exposé dans ses détails en parlant des premiers seigneurs de Landres.

II.

Landres échappa-t-il aux ravages que causèrent en 15 2 les bandes autrichiennes dans l'Argonne et le Rethélois ?

Bien que François de Rabutin ne fasse pas mention de notre village dans ses chroniques, il est certain que Landres se trouvait trop peu éloigné de l'itinéraire de

---

(1) B. N. coll. Moreau, 248 fol., 194 (copie par D. COLLOT) in AIMOND. — *Les relations de la France et du Verdunois de 1270 à 1552*. Paris, Champion 1910.

(2) H. MORANVILLÉ. — *Un incident de frontière dans le Verdunois*. (Bibl. de l'école des Chartes 1893).

ces troupes pour n'en point ressentir le désastreux contre-coup. Voyons donc ce qui se passa à cette époque.

En 1552, Henri II, inquiet de l'entente entre Charles-Quint et la duchesse régente de Lorraine, mit sur pied une nombreuse armée, « la plus belle que jamais prince chrestien meit ensemble ». Il envahit successivement Metz, Haguenau, Wissembourg, le 12 avril il s'empare de Toul et le 15 il entre à Nancy. Marie de Hongrie, gouvernante des Pays-Bas, et sœur de Charles-Quint, pour faire une forte diversion sur les derrières de cette armée, réunit une troupe de 18.000 hommes qui, sous la conduite de Martin von Rossen, remontèrent le cours de la Meuse, pénétrèrent en Lorraine, et se jetant sur la rive gauche du fleuve, envahirent la Lorraine. Mais laissons la parole au pittoresque chroniqueur.

« Les Bourguignons, pour exécuter leur première conclusion, passèrent la rivière de Meuse au pont de Sathenay, et avec ce qu'ils pouvoient avoir d'artillerie, qui n'estoit en grand nombre, vindrent camper en un petit village nommé Mouzac où incontinent furent advertis que Monsieur de Chastellux estoit dedans Villefranche, qui souvent les saluoit de coups d'artillerie lesquels estoient tirez jusques dedans leur logis, et trouvèrent que cette petite ville n'estoit tant défournie qu'ils avoient pensé : ce qu'eux cognoissans, et que le chef qui estoit là dedans, n'y estoit pas demeuré pour se laisser sourdement surprendre, ainsi qu'ils présumoient, mais comme homme esprouvé et certain (ce qu'il est sans mentir) sage et hardy, issu d'une des plus anciennes maisons du duché de Bourgogne, qui délibéroit les coups cher et résister à toutes leurs entreprises, sans faire aultre semblant, coulèrent le long de la rivière jusques au village de Brielles où ils mirent le feu et ruinèrent l'église et le fort. Après ce beau faict, tournèrent à main droite, tournant à Montfaucon où l'on ne leur feit pas grande résistance et, sans contredeit, meirent le feu où bon leur sembla, mesmement en ce beau temple de Nostre-Dame, où ils commirent les meschancetez et malheurtez plus énormes que les Turcs et infidèles ne les voudroient attenter. Après, je laisse à penser avec quelle terreur et épouvantement, le menu peuple commença à fuir et s'espandre de toutes parts; de quoy, les ennemis fiers et eslevez, trouvant les passages libres et ouverts, descendirent dans la plaine et vindrent saisir un petit chasteau appelé Boullandre (1). Là, ils laissèrent quelque compagnie pour servir d'escorte aux vivres et provisions qu'ils faisoient mener et conduire audit Sathenay. De là suyvans toute cette vallée au long de la rivière (l'Audon), saccagèrent plusieurs villages et chasteaux, en auscuns meirent le feu et les autres ravirent et emportèrent jusques aux clous de fer et socz de charrue, comme à Sainct-Gevin, Cornad, Remonville, en l'abbaye de Chaery et aultres lieux, toujours continuans de pis en pis jusques à Grandpré, petite ville sur la rivière d'Airre, entre Sainte-Manehou, Chaalons et Attigny. Et là ayans été advertis comment monsieur l'Admiral amassoit gens pour les venir veoir, s'arrestèrent. Puis sitot que Monsieur l'Admiral eut mis ensemble les Légionnaires de Cham-

---

(1) Commune de Banlheville. Un des plus vieux manoirs féodaux de la région, dont les derniers vestiges n'ont pas encore totalement disparu. Faut-il y rattacher le geste de Ernault de Beaulandre (XIIIe siècle) ?

pagne et réunit les Suisses avec la gendarmerie, qu'ils entendirent qu'en diligence avec ses compagnies s'approchoit d'eulx ; après dix mille meschancetez qu'ils y feirent et perpétuèrent, abandonnèrent Grand Prey ayant mis le feu et en feirent autant à Boullandre, et le plustot que leur fut possible retournèrent à Satbenay » en prenant le chemin de Doulcon à Sassey et passant la Meuse au gué de Sassey.

III.

Quelques années plus tard, les guerres de la Ligue amenaient dans notre région les incursions du maréchal de Saint-Pol. Avant de faire procéder à l'assassinat du duc de Guise (23 décembre 1588) et de son frère le cardinal (24 décembre). Henri III crut prudent d'éloigner les fidèles qui les avaient accompagnés à Blois; parmi leurs plus chauds partisans était le maréchal de Saint-Pol. Le roi l'envoya à Sedan en mission, vers la duchesse de Bouillon qu'il savait sa grande ennemie et qui sûrement saurait l'en débarrasser. Mais, en arrivant à Paris, Saint-Paul apprit le massacre de Blois, et se défiant d'un piège, se hâta de conduire à Saint-Dizier le duc de Chevreuse et le prince de Mayenne ; puis, au retour de Loraine, il entra en campagne avec quelques troupes d'albanais et envahit la Champagne. C'est alors (janvier 1589) qu'eût lieu « la rencontre que feit ledict seigneur de Sainct-Paul à Sainct-Juvin de bon nombre des troupes du roy. A la découverte desquelz, chacun de son costé donnant l'ordre qu'il vouloit tenir au combat, feirent paroistre la résolution quilz avoient de venir aux mains, bruslant d'un désir de combattre, présumant que l'événement de cette première charge rebuteroit son compagnon, et la dessus, conservant son advantaige, ils attendoient que l'un commençasse. Mais les ennemis, s'emparant d'un champs de Bataille qui leur estoit fort favorable, se seurent prévaloir de la commodité du païs, contraingnant le seigneur de Sainct-Paul à prendre la charge à son désadvantaige et de venir aux mains avec eulx, les enfonçant furieuzement. Ce quilz soustindrent et poussant l'impétuosité de leur feu, le contraignirent par la perte daucuns des siens de faire la retraitte (1), affin d'éviter la desroute qui le menassoit ; et par ce moyen dicelle il pourveut à maintenir le reste et à ce retirer, pour obvier qu'aucun désastre n'arrivasse, prenant le chemin de Landre, où il se rendit, leur ayant fort peu quicté l'advantage, raffrechissant ses trouppes pour, à la première occasion, les mectre en curée, lesquelles il renforça de quelques compagnies de cavallerie qui battoient l'estrade (2) ». Puis le maréchal de Saint-Paul quitte Landres pour aller mettre le siège devant Bisseuil où était l'infanterie du baron de Thermes (3).

IV.

Et puis l'histoire et la tradition demeurent longuement muettes en ce qui concerne Landres. Et c'est

---

(1) Ce fut l'effort de René d'Apremont, seigneur de Vandy qui décida de la victoire. (HENRY, loc. cit.)

(2) O. DE GOURJAULT. — *Mémoires du Maréchal de Saint-Paul*. Sedan 1894.

(3) Il existe encore à Landres un lieudit « le Champ Huguenot » mais qui n'a aucun rapport avec le passage du maréchal de S. Pol; en effet, ce n'est qu'une déformation du « Champ Hue non » dont il est déjà fait mention au XIIIe siècle.

ainsi que, faisant un bond de plus de deux cents ans, nous arrivons sans-transition aux évènements de la période révolutionnaire.

La Révolution eut à Landres, comme dans toute la région, un rapide retentissement ; depuis longtemps d'ailleurs les idées libertaires avaient fait leur chemin dans les esprits ruraux : l'incident suivant va nous en donner la preuve.

Il s'agit des démêlés qui surgirent en 1779 entre un habitant de Landres et son seigneur, le baron Cœsar-Hector de Landre. Ce serait en effet une singulière erreur de croire qu'à la veille de la Révolution, les villageois étaient encore sous la domination étroite et immédiate du seigneur, dans un état voisin du servage, comme tend à le faire penser une tradition erronée trop complaisamment entretenue par des ouvrages soit disant historiques mais nettement tendancieux. Nous allons donner une preuve que les « manants » étaient bien éloignés de cet état de servilité et que les idées d'indépendance et d'égalité avaient depuis longtemps fait leur chemin dans leur esprit.

Voici l'aventure qui arriva à Cœsar-Hector de Maillart, en 1779, c'est-à-dire dix ans avant l'ouverture des Etats-Généraux : nous citerons tout au long la requête à laquelle elle donna lieu de la part du baron de Landre, et nous y verrons que les seigneurs étaient alors loin d'inspirer à leurs sujets une crainte et un respect à jamais abolis.

Le baron de Landre demande justice contre un de ses sujets qui « après s'être fait une habitude de luy manquer en est venu jusqu'à l'insulter. Celuy qui s'est porté à un tel degré d'insolence est le nommé Gabriel Brissy, habitant de Landre et par là son sujet, son censitaire et son justiciable. Cet homme qui a été domestique du père du suppliant devoit plus que tout autre se contenir dans les bornes que le devoir prescrit aux Inférieurs envers ceux qui à plus d'un égard leur sont supérieur ; au lieu de cela, il s'est fait une habitude de manquer au suppliant qui a feint ne s'en apercevoir. Enhardy par l'impunité, il a saisi une occasion quy s'est présenté pour insulter grièvement celuy à quy il doit à tous égards du respect. Le 25 août dernier (1779) le supliant étant dans l'après midi sur le terroir de Landre pour éclaircir une difficulté qui sembloit naistre à l'occasion des limites de ce terroir, Brissy s'est livré à la colère et à l'emportement dont il a tourné l'effet contre le supliant, luy a parlé avec menaces et jurements, et comme pour mettre le comble à l'injure qu'il vouloit luy faire il luy a dit a plusieurs reprises qu'il se foutoit de luy ».

Gabriel Brissy s'en tira avec 9 livres 2 sous d'amende : ce n'était pas trop cher payer son irrespectueuse algarade.

Nous ne nous étonnerons plus dès lors des évènements qui vont suivre.

Pendant les premières années de la Révolution, le baron de Landres, s'il n'habitait point le château à demeure et d'une façon habituelle, y faisait du moins des séjours assez prolongés puisqu'il lui naquit une fille en 1790. Il s'y trouvait encore vers l'été de 1791 (1).

A ce moment, les esprits de nos populations étaient déjà fort montés ; on craignait toujours une invasion autrichienne qui viendrait au secours du roi et surtout

---

(1) Sa femme n'était pas alors avec lui : elle habitait à ce moment chez sa mère, à Paris, faubourg Poissonnière.

de Marie-Antoinette ; la méfiance était d'autant plus en éveil dans notre pays, en raison du voisinage de la Belgique et de la Flandre en possession de la sœur de l'empereur d'Autriche. Or, un officier du régiment Reine-cavalerie, en station à Stenay, M. de Saint-Sauveur ayant raconté de tous côtés que l'armée envoyée par l'Empereur allait pénétrer dans le Clermontois par Brouennes et Stenay, ce bruit se répandit comme une traînée de poudre. Sur le racontar de Saint-Sauveur, toute la Thiérache et l'Argonne se mettent sur la défensive. Il vient à Landres des gens de tous les villages voisins et plus particulièrement les habitants de Sommerance qui n'étaient pas les moins surexcités. Ils vont trouver le baron de Landres, Cœsar-Hector de Maillart, et, en sa qualité d'ancien capitaine de dragons, le mettent en demeure de se placer à leur tête pour les conduire au devant des Autrichiens à Stenay. Le baron de Landres qui savait sans nul doute de quoi il retournait, s'y refusa. Mais, oubliant tous les égards dus à leur seigneur, la troupe, au comble de la surexcitation, s'empara de sa personne et amena le baron de Landres à la « Rue Haute » ; arrivé là, et avant d'aller plus loin, cherchant vraisemblablement à gagner du temps, il demanda à être rasé ; on consentit à son désir, mais préalablement et par mesure de précautions, on le ligotta sur une chaise ; puis l'on fit appel aux services d'un perruquier Yves Rennesson, dont l'arrière-petite-fille habite encore Andevanne. L'opération terminée C.-H. de Maillart dut se résigner à prendre la tête de ces paysans qui avaient fait armes de tout. Il tenta, mais en vain, de leur échapper entre Barricourt et Beauclair et fut contraint de pousser jusqu'à Stenay où d'ailleurs on ne trouva nulle trace d'Autrichiens. Les troupes se débandèrent et s'en retournèrent chacune de leur côté. Qu'advint-il du baron de Landres ? Il demanda à mon arrière-bisaïeul, P.-L. Jérémie Bernard, de monter avec lui dans son carrosse pour regagner Landres et le couvrir de sa protection contre la colère des villageois. Sur le refus de mon ancêtre, il est fort probable que C.-H. de Maillard renonça à reprendre le chemin du château et se décida à gagner de là l'étranger. Ce qu'il y a de certain, c'est qu'il se rendit à Munster dans l'attente de temps meilleurs (1).

Quand, dès les premières années de l'Empire, Cœsar-Hector de Maillart rentra d'émigration, le château de Landres avait été rasé, et les terres vendues comme biens nationaux ; le château de Landreville avait été vendu — pour une paire de bœufs, dit une tradition — à un M. Lombard. Le baron de Landres se retira d'a-

---

(1) Ce ne fut point un fait isolé à l'époque. On lit en effet dans les « Affiches de Havé », à la date du 16 août 1790 : « Le mercredi 4 août, le bruit se répandit à Montfaucon que 40.000 ennemis s'approchaient, mettant tout à feu et à sang, que Varennes était en proie aux flammes : on sonne l'alarme, tout le monde prend les armes, les femmes se munissent de fourches et autres instruments meurtriers ; 15 villages accourent à Montfaucon, Damvillers envoie 2000 hommes ; à Varennes, on disait que Montfaucon était dévasté ; à Montfancon, que Stenay était pillé par les ennemis..... Un attroupement considérable, formé devant la porte d'une auberge, demande la vie d'un seigneur des environs qui y était logé, plusieurs gens armés étaient prêts à le massacrer, prétendant qu'il était d'intelligence avec M. de S. Sauveur. Deux officiers municipaux de Montfaucon coururent des dangers pour le sauver ainsi qu'un ami qui l'accompagnait...... Ce tumulte causé par un faux bruit, a rassemblé en 24 heures plus de 20.000 hommes à Stenai et aux environs qu'il a fallu nourrir ; les bourgeois de cette ville voulaient mettre à la lanterne le commandant de la place qui a été obligé de se sauver par les souterrains......»

bord à Charleville, puis plus tard à Paris ; mais il n'avait point oublié les injures que lui avaient prodiguées ses anciens manants, et il reprenait sans retard l'instance tendant à la revendication des bois de Landres.

Les documents que nous possédons sur les incidents que provoquèrent à Landres les mouvements révolutionnaires sont peu nombreux ; ils se bornent à quelques brèves délibérations de la municipalité. Il en est une qui nous donne la « liste et état des citoyens qui se sont engagés tant dans les bataillons que dans la légion des Ardennes pour la défense de la patrie dans le courant de l'année 1792 :

Nicolas Citerne (dans la légion des Ardennes) ;
J.-B. Etienne (dans un bataillon de volontaires) ;
J.-B. Ducloux   id.   id.
Jacques Lamorlette (dans la légion des Ardennes) ;
J.-B. Gilloteaux (dans un bataillon de volontaires) ;
André Prémerlant   id.   id.
Nicolas Robert   id.   id.
Nicolas Flamin   id.   id.
Jean Etienne (dans les caissons) ;
Jean-Nicolas Signoret (dans un bataillon de volontaires).

Et la délibération se termine ainsi : « Il y a huit uniformes de garde dans la commune. Fait à l'assemblée et délivré par moi, greffier, soussigné cejourd'huy 5 mars 1793, l'an deuxième de la République Française ».

Les quatre premiers cités se sont engagés le 30 août 1792 « pour satisfaire au décret de l'Assemblée nationale du 25 juillet 1792 ; ils ont reçu 100 livres payés contents ».

A cette même date du 5 mars 1793 « après lecture

du décret des 4 et 5 juillet 1792, art. 12, fixant les mesures à prendre quand la patrie est en danger et ordonnant de donner un fusil à chaque garde national partant de suite, » l'assemblée municipale distribue un fusil à quatre gardes.

Le 30 brumaire an II, il est fait réquisition aux censiers de l'Adhuy « pour transporter 100 barots de mine au lavoir de l'Adhuy et de là aux fournaux des Forgettes pour le compte de la République. La même réquisition se reproduit toujours pour les forges de Tailly.

Pendant que se déroulaient ces événements, il est probable que les habitants de Landres profitant de la fuite de leur dernier seigneur et de l'état d'abandon du château, le mirent au pillage et s'emparèrent des quelques mobiliers qui pouvaient encore s'y trouver.

En effet il existe, à la date du 31 octobre 1792, une délibération ainsi conçue :

« Le département des Ardennes, à la date du 17 septembre 1792, ayant ordonné que tous ceux qui ont acheté des effets du pillage du château de Landres les rendront à la municipalité »; la municipalité reçut : « 1° Thomas Carbon de Landreville qui a acheté du château un lit et un traversin qui lui ont été vendus dans la rue pour 12 livres ; 2° Jacques Gourdin un lit qui lui a été vendu au pillage dans les rues pour 33 livres ».

Il est fort à penser que là se bornèrent les restitutions et que les poursuites contre les pillards ne furent point poussées plus loin.

Ces incidents locaux nous amènent à la fameuse invasion prussienne dont le souvenir n'est point encore effacé.

V.

Le nom de Landres ne s'effacera pas plus de l'histoire que celui de Valmy : tant qu'il sera question de la victoire de Kellermann qui allait changer la face de l'Europe, on n'oubliera pas l'épisode moins glorieux du célèbre « camp de la Crotte ».

Entrons un peu dans le détail, l'incident en vaut la peine.

En septembre 1792, Dumouriez occupe avec l'armée des Ardennes les défilés de l'Argonne, se tenant de sa personne à Grandpré pour défendre la trouée d'Autry. Le 11 septembre, l'armée prussienne, mieux connue sous le nom d'armée royale, commandée par le duc de Brunswick, quitte son camp de Regret, devant Verdun, dans l'intention de déloger Dumouriez et de s'ouvrir la route de Paris : les comtes d'Artois et de Provence l'accompagnent. L'armée prussienne, longeant la lisière orientale de la forêt de l'Argonne, se met en route sous une pluie battante, vient camper à Malancourt, et le lendemain, 12 septembre, à Landres.

Docile à l'appel de Dumouriez, dit Chuquet, la population valide du pays s'était retirée dans les bois de l'Argonne, avec tous les vivres et fourrages qu'elle pouvait emporter. L'armée royale arriva donc à Landres, exténuée de lassitude, de froid et de faim, n'ayant pas même pu trouver un brin de paille. Depuis deux jours, la pluie n'avait pas cessé un seul instant : les voitures de vivres, les fourgons, l'artillerie demeurent embourbés dans les routes défoncées; les troupes pataugent dans la boue la plus horrible « comme font les porcs » dit Lauckard. Aux intempéries vient se joindre la disette : l'ennemi n'a pour s'alimenter que quelques animaux incapables de suivre le convoi et tombés au cours de la route, et les raisins non encore parvenus à maturité : cette nourriture aussi sommaire que peu hygiénique ne tarda pas à faire éclater une formidable épidemie de dysenterie qui fit, dans l'armée prussienne, d'innombrables ravages : à la veille de Valmy, le tiers des combattants était indisponible.

On espérait trouver au camp de Landres, — ici je transcris Chuquet dont le récit est surtout inspiré de " la Campagne de France" de Gœthe — un peu de repos et un peu de réconfort. Mais, comme toujours, les équipages avaient été retardés par les mauvais temps, par la boue, par la crainte des Français. L'infanterie prussienne, harassée, rendue, dut, de sept heures du soir à minuit, subir une épouvantable averse. On fit des « feux d'enfer », on y jeta tout ce qu'on avait sous la main, les chaises, les bancs, les tables et jusqu'à la chaire de l'église de Landres. Mais ces brasiers, dit le mousquetaire de Thadden, ne suffisaient pas à nous protéger contre le vent et la pluie. Enfin, au milieu de la nuit, les bagages arrivèrent. On dressa les tentes, mais elles n'offraient aux soldats qu'un abri misérable et insuffisant. Les uns passèrent la nuit à les maintenir pour qu'elles ne fussent pas emportées par le vent ; les autres, manquant de paille, n'osant s'étendre sur la terre boueuse, s'assirent sur leurs sacs ou sur leurs gibernes. « Le diable soit de cette guerre, s'écriait-on ; pourquoi nous sommes nous mêlés à des querelles qui ne nous regardent pas ? La Révolution est l'œuvre de Dieu, les patriotes font sa volonté, et les émigrés sont des coquins ! » Gœthe qui s'efforçait de garder sa sérénité, dicta quelque temps au secrétaire Vogel des observations sur les couleurs, mais la pluie perçait la toile de la tente et mouillait le papier : il s'estima fort heureux de passer la nuit dans la voiture du régiment de Weimar : « nuit terrible, écrivait-il plus tard, en un passage de son récit qui révèle ses propres anxiétés et celles de ses compagnons, car nous étions entre ciel et terre, en face de l'ennemi qui pouvait à tout instant sortir de ses remparts de forêts et de montagnes ». Au lendemain de cette nuit affreuse, les soldats sortirent de leurs tentes « comme les truies de leurs étables », et vraiment, dit Lauckard, « ils étaient aussi sales que ces animaux quand la porcherie n'a pas été nettoyée pendant six semaines ».

Le roi de Prusse n'arriva à Landres, de sa personne, que le 14 septembre, toujours par le même temps épouvantable. Où trouver un domicile suffisamment confortable dont put s'accommoder l'hôte royal ? Le roi s'en fut loger chez M. Jacques Gourdin (1) au « Bout de la Ville ». M. Jacques Gourdin seul possédait une maison digne d'abriter la tête auguste du souverain ; c'était une demeure de belle apparence, ornée de sculptures, à la porte cantonnée de piliers à chapiteaux et surmontée d'élégants vases en pierres. En raison de ses souvenirs, elle a longtemps gardé le nom de « maison du roy ». Enfant, combien de fois avons-nous

---

(1) Jacques Gourdin, issu d'une ancienne famille de cordonniers de Landres avait épousé Nicolle-Françoise de Failly, fille d'Anne-Margueritte de Safiliette, veuve du chevalier de Failly, seigneur de Chennery, laquelle meurt chez lui le 17 avril 1788. C'est de cette alliance que vient fort probablement l'origine de sa fortune : dans les nombreux actes où il figure en qualité de témoin, il est toujours qualifié de « bourgeois vivant de ses rentes ».

joué au milieu de ces ruines qui ont fait place de nos jours à une grange située à peu près en face de la maison actuelle de M. Hector Girard et lui appartenant. A cette époque, la vicinalité n'existait qu'à l'état de mythe; les chemins — quand il s'en trouvait — étaient à peu près impraticables; et si l'on songe aux pluies diluviennes et incessantes qui accompagnaient les armées prussiennes depuis leur départ, on peut aisément imaginer en quel piteux état arrivèrent les carosses du cortège royal. Aussi les maréchaux-ferrants passaient-ils nuits et jours pour remettre sur pied véhicules et attelages. Ces maréchaux-ferrants étaient alors mon arrière grand-père Pierre Bernard et son père P.-L. Jérémie Bernard. Après avoir peiné de longues heures à ce travail, quand le tout fut à peu près remis en bon ordre, les berlines parées et les attelages en état de tenir la route, c'est en vain qu'ils vinrent réclamer la rémunération de leur labeur : ne devaient-ils pas se trouver déjà trop honorés d'avoir travaillé pour le roi qui venait sauver Louis XVI ? « Aussi, se plaisait à répéter mon bisaïeul, je sais ce que c'est que de travailler pour le roi de Prusse ! »

Dans mon enfance, on rencontrait encore, errant par les rues de Landres, une bonne vieille femme courbée en deux : c'était la mère Evrard. Elle nous contait que jadis, elle avait été une jolie fille, qu'elle était même la plus avenante du village et qu'on l'avait choisie pour présenter un beau bouquet au roi de Prusse au moment, où remontant dans son carrosse, il prenait le chemin qui devait le conduire à Valmy. Mais elle n'avait pas été mieux récompensée de son gracieux hommage que les maréchaux-ferrants de leur labeur : le roi s'était contenté de l'embrasser négligemment.

Et la pauvre vieille avait de ce baiser royal gardé un rayonnant souvenir qui illuminait encore ses derniers jours : elle n'avait jamais soupçonné que bouquet et baiser auraient pu lui couter la tête.

L'armée prussienne demeura à Landres, dans ces conditions inimaginables, y multipliant les réquisitions.

Le 14 septembre 1792, il est fait « injonction par la députation du grand conseil de guerre prussien, daté du quartier général de Landres, à l'administrateur de M. le baron de Landres, de livrer pour l'armée prussienne tout ce qui sera nécessaire en froment, blé, avoine, foin, bois, etc. sous peine d'exécution militaire. Signé : Bœltzig ; de Chimeneau ».

Du même jour, injonction des mêmes « au village de Landres de livrer au porteur du présent ordre trois chevaux bons et forts, de ceux qui se trouvent dans la maison seigneuriale ».

Toujours à la même date, un « reçu de la maison seigneuriale de Landres, livré pour l'armée prussienne, deux chevaux bons et forts avec tout l'attelage dont S. M. le roy de France s'engage à payer la valeur lorsque sa personne sacrée sera libérée et l'ordre rétabli dans ses états ; en foy de quoy je donne sous la garantie spéciale de S. M. prussienne la présente quittance qui pourra être réalisée et échangée contre la valeur des susdites denrées en temps et lieu. Fait au quartier général de Landres. Signé : Charles-Guillaume-Ferdinand duc de Brunswick ; de Chimeneau (1) ».

---

(1) Ces trois pièces appartiennent au Chartrier de la maison de Maillart.

Le 15 septembre, les hussards de Volfradt vinrent débusquer un régiment français qui occupait encore Saint-Juvin, le rejetèrent sur Senuc et firent prisonniers 80 fantassins qui furent amenés au quartier général à Landres.

Enfin le 18 septembre, l'armée royale quitté le camp de Landres pour se diriger sur Vaux-lez-Mouron ; mais avant de se mettre en route, elle a soin de se munir de quelques provisions ainsi qu'en fait foi la délibération municipale suivante (1) :

« Cejourd'huy 17 septembre 1792, la commune de Landre assemblée pour répondre à l'ordre du général de guerre de Sa Majesté prussienne qui ordonne de fournir aujourd'hui 4 bœufs, 20 moutons, 4 cochons, beurre et légumes, nous avons délibéré que celui qui en fera la fourniture sera payé sur les fonds communaux soit en gros ou en détail ».

L'armée prussienne entière nomma le camp de Landres, le camp de la Crotte « Drecklager » ou plus énergiquement et en plus justes termes, le camp de la Merde.

Le camp de la Crotte ? parce que ce n'était qu'un cloaque immonde, un infect bourbier détrempé par un mois de pluies diluviennes ?

Le camp de la Merde ? parce que les troupes harassées et affamées s'étaient jetées voracement sur les raisins encore verts des vignes parmi lesquelles elles campaient, ce qui détermina une indescriptible épidémie de dysenterie...... dont le malodorant souvenir s'est perpétué dans l'histoire.....

---

(1) Arch. municip. de Landres.

Où campaient les troupes de Brunswick ?

La tradition veut qu'elles se soient établies sur les coteaux de Sommerance au sud-ouest de Landres. Mon grand-père se basant sur les récits des anciens, était plutôt d'avis qu'elles étaient emplacées sur les hauteurs du Pied-Goma, au nord-ouest de Landres, vers Imécourt : ce qui paraît d'autant plus plausible que les coteaux avoisinants étaient alors couverts de vignes. La relation de Chuquet ne tranche pas d'ailleurs la controverse et ne départage pas les opinions. Dumouriez en effet faisait bien face à l'ennemi à Marcq et à Saint-Juvin, c'est-à-dire vis-à-vis de Sommerance, mais il faisait aussi face au Mort homme et à Briquenay, c'est-à-dire vis-à-vis d'Imécourt. Il n'est pas impossible de concilier les deux versions : si l'on se rappelle que l'armée du duc de Brunswick comptait 60.000 hommes; si l'on se rend compte que les coteaux de Sommerance ne sont en somme séparés des hauteurs du Pied-Goma que par le ruisseau et sa très étroite vallée, on peut en conclure que la formidable armée royale pouvait fort bien occuper toutes les hauteurs sises à l'ouest de Landres sur les deux rives de l'Agron.

VI.

L'histoire et la tradition ne nous apportent rien de nouveau jusqu'en 1815, à cette époque Landres, qui fut de tout temps, sur le passage de toutes les invasions n'y échappa pas plus qu'en 1792 et fut saccagé par les armées russes qui séjournèrent longuement dans la région : mais on n'a gardé le souvenir d'aucun fait local notable.

Nous avons vu la liste des jeunes gens qui s'engagèrent dans les années de la République en 1792 : il y a tout lieu de penser que cet exemple fût suivi de beaucoup d'autres.

Il est des plus probables que notre village paya une large contribution aux formidables levées impériales, mais aucun document ne nous permet de rien préciser à cet égard : mon arrière-grand-père m'a conté que deux de ses oncles avaient suivi l'armée et n'avaient jamais reparu : il en fut sans doute de même pour beaucoup d'autres. Toujours est-il que les registres de l'état-civil demeurent muets sous se rapport sauf en ce qui concerne deux jeunes gens de Landres ayant succombé au cours des guerres de l'Empire. Le premier a trait à Etienne (Jean Nicolas) natif à Landres, fusilier au 51e régiment de ligne, entré au service le 21 prairial an XIII, mort à l'hôpital-ambulant le 14 mai 1805 par suite « de fièvre putride et maligne ». Ce décès n'est enregistré que neuf ans plus tard le 5 janvier 1814 à l'état-civil de Landres. Le second est relatif à Godot Pierre, fusilier au 94e régiment d'infanterie, mort le 25 février 1814, à l'hôpital de Ven-Loo, par suite de « fièvre ».

CHAPITRE VII.

Les Eglises de Landres.

C'est la donation de l'autel de Landres par l'archevêque Albéric, nous l'avons vu, qui constitue le premier document officiel que nous possédions sur Landres, établissant du même coup l'antiquité de son église.

Il en est fait mention, dans le pouillé du XIVe siècle qui établit en livres la valeur de chaque cure : il y est dit : « *Fund. in honore B. Mariae Virginis ; patronus : quidam canonicus remensis ratione mae prebendae remensis. Valor : XXXII lib.* ».

Dans un compte de nouveaux acquets (1) rendu à la cour de Robert de Condé (1329-1330) par Berthélemy du Chesne, son lieutenant « en la baillie de Vitry-en-Partois » chargé de la collecte des « finances et receptes faites à moïenne monnaie », nous voyons figurer « les coutres » de Landres pour XII sols.

---

(1) Le droit de nouvel acquet était dû au roi par les roturiers qui ont acquis nouvellement des fiefs ; il est dû aussi par les communautés ecclésiastiques séculières et régulières, bénéficiers et autres gens de main-morte pour les biens qu'ils possèdent jusqu'à ce qu'ils soient amortis et pour ceux dont ils n'ont que la jouissance sans propriété. Le droit de nouvel acquet était réglé sur le prix d'une année de revenu pour 20 de jouissance. (H. MORANVILLÉ. — *Un compte de nouveaux acquets dans le Porcien et le Rethelois*, in R. H. A. 1902).

A la date du 1 mai 1650, les prez appartenant à la fabrique sont loués par bail amphytéotique.

Les 19 et 20 avril 1664, Jean Simon fait donation d'une pièce de terre de 45 verges à ladite fabrique (1).

Par testament du 29 avril 1667, Anne Richard, épouse de Jean Drappier, fait don d'un demi-cent de terre à l'église de Landres (2).

A la même époque, Charles Bourgeois, tisserand à Landres, et sa femme Mariane Fétus constituent par contrat une rente de 40 sols au principal de 50 livres en faveur de la fabrique de Landres (3).

Le 1er mars 1674 (4), le doyen de Grandpré fait la visite de l'église de Landres : il constate que la couverture du clocher qui est à la charge des habitants est défectueuse ; le cimetière est ouvert de toutes parts ; les vaisseaux des saintes huiles ne sont pas séparés. Il ordonne aux habitants de faire réparer la couverture de leur clocher, de fermer leur cimetière, le tout à leurs despens, et aux marguilliers d'avoir des vaisseaux séparés. « Les habitans ont promis de faire le tout.... nous leur avons répété d'assister au catéchisme et d'y envoyer leurs enfans ».

En 1678, l'inventaire de la fabrique porte à son actif :
« 1/4 de la dixme ;
« Une pièce de terre de huit vingt verges ;
« Un cent à la Fosse-aux-Vaches ;
« Un cent aux Petit-Prunier ;
« Cinq arpents au Chemin-du-Bois. »

Cet inventaire est dressé par Pierre Bernard « fabricien, custode, juge et maïeur ».

---

(1) (2) (3) Arch. dép. de Mézières, G. 257, G. 268, G. 270.
(4) Ce renseignement et les suivants sont puisés dans Varin. Arch. administ., 2e partie.

A la visite du 12 juillet 1751, les portes du cimetière sont dépendues, les murs en ruines; « on nous a rendu bon témoignage de la sage femme et du maître d'école ».

Celle du 14 juillet 1753 ne comporte rien de particulier : « nous avons interrogé le maître d'école que nous avons trouvé de bonnes mœurs et de Sainte-Doctrine ».

Ces visites qui se reproduisent à assez fréquents intervalles ne sont suivies que de compte-rendus très concis et où l'on ne relève que peu de particularités intéressantes ; nous ne rapporterons dans son entier que le procès-verbal qui suivit la visite du 18 mai 1776, faite sur ordonnance d'Angélique de Talleyrand-Périgord, archevêque de Reims, en date du 3 mars 1774 ;

« 430 paroissiens ;

« 301 communiants assidus aux offices ;

« Un bon maître d'école ;

« La sage-femme a prêté serment ; est capable d'administrer le baptême en cas de nécessité (1) ;

---

(1) « Quand il s'agira de faire choix d'une sage-femme, le Curé aura soin d'assembler les plus honnestes et les plus vertueuses femmes de la paroisse et du voisinage, et les avertira de se dépouiller de tout sentiment de hayne, d'amour ou de faveur, afin d'élire pour Sage-Femme celle qu'elles croiront en conscience la plus fidelles et la plus propre à cette fonction ; mais particulièrement qu'y n'ait jamais été soupçonnée d'hérésie ou de sortilège ; et lorsqu'elle sera élue, il luy enseignera la véritable forme du Baptême, en cas qu'elle ne le scache pas: et quand elle la scaura parfaitement, il luy fera faire le serment selon la formule qui est dans ce Rituel au rang des autres formules, qu'elle lira elle-même ; ou si elle ne scait pas lire, elle la prononcera mot à mot après le Curé. Puis le curé luy demandera :
« Vous le jurez et promettez ainsy ?
« R. Ouy, Monsieur.
« Le Curé l'avertira aussy de ne baptiser aucun enfant que dans la nécessité, et en présence de deux femmes pour le moins, et particulièrement de la mère de l'enfant, si cela se peut : et si l'en-

« Obits : 13 messes hautes avec vigiles et recommandises ; 18 messes basses ;

« Revenu de la fabrique : 172 livres ; il ne lui est rien dû, elle ne doit rien ;

« Le marguillier rend bien ses comptes, pas de reliquataires :

« Pas de gouttières à l'église ; plafond et voûte en bon état ; murailles solides ; bien pavée ; bancs en bon état ; quelques réparations à faire au pavé de la nef ; la serrure de la porte n'est pas très bonne ; quelques réparations à faire aux murailles extérieures.

« Le chapitre de Reims nomme à la cure ;

« Le curé N. Poulain, à Landres depuis le 8 may 1769, a l'extention des pouvoirs, mais non les cas réservés. Il ne bine pas dans sa paroisse.

« Seigneur : Louis-Charles de Maillart, retiré depuis 9 mois à La Malmaison près Harricourt. Il vient de céder tous les droits de seigneurie à son fils aîné, Cœsar-Hector de Maillart ; le fils passe ordinairement l'hiver à Paris. On lui donne l'eau bénite avec distinction, on le recommande au prône et on lui présente le pain bénit séparément.

« Le bureau de poste de Vouziers est le plus rapproché. On adresse les lettres à Vouziers pour le messager de Grandpré, à Stenay pour le messager de Barricourt, à Sainte-Ménehould pour le messager de Buzancy.

---

tant qu'elle aura baptisé se trouve hors de danger, qu'elle ait soin de le porter au plus tost à l'Eglise, afin d'y suppléer les cérémonies et les onctions sacrées du Baptême, en certifiant le Curé que l'enfant a été ondoyé à la maison. Les Curez auront soin après la mort d'une sage-femme, d'en faire élire une au plustost, à cause de la nécessité qui peut-être pressante pour le baptême des enfans qui sont en péril ». (*Rituel ecclésiastique du diocèse de Reims* 1677).

« Dixme : le seigneur prend 1/4 de la grosse dixme, le curé 1/4, Notre-Dame 1/8, Sainte-Balsamie 1/8, l'abbaye de Chéhéry 1/8. On dit que la part du seigneur est inféodée. Le curé n'a pas de préciput.

« Deux fermes à l'Adbuy au commandeur de Merlan et de Boult.

« Caractères : bonnes qualités, vices de toutes sortes comme ailleurs, les médisants l'emportent sur les autres.

« Laboureurs ; tissiers en toile ; tireurs de minerai ; le plus grand nombre savetiers.

« Le stationnaire (prédicateur) de Buzancy vient ordinairement à Landres le lundi soir. La station n'est point fondée. Il n'a que sa quête qui va à 2 cartels de froment. Il prêche à Harricourt, Bar, Buzancy, Fossé, Thenorgues, Imécourt, Sivry, Chennery, Bayonville, Remonville, Andevannes et Landres. L'abus qu'il faudrait supprimer est de n'en point envoyer.

« Maître d'école choisi par la communauté ; une carte de froment et une d'orge par ménage, un 1/2 cartel par 1/2 ménage ; 6 sols par mois pour un écolier qui apprend à écrire, 4 sols pour les autres ; en outre il reçoit 9 cartels moitié orge, moitié froment sur la dixme, mesure de Grandpré ; il a 60 écoliers chez lui pendant 6 mois environ.

Casuel : 50 à 60 livres pris sur quêtes, ventes de serviettes, de pain bénit, de places vacantes, luminaires ; elle a 5 livres 5 sols de décimes.

« Le bureau de la fabrique se compose du curé, du marguillier en charge, du marguillier des trepassés, du procureur fiscal, du maire, du syndic, un échevin et des anciens marguilliers.

« Revenus en terres, prez et vignes, cédés par les

anciens seigneurs pour lesquels la communauté lui paie 32 paires de setiers mesure de Grandpré.

« Il y a une chapelle castrale. On y dit rarement la messe, quand surviennent des prêtres. Il n'y a pas de piscine ».

Enfin, on lit cette note brève dans le pouillé Bauni qui est de l'année suivante : « Landres — Notre-Dame. — Le tournaire du chapitre est présentateur. — 300 communiants. — Revenu du bénéfice de la cure 600 l. — Taxe de la cure 29. — Revenu de la fabrique 50 — Taxe de la fabrique 5 l. — Seigneur : Messire de Maillart à Landres et à Paris — Il y a une chapelle au château ».

II.

Nous venons de voir ce qu'était la fabrique, voyons un peu ce qu'était l'église. La tradition ancienne est bien d'accord sur ce point, qu'autrefois l'église de Landres, située déjà sur l'emplacement actuel, était une vieille église à contreforts et à meurtrières, reproduction exacte et fort probablement contemporaine de celle qui existe encore à Verpel et qui est classée comme monument historique. Mais ce vieux moutier qui supporta le siège du Verdunois, cette église médiévale sans cesse battue en brèche par les luttes incessantes du moyen-âge, avait dû complètement disparaître avant la fin du XVIIIe siècle ; et les évènements révolutionnaires surprirent vraisemblablement les habitants de Landres en train de mettre la dernière main à la réédification de leur église paroissiale. Les délibérations de la municipalité nous induisent même à croire que les travaux étaient à peu près terminés ou touchaient à leur fin puisqu'elles concluent à l'achat des objets destinés à parachever l'édifice.

En effet, le 18 décembre 1791, la municipalité délibère au sujet de l'acquisition du clocher et des vitraux de l'église de l'abbaye de Chéhéry ;

Le 3 février 1792, sur la proposition du sieur Laurent Androy, vitrier à Romagne, qui s'engage pour 46 livres à démonter 15 vitraux du couvent de Chéhéry ;

Enfin le 12 février 1792, à propos de l'autorisation accordée pour le transport du clocher de l' « abbassial » de Chéhéry, sur l'avis du sieur Joseph, « architecq » du district de Grandpré.

Il est hors de conteste que Landres se rendit acquéreur des vitraux et du clocher de Chéhéry : mais qu'advint-il de ces acquisitions, et qu'advint-il de cette église qui, rapporte la tradition, était bâtie sur le plan et l'emplacement de celle d'aujourd'hui ? Ici l'on peut hésiter entre deux versions. La première (c'est celle que j'ai entendu autrefois narrer à mon grand-père) raconte que l'église à peine terminée fut dévorée par un incendie et que le malheureux clocher de Chéhéry devint la proie des flammes.

Selon la seconde version, elle aurait été détruite au cours des évènements de la tourmente révolutionnaire : battue par les intempéries, ravagée par les invasions successives, elle n'aurait pas tardé à devenir un amas de ruines. Nous avons vu en effet que, en septembre 1792, les troupes de Brunswick ne se firent point faute d'y puiser tout ce qui leur convint pour alimenter leurs brasiers. On raconte que les cloches elles-mêmes (il y en avait deux) furent emportée par les envahisseurs qui ne tardèrent pas à se trouver encombrés de ce gênant fardeau et s'en débarrassèrent en les précipitant dans le « Gouffre » de La Dhuy où elles sont probablement encore. Faut-il imputer cette déprédation aux Prussiens de 1792 ou aux Russes de 1815 ? Il est vraisemblable qu'il faut plutôt incriminer ces derniers, car La Dhuy ne se trouvait pas sur l'itinéraire des Prussiens qui se dirigeaient vers les plaines de Champagne.

Quelle que soit la version à laquelle on se rattache, il n'en résulte pas moins que la malheureuse église ne fut jamais ouverte au culte : pendant cette longue période, qui se prolongea plus de quarante ans, le curé officiait dans une grange aménagée à cet effet, et située sur l'emplacement de la maison commune actuelle, d'autres disent à l'endroit où s'élevait la maison du père Henry Coulon et qu'occupe de nos jours une grange à M. Meunier ; un échafaudage voisin abritait la cloche.

Ce n'est qu'en 1836 que fut terminée la construction de l'église actuelle — la hideuse église-grange moderne ! — qu'on releva des décombres amoncelés au milieu du cimetière. C'est un habitant de Landres, Jean-Louis Ducloux, qui entreprit la réfection totale de l'édifice : on raconte que, pour mettre la dernière main à son œuvre, il grimpa sur le clocher, s'achevala sur la croix pour assujettir au sommet le coq traditionnel, et but gaillardement une bouteille de vin : puis il rejeta au loin le flacon vide qui vint tomber dans le jardin de Jean-François Lallement.

Les vitraux de l'abbaye de Chéhéry eurent un sort moins pitoyable que le clocher « abbasial » : on ne les avait sans doute point adaptés à l'église qui fut ruinée avant d'avoir servi, car ils garnissent aujourd'hui encore, quoique bien délabrés, les six premières fenêtres de l'église actuelle.

Le maître-autel qui, de l'avis des anciens, proviendrait également de l'abbaye de Chéhéry, fut acquis au couvent des Cordeliers de Varennes. Il date de la moitié du XVIII⁰ siècle, c'est un très beau modèle de la sculpture sur bois de l'époque et qui, certes, n'est pas indigne d'être classé.

La cloche toute récente (elle fut consacrée en 1865) remplace celle que l'on avait érigée en 1826. Cette dernière qui pesait 450 kilog. portait cette inscription : « *L'an 1826, j'ai été faite sous l'administration de M. J*^{os} *Jullien maire de la commune de Landres. J'ai été bénite par M. François Cornet curé de cette paroisse. Je suis nommée Marie Madelaine Caroline. J'ai eu pour parrain Pierre Husson percepteur des contributions directes et marraine D*^{lle} *Madelaine Seillier, assistée de Anne Françoise Seillier épouse dudit Husson, et de Caroline Marie Josèphe Seillier fille de M. J. B. Seillier et de Marie Charlotte Nicolas son épouse tous habitans dudit lieu. Les Farnier m'ont faite* ».

Dans le cimetière qui régna autour de l'église jusqu'en 1890, on remarquait deux croix : l'une que l'on connaissait sous le nom de « croix de M. le Doyen » et qui devait vraisemblablement marquer la tombe du curé Raux ; l'autre, environnée d'une grille « que M. Etienne, bienfaiteur de l'église de Landres avait fait placer sur la tombe de ses parents ». Cette grille sert aujourd'hui à séparer le chœur de la nef de l'église.

Enfin, dans un document de 1846, de la main du curé Godelle, nous lisons : « La fabrique possédait 9 arpents de terre et 4 arpents de prés ». Notons que le brave curé parle au passé, et que très sûrement, l'église était de longue date dépossédée de ces biens fonciers.

CHAPITRE VIII.

Saint-Georges

Saint-Georges est un modeste hameau distant de Landres, d'environ 1.600 mètres à l'ouest et formant aujourd'hui commune avec lui. Il est assis près du confluent du ruisseau des Jonquettes et du ruisseau de Landres.

Si Saint-Georges fut de tout temps réuni à Landres au point de vue ecclésiastique, s'il n'a jamais eu d'autres curés que ceux de Landres dont il était annexe, il n'en est pas de même au point de vue seigneurial. Quand Landres était l'apanage des Issenart, puis de la baronie des Maillart, Saint-Georges n'a cessé de demeurer dans la maison de Grandpré, dont il releva toujours plus ou moins directement. Ce n'est que par suite d'une erreur que le Dr Vincent (1) a pu dire que les droits seigneuriaux de Saint-Georges étaient entrés dans la maison des Issenart par le mariage de Geoffroy avec Beatrix de Grandpré : le premier (1237) et le dernier document (1770) que nous possédions sur Saint-Georges sont relatifs à un Grandpré, à un Joyeuse.

A ce propos disons que si les documents sont loin d'être abondants en ce qui concerne Landres, ils

---

(1) Dr Vincent, loc. cit., page 305.

deviennent exceptionnellement rares quand il s'agit de Saint-Georges (1).

Le plus ancien date de décembre 1237 : Jacques de Grandpré, chevalier, abandonne tous les droits qu'il pouvait avoir sur la dîme grosse et petite de Saint-Georges, donnée à Etienne de Groulet par Henri V, comte de Grandpré, son neveu (2).

En 1287, le comté de Grandpré fut saisi, probablement par suite de défaut d'aveu de Gérard de Grandpré : on trouve, à cette occasion, dans un fragment de compte des receveurs du comte de Champagne : « des amendes de Saint-Jorge 58 s. 6 d » (3).

En juin 1240, le comte Henri V de Grandpré et Isabelle sa femme vendent à Saint-Symphorien de Reims, au prix de 300 livres parisis, à titre d'aleu deux parts de dîmes grosse et petite qu'ils avaient à Saint-Georges en la paroisse de Landres ; Allix, sœur du comte, adhère à cette vente, et Etienne de Vico, chevalier, renonce aux droits qu'il avait sur ces deux parts de dîmes (4).

En 1376, Catherine de Chatillon, dite de Saint-Paul, veuve de Jean III de Grandpré, partage le comté entre elle et ses deux enfants, par acte du 27 janvier : Edouard eut la terre de Grandpré avec ses dépendances, et Ferry eut Verpel, Voncq, Quatre champs, etc. ; le fils d'Edouard, Edouard II, prit le titre de seigneur d'Imécourt et de Saint-Georges (1417) jusqu'à la mort de son père (5).

---

(1) Les Arch. départ. de Mézières ne possèdent que deux pièces sur Saint-Georges. Série E. 172.
(2) (3) A. de Barthélemy, loc. cit.
(4) Arch. de la Marne. Saint-Georges, N° 3.
(5) A. de Barthélemy, loc. cit.

En 1452, Jehan de Neufchastel, seigneur de Verpel, est également seigneur de Remonville, Saint-Georges, Imécourt (1).

En 1461, Charles de Saint-Privé, escuyer, rend foi et hommage pour Veysel, Saint-Georges, Imécourt et Remonville, à cause de sa femme (probablement une Neufchastel) ; il le renouvelle en 1476 (2).

Le 26 mars 1511, Jacques de Neufchastel, tuteur de Bastien de Neufchastel, fait aveu pour Cernay-en-Dormois, Saint-Georges, et Remonville ; cet aveu est renouvelé le 13 août 1513. Bastien de Neufchastel rend lui-même foy et hommage en 1519 et 1538 (3).

Puis les documents font défaut pendant la plus grande partie du XVIIe siècle. Du 25 juin 1667, il existe une quittance « à M. Robert Gueulin, curé de Landres, « payant 900 livres à haut et puissant seigneur Mes- « sire Hélie de Pompadour, chevalier, seigneur mar- « quis de Laurier, en l'acquit de seigneur Charles- « François de Joyeuse, comte de Grandpré ». Cet acte est passé « à Landres, après midy, au logis du sieur « Gueulin en présence de Claude Chenet, marchant, et « Drouet Le Chillatre, tailleur d'habits » (4).

En 1743, Jean Armand, chevalier, marquis de Joyeuse, colonel du régiment de Ponthieu est seigneur suzerain de Briquenay, Andevanne et Saint-Georges (5).

Le 29 octobre 1762, devant Me Golzart « notaire » à Grandpré, le marquis de Joyeuse cède à Gabriel Brissy le terrage universel, bourgeoisie, et autres droits seigneuriaux de Saint-Georges pour en jouir pendant

---

(1, 2, 3) Notes inédites du Marquis O. DE GOURJAULT.
(4) Arch. de Mezières, Sie E. 172.
(5) Notes inédites du Marquis O. DE GOURJAULT.

neuf années consécutives, commençant au 1er janvier 1764 (1).

Le 9 juillet 1770, Jean Gédéon Anne de Joyeuse, « chevalier, seigneur, compte de Grandprez, lieutenant-général des provinces de Champagne et de Brie, demeurant en son château dudit Grandpré, donne à titre de bail et pension en argent à Jean Arnould, marquis de Joyeuse et de Ville-sur-Tourbe, seigneur de Briquenay, Saint-Georges, etc., et son fils aîné, tous les droits féodaux des terres, fiefs et seigneuries mouvante, relevante et dépendante du comté de Grandpré, Saint-Juvin, Chivière, Champigneulles, Verpel, Biffeuts, Le Morthomme, Mouron et Thalmac. Signé : J.-B. Trumtel, N. Bernard ».

Qu'étaient donc les droits seigneuriaux de Saint-Georges ?

Nous sommes renseignés sur ce point par une note, conservée aux Archives de Mézières ; cette note non signée, mais dont l'écriture est de la fin du XVIIe siècle est ainsi conçue :

« Les droits seigneuriaux de Saint-Georges consistent en la justice haute, moyenne et basse,

« Les habitants donnent de bourgeoisie un sol à la Saint-Jean pour chacun plain ménage,

« Et à Noël 15 deniers et 2 poules livrées en plumes.

« Le demy-ménage ne doit que moitié desdits droits.

« Le terrage universel des grains à la 16e gerbe à prendre aux champs, ce qu'il faut observer et ne pas souffrir que l'on change l'ordre de la levée dudit servage.

« Chacune fauchée de prez doit 5 deniers.

---

(1) Arch. dép. de Mézières. Liasses de la justice de Landres.

« On a toujours levé les droits de vente et lotz, mais à présent on les conteste. »

Il y avait certes encore bien d'autres droits et sujétions, à preuve ce que l'on peut lire dans le dénombrement de Claude de Joyeuse (1597) :

« Item. J'ay encores droit de prendre sur les habi-
« tants de Landres et Saint-Georges ung quartel
« d'avoyne, et parce llz sont francz du passage par
« maditte comté, lequel droictz je baille à mon fermier
« qui tienct mon thonneul (toulieu) dudit Grandpré,
« qui lève sur chacun des habitans un quartel
« d'avoyne, et à présent de petite valleur. » (1)

Nous n'avons pu trouver quels étaient en dehors des seigneurs et du chapitre de Notre-Dame de Reims, les décimateurs de Saint-Georges. Nous avons vu plus haut que, dans le bail de 1655, la part du chapitre de Reims, dans la dîme de Saint-Georges était estimée 40 livres tournois.

Du 18 février 1634 (2), il existe une quittance donnée devant Gratien, notaire à Landres, par les habitants du village de Saint-Georges de la somme de 55 livres payée par MM. du Chapitre de Reims pour leur part des réparations auxquelles ils sont tenus de contribuer à cause des dixmes qu'ils ont droit de lever au finage dudit Saint-Georges.

---

(1) Arch. nat. QI 1 41, parch. fol. 6 verso.
(2) Communication de M. Paul LAURENT.

II.

Saint-Georges fut sans nul doute une localité d'une certaine importance : il y avait à Saint-Georges un notaire royal : en 1748, c'est un sieur Froiville qui occupe cette charge.

En 1780, un sieur Antoine Robert remplit les fonctions d'huissier fiscal de Saint-Georges et Imécourt.

Au XVIIIe siècle, il y a également une sage-femme : vers 1745, c'est Elizabeth Jullien ; en 1797, c'est Nicole Ladurelle. Quand on a besoin de l'intervention du médecin, on a recours à François Henrionnet « chyrurgien » à Saint-Juvin 1745.

Saint-Georges possédait un instituteur : nous avons vu qu'en 1663, c'est François Adam qui cumulait ces fonctions avec celles de greffier de la justice de Landres ; en 1727, c'est Jean Boudier qui eut pour successeurs ses fils et petits-fils.

Au point de vue administratif, Saint-Georges fut, pendant la Révolution (1), régi par un officier public. Le premier en titre, en 1793, est Jean-André Lamorlette : il eut pour remplaçant, en l'an VI, Clément Signoret. Après ce dernier, les maires qui se succédèrent furent Boudier an IX, Goudouin an XI, Henry Lamorlette an XIV, J.-B. Poulain 1813, et enfin Jean-Marie Gondouin 1825. Le 1er janvier 1828, Saint-Georges est définitivement rattaché à la commune de Landres.

---

(1) Pendant la Révolution, Saint-Georges se vit attribuer le nom de Georges-Fontaine.

Nous avons, dans les registres paroissiaux, relevé quelques particularités intéressantes :

9 décembre 1672. — Décès de Thirion Desnier, sergent en la justice de Landres.

22 avril 1678 — Baptême d'Eléonore-Madeleine de Maillart, fille de messire Claude-Charles de Maillart, baron de Landre, et d'honorée dame Alice de Vaudordain, tous deux de la paroisse d'Evrehailles.

22 avril 1726. — Nicolas Commaux, procureur fiscal en la prévoté et gruyer de Merle, diocèse de Verdun, épouse Elisabeth Guyot.

18 février 1780. — Mort de Jean-Baptiste Henriquet « dit Sans-Soucy, soldat invalide retiré à Saint-Georges avec une solde de six sous par jour, » lequel était âgé de 75 ans ; il avait épousé, en 1738, Jeanne Gouvernant.

8 novembre 1786. — J.-B. Bernier, fils de feu J.-B. Bernier, vivant lieutenant de cavalerie dans le régiment de Royal-Roussillon et chevalier de Saint-Louis, et de Thérèse-Elizabeth Bienaimé de la paroisse de Cierges, épouse Marie Radier.

On trouve également trois actes relatifs à des jeunes gens originaires de Saint-Georges, ayant succombé au cours des campagnes de l'Empire. Le premier a trait à Nicolas Colo, caporal au 1er régiment de ligne, 1er bataillon, 6e compagnie, qui meurt le 9 mars 1808 à l'hôpital militaire de Montelcone « à la suite de fièvre ». Le second concerne Nicolas Bridet, fusilier au 28e régiment d'infanterie légère, 4e bataillon, 1re compagnie mort le 16 février 1809, à l'hôpital de Saint-Pierre de Pampelune « par suite de fièvre ». Enfin le dernier est celui du sieur Jean-Marie Goudouin fils de J.-B. Goudouin et de Margueritte-Corvisier, chasseur au 22e régiment d'infanterie légère qui meurt le 15 octobre 1807, à l'hôpital de La Fena, « par suite de fièvre. » Ce dernier acte n'est consigné aux registres de l'état-civil que le 21 mai 1810.

A propos de ces actes comme à propos de ceux que nous avons relevés sur les registres de Landres, remarquons qu'ils n'ont rapport qu'à des militaires ayant succombé à l'hôpital ; pour la multitude d'autres qui ont disparu sur les champs de bataille, il n'en est jamais question, on n'en a jamais eu aucune nouvelle.

Notons enfin qu'en 1879 est mort, à Saint-Georges, M. Muret, capitaine de gendarmerie en retraite : dans sa jeunesse, il avait fait partie du peloton de gendarmes qui procédèrent à l'arrestation de la duchesse de Berry.

III.

Bien que Saint-Georges fut, en tant que fabrique, annexe de la paroisse de Landres, cette fabrique n'en possédait pas moins son individualité et son budget particulier :

Dans le compte de nouveaux acquets (1329) dont il a été parlé plus haut, les coutres de Saint Georges figurent pour 12 sols.

L'église de Saint-Georges reçut la visite officielle du doyen le 6 avril 1678 : l'inventaire dressé à cette occasion constate la présence de croix, de chandeliers, de lanternes, d'un ciboire, d'un calice, de draps, de serviettes. La fabrique possède de nombreuses pièces de terre louées pour 3 ans pour 3 setiers 1/2 de froment et autant d'avoine (1).

---

(1) Les renseignements relatifs à la fabrique de Saint-Georges sont puisés dans Varin.

À la visite, qui fut faite le 11 juillet 1733, on constate que la nef de l'église est abandonnée de temps immémorial et séparée du chœur par un mur.

Le 14 janvier 1772, les habitants de Saint-Georges adressent une requête, afin d'obtenir la permission de prendre 200 livres sur les deniers de leur fabrique pour les aider à payer la somme à laquelle ils ont été taxés en vue de l'acquisition d'un presbytère (1) ; le doyen de Grandpré, Warcollier, vient faire visite pour examiner la légitimité de leur requête qui fut rejetée (1er avril 1772).

Nous possédons les comptes de fabrique présentés, le 12 mars 1786, par Pierre Jullien, marguillier en charge :

« Revenus :

« une petite ferme louée 60 livres.

« rente d'un capital de 270 l. : 13 l. 10 s.

« Dépens.

« payé au curé :

« honoraires de fondations............ 5 l.

« vin de messe.................... 5 l.

« saintes huiles.................. 27 s.

« au maître d'école............... 4 l. 10 s.

« à la blanchisseuse............... 5 l.

« décimes....................... 5 l. 10 s.

« au livret (?).................... 36 l.

« linges, ornements, armoires........ 12 l.

« touché des places vendues......... 3 l.

« reste en actif chaque année........ 1 l. 3 s.

Saint-Georges possède une petite église qui peut

---

(1) Nous avons vu plus haut (chap. V.) les documents et débats concernant l'acquisition de ce presbytère.

remonter à la fin du XIII siècle et qui n'est point dénuée d'un certain intérêt archéologique.

Toute petite, elle ne mesure que 8 m. 50 de longueur sur 6 m. de largeur.

Elle ne compte qu'une seule nef, partagée en deux travées, l'une orientale qui sert d'abside, l'autre occidentale réservée à l'assistance.

On y remarque quelques morceaux de sculpture assez curieux : la clef de voûte orientale (au-dessus du chœur) est une rosace de feuillages portant en avant et au-dessus d'elle un masque juvénile, à l'aspect naturel et gracieux. La clef de voûte occidentale (de la nef) a disparu, mais on aperçoit au-dessus de son emplacement un masque difforme.

A une colonne de gauche, qui jouxte l'entrée de la sacristie, est adossé un masque géminé très curieux, portant trois yeux, deux nez et deux bouches. Immédiatement à gauche de l'entrée, une colonne est surmontée de deux masques grimaçants, hideux, horriblement et très curieusement fouillés.

Sur le mur de gauche, dans la première travée, est encastrée une pierre de 82 centimètres de long sur 51 centimètres de hauteur, portant une inscription, en caractères gothiques, relative à un acte de fondation.

Voici le libellé exact de cette inscription très bien conservée :

— 229 —

Cy gisent Jehan Hussenet et Usabeau sa feme lesquels ont ordonnés à tousiours anuellemet dire deux messes en l'église de céans l'une en tel iour que trespassa led Iean et l'autre en tel iour que trespassa lad Usabeau qu'ils sont en dessoubs eccrpt desquelles messes et paymet sera pris sur les prez comunemet appelé entre deux eaues⁽¹⁾ lesquels ont de cela charge et les a leurs héritiers en tel charge y trespassert c'est assavoir lad Usabeau l'an mil Vᶜ et x le XVIII iour de mars led Jehan l'an mil Vᶜ et XV le ..... du moy de ..... priez dieu pour eulx.

Immédiatement au-dessus est fixé un bas relief dont l'encadrement et les personnages — ou plutôt ce qu'il en subsiste — sont bien de la facture du début de la Renaissance. Cette œuvre, qui fut peut-être intéressante est complètement mutilée ; aucun des personnages n'a été épargné ; non seulement les têtes et les bras ont été brisés, mais on fait disparaître tout ce que l'on a pu de l'ensemble des corps : cette mutilation est trop entière, trop méthodique pour pouvoir être attribuée aux déprédations révolutionnaires, elle serait beaucoup plus vraisemblablement imputable au vandalisme des Réformés qui furent de farouches iconoclastes. D'après ce que l'on peut juger de ce qui subsiste, il s'agit d'une Assomption : la Vierge est accostée de quatre anges, deux à droite, deux à gauche : les anges inférieurs soulèvent le bord du manteau, ceux d'en haut semblent soutenir une couronne : en bas un

---

(1) Il n'existe plus aucune trace ni souvenance de ce lieudit à Saint-Georges.
Tout porte cependant à croire qu'il devait se trouver situé au confluent de l'affluent de l'Agron et du ruisseau des Jonquettes.

groupe de fidèles agenouillés. Ce bas-relief est entouré d'un encadrement dont le bandeau gauche et le bandeau supérieur subsistent seuls ; le bandeau droit est complètement anéanti, celui d'en-bas est uni. Le bandeau gauche représente une guirlande de feuillages et de fleurs, très élégamment fouillée à jour ; cette guirlande part d'une caisse ; à sa naissance, un enfant nu cherche à grimper aux sarments ; au sommet, un autre enfant également nu s'aggrippe aux dernières branches. Le bandeau supérieur comporte également une guirlande fleurie qui émane à gauche de la bouche d'une tête humaine et à droite d'une hure de sanglier. Les coins supérieurs présentent un écusson carré où se dessine un oiseau aux ailes relevées qui a toute l'allure d'une oie : en tout cas, deux animaux bien régionaux ! Ce bas-relief, dans son ensemble, mesure 0m 80 de large sur 0m 75. de haut.

Avant de sortir de l'église, notons, à droite un « Bon Dieu de Pitié » en pierre du XIVe siècle, et, au-dessus de l'autel, du côté de l'Evangile, un Saint Georges à cheval colorié, en bois, qui est bien de la même époque.

Si nous sortons de l'église, et que nous examinions la façade, tournée vers l'occident, nous voyons qu'elle présente une majestueuse arcade ogivale surbaissée : au premier aspect, on croirait qu'il s'agit d'un porche monumental muré depuis de longues années et au milieu duquel on a pratiqué une très modeste porte en plein cintre ; mais, quand on a pénétré dans l'intérieur de l'église, on se rend immédiatement compte que cette arcade qui atteint presque la toiture, n'est que le relief extérieur de la grande nervure que l'on retrouve dès l'entrée.

A droite et à gauche de la petite porte en plein cintre

qui sert actuellement d'entrée, il existe à 1ᵐ 50 du sol et à 0ᵐ 80 de chaque côté de ladite porte, une pierre portant en son centre une ouverture irrégulièrement circulaire de 8 à 10 centimètres de diamètre.

Si l'on plonge une tige rigide par cette ouverture, on se rend compte que ces pierres sont creusées dans toute leur étendue, et que la tige maintenue horizontalement pénètre à plus de 0ᵐ 80, c'est-à-dire qu'elle atteint presque l'intérieur même de l'église. Il est évident que ces pierres ont été déplacées et se trouvent rapportées à l'emplacement qu'elles occupent de nos jours. Il y a tout lieu de supposer que ce sont là des « oculus » analogues à ceux que l'on rencontre assez fréquemment dans les églises de nos régions, et particulièrement à Andevanne.

Cette église soutenue de chaque côté par trois contreforts qui paraissent bien correspondre respectivement aux massifs de colonnes qui existent intérieurement au milieu et aux deux extrémités de l'édifice, n'est certainement que l'abside d'un monument sans nul doute beaucoup plus important. Dans les fouilles faites à l'occasion de sépultures dans le petit cimetière qui la précédait jusqu'en ces dernières années, et à l'occasion de la réfection d'un mur clôturant ledit cimetière, on a retrouvé des fondations démontrant que l'église s'avançait jusqu'en ce point, c'est-à-dire, à plus de 15 mètres en avant de la façade actuelle. Nous avons vu d'ailleurs qu'en 1733, la nef en ruines se trouvait déjà séparée du chœur subsistant par le mur qui existe encore, et à cette date, cet état remontait déjà à une époque dont on ne gardait plus le souvenir.

Que fut cette église incontestablement très vaste, presque monumentale ?

La tradition locale et l'histoire sont entièrement muettes à cet égard : nous n'avons pu recueillir le moindre souvenir, la plus minime notion, fut-elle douteuse : aucun travail historique n'en fait plus ample mention. Fut-ce un monastère relevant d'une abbaye voisine ?

Il est bien probable que la question ne sera jamais résolue et que nous ne saurons rien du passé ni de l'histoire de l'église de Saint-Georges.

Nous ne nous attarderons pas à chercher ce que fut Saint-Georges dans l'histoire générale : il n'en est question qu'au moment de la retraite du maréchal de Saint-Pol après la bataille de Saint-Juvin. Il n'est point douteux que le sort de Saint-Georges ne fut point séparé de celui de Landres et qu'ils partagèrent ensemble toutes les horreurs des guerres intestines, toutes les adversités des invasions étrangères depuis l'origine jusqu'à nos jours. Il est certain, qu'au XVIIe siècle, comme tous les villages voisins, la misère et la famine réduisirent Saint-Georges à sa plus simple expression ; et la notice cadastrale de Terwel est édifiante à cet égard :

« SAINT-GEORGES : à M. de Grandpré ; autrefois 15
« habitants ;

« Terroir labourable médiocre et mauvais, 186
« arpens.

« Prez 26 arpens, 10 aux habitans.

« Vignoble 1 arpent.

« Charrues 5 dont 3 propriétaires.

« Mesnages pleins 6 et 3 demy.

« Payent à Luxembourg 297 l., à Rocroy 33 l. Le lieu
« est réduit à 8 maisons par le feu.

« Taille 230 l. nouvelle 230 l.

CHAPITRE IX.

Le Patois de Landres.

« Le département des Ardennes a été formé de parties empruntées à diverses provinces ; il en résulte que les dialectes locaux sont fort variés. Il n'est peut-être pas un canton où l'on ne remarque des prononciations ou des expressions inusitées ailleurs, des termes inintelligibles pour l'étranger, quelquefois même pour l'habitant du canton voisin (1) ».

Et, la chose est si vraie que le patois de Landres, nous l'avons dit plus haut, se distingue nettement de celui des villages limitrophes par sa forme et par sa prononciation.

Depuis quelque temps, il existe une certaine tendance à revenir à l'étude de ces anciens idiomes ; et nous avons pensé qu'il ne serait peut-être pas dénué d'intérêt de grouper à la fin de notre travail les locutions les plus courantes ou les plus imagées du langage populaire de notre village ; d'autant plus que d'année en année, le patois va se modifiant et s'atténuant au fur et à mesure que les « anciens » disparaissent. Il n'y

---

(1) P. LAURENT, in R. H. A., juillet-août 1910.

a plus guère que les très vieilles gens pour parler le patois intégral (si l'on peut ainsi s'exprimer) qui frappait nos jeunes oreilles, il y a une quarantaine d'années.

Il est certain qu'il s'écoulera encore de longues périodes avant que le vieux patois de nos pères se soit complètement éteint pour faire place à la langue générale ; mais les termes les plus expressifs, les locutions les plus pittoresques deviennent d'un emploi chaque jour plus rare : et il n'est peut-être pas inutile de les fixer, car le patois fait un peu partie de la vie d'un pays et de son histoire intime : on y retrouve ces archaïsmes curieux qui conservent encore aujourd'hui une saveur et une puissance d'expression qu'il n'est pas toujours très aisé de traduire dans notre langage moderne.

Nous nous sommes heurté pour établir ce répertoire à nombre de petites difficultés imprévues : ce n'est pas en causant quelques heures avec un vieillard que l'on peut recueillir tous les éléments du patois d'un village ; ce n'est point en se livrant à des recherches méthodiques, en posant des questions à tout venant, que l'on arrivera le plus sûrement à la réalisation de ce projet. Il faut, au cours des conversations les plus banales, les plus inattendues, les plus impromptues, saisir au vol et noter sur l'heure l'expression pittoresque qui s'échappe naïvement des lèvres de votre interlocuteur et que vous n'entendrez peut-être plus prononcer avant plusieurs semaines. Le résultat cherché ne peut être acquis qu'avec l'aide du temps et encore plus souvent du hasard.

Laissant de côté les recherches linguistiques et philologiques qui ne sont point de notre ressort, nous

nous sommes borné à donner — et la tâche ne fut pas toujours des plus aisées — une définition aussi exacte que possible de chaque terme rapporté. Le plus souvent, nous y avons joint un exemple pour mieux en faire saisir le sens, quand la définition demeure un peu imprécise.

Une autre difficulté était de créer à ces mots qui n'ont jamais été, ou rarement écrits, une sorte d'état-civil pour ainsi dire, leur donner une physionomie aussi rapprochée que possible de la prononciation locale. La tâche est assez ardue : nous avons en effet fait lire à nombre de nos compatriotes des fragments de ce travail : au premier abord, l'image écrite ne leur dit rien et les laisse hésitants ; ce n'est qu'à la seconde lecture, après un certain effort de réflexion et d'attention, qu'ils finissent par reconnaître les termes dont ils se servent journellement, qu'ils entendent à chaque instant, mais qu'ils n'ont jamais *vus*. Et leur première impression fut unanime : « Comme ça doit être difficile d'écrire en patois ! »

Les mots de patois peuvent se répartir en quatre catégories :

1º Et ce sont les plus nombreux, — ce sont les termes dérivés des mots correspondants français, mais plus ou moins déformés par le temps et la prononciation : *Furnite* pour fenêtre, *soumatière* pour cimetière, etc.

2º Les mots qui ont leurs correspondants dans la langue courante, mais qui n'ont aucune analogie avec eux : *buyer* pour laver, *clambocheuil* pour balançoire, etc.

3º Les mots qui n'ont pas leurs correspondants en français : *bardolle, c'est mon, glogue*, etc.

4º Les mots demeurés parfaitement français, mais détournés complètement de leur sens primitif : *bouffon, joli*, etc.

Notre vocabulaire paraîtra peut-être un peu restreint car, négligeant la première catégorie dont les termes sont généralement faciles à identifier, nous n'avons retenu que les locutions de patois réel ; cependant notre glossaire s'élève à près de trois cents mots.

Quelques indications préalables me semblent indispensables :

La première personne du pluriel n'existe pas comme sujet, mais on la retrouve comme complément : « *J'véran* (nous irons), *j'nous prouménan* (nous nous promenons).

La négation « n'mi » perd l'i final quand le verbe qui la précède immédiatement se termine par une syllabe accentuée : « *J'n'y vera m'* » (Je n'irai pas) ; elle le conserve au contraire si c'est une syllabe muette : « *J'n'aime mi* » (Je n'aime pas).

L'y entre deux voyelles se prononce comme deux « ll » mouillés : *aye* comme dans paille, *eye* comme dans veille, *ouye* comme dans rouille.

Le w, au début ou dans le cours d'un mot, se prononce comme le w anglais : « *wayen* » ouayen, « *brizwa* » brizoua.

Enfin nous avons surmonté d'une longue ou d'une brève, les syllabes ou voyelles qui doivent être plus ou moins appuyées ou traînées dans la prononciation.

Notre but, nous le répétons, n'a pas été de faire œuvre de linguistique : il ne faut voir là que des matériaux qui pourront ne pas être inutiles à ceux qui entreprendront plus tard une étude d'ensemble du patois de notre pays.

Abanler. — Abaisser les branches d'un d'arbre pour y cueillir un fruit : les branches « s'*abanlent* » aussi sous le poids des fruits.

Acramilli. — Emmêlé. Ex. : « *Tout mon filé est acramilli* » (Tout mon fil est emmêlé).

Adayi. — Habitué, au courant des usages. Ex. : « *I' n'est m'aco adayi* » (Il n'est pas encore habitué).

Affoler (s'). — Se blesser, se meurtrir, se faire du mal. Ex. : « *A'choyant j'm'a affolé l'Keude* » (En tombant je me suis blessé au coude). — Se prend aussi dans un autre sens : Ex. : *Gn'est lonta qu'il est affolé* » (Il y a longtemps qu'il a une hernie).

Affroyi. — Mettre à la forme ou à l'essai, mettre en usage un objet qui n'a pas encore servi. Ex. : « *Quand mi sabots s'ront affroyi, i'vèront mieux* ». (Quand mes sabots seront usagés, ils iront mieux). Se dit aussi d'un chemin coûvert de neige par lequel personne n'a encore passé. Ex. : « *L'chumin n'est m'aco affroyi* ».

Agrapin (un). — Une agrafe.

Ahaler. — Embarrasser, encombrer

Agrigi. — Harceler, aguicher, provoquer. Ex. : « *A force d'l'agrigi, ça d'va mal tourner* ». (A force de le harceler, cela devait mal tourner).

Ahonchi. — Attirer violemment à soi, disputer violemment, bousculer ; très analogue à « *Aspouilli* ». (V. plus bas).

Ainla. — Pareillement, comme cela. Ex. : « *I'n'faut m'faire ainla* » (Il ne faut pas faire comme cela).

A la male parfin. — Expression d'une définition assez vague : en fin de compte, à force d'instances, ou d'hésitations, à force de faire. Ex. : «*A la male parfin, i's'est décidé à s'mett' en route* ».

Alonde (une). — Hirondelle.

Allumelle (une). — Mauvaise lame de couteau. Ne s'emploie guère que dans ce dicton : « *Changer son coutiau pou' une allumelle* » qui équivaut à : Changer son cheval borgne pour un aveugle.

Ambre, Ambri. — Framboise, framboisier.

Anû. — Aujourd'hui.

Arantleye. — Toile d'araignée.

Argôtî. — Petit cultivateur, insuffisamment outillé et agencé pour faire de la culture. Ex. : « *C'n'est m'un raboureu, c'n'est qu'un argoti* ». (Ce n'est pas un laboureur, ce n'est qu'un « argoti »).

Artine, Artineye. — Panier en vannerie grossière, de forme sensiblement hémisphérique ; ce que peut contenir un tel panier.

Artison. — Mites, papillons qui dévorent la laine et les vêtements. Ex. : « *Mou châle est tourtou mangi aux artisons* ». (Mon chale est tout mangé par les mites).

Aspouilli. — Prendre quelqu'un au collet, le secouer vigoureusement.

Assi. — Chez. Ex. : « *Assi nous* » (chez nous, à la maison).

Assann. — Ensemble.

Asson (l'). — Le haut, le sommet. Ex. : « *Gn'est un niq à l'asson don poumi* ». (Il y a un nid en haut du pommier).

Asvir. — S'emploie surtout avec la négation : ne pas suffir à...... Ex. : « *Il est tant piu q'li rigoles n'asvison m'* » (Il a tant plu que les rigoles ne suffisent pas).

Aubette. — Grand morceau d'étoffe, généralement quadrillé bleu et blanc, dont on recouvre l'enfant pour le porter au baptême ; l'aubette était offerte par le parrain ou la marraine. Coutume à peu près perdue.

Au Coi. — A l'abri de la pluie.

Au prume. — Locution d'une signification vague et imprécise qui s'emploie dans différents sens selon les circonstances : seulement (dans le sens de retard), à l'instant. Ex. « *V'arrivé au prume !* » (C'est seulement maintenant que vous arrivez !). « *J'arrive au prume* » (J'arrive à l'instant).

Aux airs don jou. — Aux premières lueurs de l'aube.

Aux grandes merveilles. — Fort probablement...., le contraire serait bien surprenant. Ex. : « *I'vanrait anu aux grand'merveilles* » (Il viendra aujourd'hui fort probablement, presque sûrement).

Avaux la ville (aller). — Allez passer l'après midi chez une voisine.

Ayal. — Désagréable, insupportable ; ne s'applique guère qu'aux enfants et aux vieillards.

Amader. — Pousser, grandir, engraisser, profiter. Ex. : « *Quand li p'tits afants avon le suglot, on dit q'c'est signe q'i z'amadon* ». (Quand les petits enfants ont le hoquet, on dit que c'est signe qu'ils profitent bien).

Adamer. — Entamer.

A vaux là. — Dans les environs, tout proche. Ex. : « *I'travaille à vaux là* ». Approximativement : « *Cà vaut da li 20 francs, à vaux là* ».

Bacailli. — Délirer, battre la campagne ; ne se dit que des enfants qui rêvent la nuit à haute voix, ou du délire des malades fébricitants.

Bagnolet (un). — Capote en indienne à fleurs dont l'étoffe est tendue et soutenue par de minces lamelles de bois, et dont les femmes s'abritent la tête, l'été.

Banloquer. — Osciller, chanceler, menacer ruines. Ex. : « *D'puis l'ta qu c'poteau-là banloqe, i' choirait bin'* *tou* ». (Depuis le temps que ce poteau oscille, il tombera bientôt).

Bannette (une). — Tablier.

Barcollette (une). — Belette.

Bardolle (une). — Bavarde, méchante langue de village, faiseuse de racontars et de cancans.

Basselle (une). — Petite barrière à claire-voie en bois, mobile, que l'on adapte le soir au lit d'un enfant, pour l'empêcher de tomber.

Batize. — Petit lait, résidu de la confection du beurre.

Batizon (une). — Quantité de beurre que bat en une fois une ménagère : « *J'a fait anu une belle batizon d'au moins douze livres* ».

Baûquer. — Regarder à la dérobée par une fenêtre ou une porte entr'ouverte. Ex. : « *J'a bauqué n'miette pa' la furnit' pou' war c'qui s'passa* » (J'ai regardé un peu par la fenêtre pour voir ce qui se passait)

Baurette (une). — Fenêtre étroite, lucarne.

Bausser. — Frictionner doucement une région douloureuse ou contusionnée avec une pommade ou une huile quelconque.

Bavron (un). — Bavoir, tablier d'enfant.

Bayi. — Forme neutre : crier, criailler, piailler. Ex. : « *N'bayé m'don'ainla* » (Ne criez donc pas comme cela). Forme active : gronder, morigéner. Ex. : « *I'n'faut m'la bayi* » (Il ne faut pas la gronder).

Biaire (un). — Couchette en bois dans laquelle on couchait jadis les enfants du premier âge : le biaire reposait sur quatre pieds réunis transversalement par des traverses arrondies.

Bineye (une). — Auge dans laquelle mangent les vaches.

Blosse, Blossi. — Prune, prunier.

Blati. — Volontiers. « *J'y véru hin'blati, mais j'n'a m'hu ta* » (J'irais bien volontiers, mais je n'ai pas le temps).

Boudju — Gros bâton faisant partie de la charrue et auquel se rattache la corde qui guide les chevaux; se dit, par extension de toute trique d'importance.

Bouffon. — Flatteur, hypocrite, homme à double face.

Bouler. — Mettre par inadvertance un ou les deux pieds dans l'eau, de telle façon que la chaussure se trouve inondée. Ex. : « *A'voulant sauter l'roussi, j'a boulé di deux pi* » (En voulant sauter le ruisseau, j'ai « boulé » des deux pieds).

Bourilli. — Manipuler un membre blessé en provoquant de la douleur, meurtrir. Ex. : « *L'médecin est venu qui l'y est bourilli l'bras* ».

Bowette (une). — Moucherons qui pullulent l'été. Ex. : « *I'm'est atré une bowette d'a l'œil* » (Il m'est entré un moucheron dans l'œil).

Bracher. — Tourner à droite ou à gauche. Ex. : « *Quand v's'rez en bas d'la coute, v'brach'rez à droite* » (Quand vous serez en bas de la côte, vous bracherez à droite).

Braire. — Pleurer, se dit surtout des enfants. Ex. : « *C't'afant là n'arret'mi de braire* » (Cet enfant ne cesse de pleurer).

Brama. — Terme assez vague et ayant des significations multiples : tranquillement, bien en train..... « *J'maradu brama* » (J'étais en train de goûter tranquillement). « *J'travaillu brama* » (J'étais bien en train de travailler). « *V'avé brama travailli* » Vous avez bien travaillé).

Briand (un). — Crécelle de bois. « Briander » faire aller la crécelle. Ex. : « *On n'briande qu'à la s'maine sainte* ».

Brichauder. — Cuisiner, aider à la cuisine, manier et laver plats et vaisselles. Ex. : *Où est-c'q'est vout'-femme ? Ell'brichaude au fournet* » (Où est votre femme ? Elle « brichaude » au fournil).

Bricoler. — S'occuper à de menu travaux. Ex. : « *J'n'a rii fait d'la journeye, j'n'a fait q'bricoler* » (Je n'ai rien fait de la journée, je n'ai fait que « bricoler »).

Brizwa (un). — Réserve ménagée au dessus de l'allée entre l'imposte vitrée de la porte d'entrée et l'imposte (formée de deux petites portes) de la porte qui ouvre directement dans la cuisine.

Brouaude. — Pâte liquide dont on fabrique les gaufres.

Buhot (un). — Etui cylindro-conique en zinc, ou plus anciennement en corne évidée, dans lequel le faucheur transporte et conserve sa pierre à aiguiser la faux (sa ragusette).

Burleyes (des). — Cris violents, voriférations, hurlements. Ex. : « *V'n'avé m'fini d'faire di burleyes ainla* » (Vous n'avez pas fini de pousser des hurlements semblables).

Burnagi. — Faire le ménage, se livrer dans la maison à une occupation plus ou moins bruyante. Ex. : « *Qu'est-ce qu'elle burnage aco par là ?*

Bursauder. — Secouer violemment, agiter avec tapage. Ex. : « *Qui est-ce qui bursaude ainlà à nout porte ?* (Qui secoue notre porte avec une pareille violence ?). Le préfixe « bur » semble impliquer l'idée de bruit et de tapage.

Buyer, Bueuil. — Laver le linge; boîte en bois dans laquelle on s'agenouille pour laver le linge.

Bûles. — Feux qu'à l'automne les jeunes pâtres allument dans la campagne avec des amas d'herbes ou de tiges de pommes de terre desséchées.

Bechevessi. — Emmêler, mettre sens dessus dessous, mélanger ensemble plusieurs choses de nature différente.

Blanc Bounnet. — C'est l'expression dont les anciens se servaient pour désigner les femmes en général. Ex. : « *G'nava q'di blancs bounets à la messe* ».

Boudelette. — Ombilic, nombril.

Biau z'i. — Locution dont on fait précéder un qualificatif pour donner l'idée de perfection. Ex. : « *Biau z'i blanc* » parfaitement blanc.

Bouzon. — Echelon (d'une échelle), barreau d'une chaise.

Bussette. — Ouverture que portent sur le côté les jupes de femme, pour aller dans la poche.

Brosseron. — Sorte de biberon en fer blanc dont on se sert pour élever les petits animaux.

Blumeux. — Venimeux, vénéneux. Une herbe *blumeuse* (une mauvaise herbe); une langue *blumeuse* (une langue de vipère).

Calade (battre la). — Déraisonner; à peu près même sens que « *bacailli* ».

Calandeau (un). — Se dit, au propre d'une haridelle, d'un cheval maigre et étique; au figuré, d'un grand garçon peu dégourdi, un peu « gniolle ».

Calot (un). — Bonnet, ou plutôt serre-tête de soie noire dont nos grands mères se recouvraient les cheveux et que dissimulait la coiffe blanche.

Calougni. — Loucher, avoir les yeux bigles.

Camoussi, — Couvert de moisissures.

Campoussi. — Poursuivre, donner la chasse à quel qu'un ou quelqu'animal.

Canse (faire). — Simuler, faire semblant. Ex. : « *J'a fait canse du n'mi l'voir* » (J'ai fait semblant de ne pas le voir).

Caquilli. — Caqueter; se dit au propre du ramage de la poule qui pond ; au figuré, des caquetages des bonnes gens du village. Ex. : « *C'est n'caquille du femme* ». (C'est une femme qui ne fait que caqueter).

Carpilli. — Piétiner, fouler aux pieds, passer à tort et à travers d'un semis ou d'une empouille. Ex. : « *Il est carpilli plein l'jardin* ». (Il a piétiné tout au travers du jardin).

Casse (une). — Ecuelle en cuivre munie d'un long manche, avec laquelle on puisait de l'eau dans le seau.

Caye (une). — Menus bibelots ou débris insignifiants que l'on donne aux tout petits enfants pour jouer ou les amuser.

Cachemusseries (faire des). — Faire des cachotteries, agir en secret, faire un mystère de la moindre des choses.

Chamburler. — Tituber.

Chantrame (un). — Reproches, récriminations, jérémiades. Ex. : « *Il est venu m'faire un chantrame !* ».

C'est mon. — Locution affirmative : bien sûr..., c'est juste..., vous avez raison.... Ex. : « *Véré-v'à la messe ? Ma foi ! c'est mon !* » (Irez-vous à la messe ? Ma foi ! bien sûr !).

Chantri (un). — Grillon du foyer.

Cheriguet (un). — Mince tranche de lard que l'on fait griller sur la braise ou dans la flamme à l'aide d'une longue fourchette de fer.

Chialade (une). — Crêpe (patisserie).

Chiches (des). — Pommes ou poires séchées; d'où l'expression : « *Tourner à bru de chiches* » (Tourner en eau de boudin, tourner à rien).

Chacrot (un). — Débile, difforme, mal venu, malingre; s'applique indistinctement aux personnes, aux animaux et aux plantes.

Ch'touff (un). — Vieux poêle de fonte (Rarement usité aujourd'hui).

Chumnon (un). — Chenet du foyer.

Cimer. — Suppurer, laisser sourdre du pus ou de la sérosité : « *J'a un'jambe qui cime tout l'ta* ».

Clagne (une). — Quenouille; « *Clagnie* » : paquet de filasse que l'on entoure autour de la quenouille.

Clambocheuil (un). — Balançoire.

Condition (être à). — Etre domestique chez autrui; Ex. : « *Ju'n'mettra m'ma feye à condition, elle n'est m'assez fourte* » (Je ne placerai pas ma fille comme domestique, elle n'est pas assez forte).

Conge (une). — Abreuvoir.

Couleuil (un). — Passoire dont le fond est garni d'un très fin tamis et qui sert à passer le lait que l'on vient de traire.

Courgent. — Flexible.

Couriette (une). — Cordon plat, ganse. Ex. : « *Li vieilles femmes su servont aco d'couriettes à place du jarretières* ». Au figuré, quelque chose de très étroit : « *C'champ là, c'nest qu'une couriette* ».

Cournielle. — Corme, fruit du cormier.

Couva (un). — Chauffoir. (Les chauffoirs se firent successivement en cuivre, puis en terre vernissée, puis en tôle.

Cowi (un). — Boue que ramasse une femme au bas

de sa jupe par le mauvais temps. Ex. : « *Gn'est tant de bourbe q'j'a attrapé un biau coui* » (Il y a tellement de boue que le bas de ma jupe en est tout recouvert).

Cramette (une). — Petite écumoire en zinc qui sert à séparer la crème du lait.

Crami (un). — Crémaillère pendue à l'âtre de la cheminée. Ex. : « *Il ait l'âme pu noire qu nout' crami* ». (Il a l'âme plus noire que notre crémaillère).

Crouye (la). — Craie ; se dit surtout de la craie de l'écolier. Au début du XVIIIe siècle, on se sert du mot « *crouyé croyéz* » dans le sens de barré, rayé (sur un registre de comptes).

Crives (des). — Gerçures occasionnées aux mains par le froid ou par la lessive. Ex. : « *J'a l'i mains toute di crivlées* » (J'ai les mains toute gercées).

Colà (avoir l'air). — Avoir l'air abattu, fatigué, mal portant ; Ex. : « *Ju'n'sais c'q'est nout'co', il ait l'air tout cola* » Je ne sais ce qu'à notre coq, il a l'air « tout cola ».

Crosse (une). — Béquille. Ex. : « *Quand j'véra à crosses, i'vérait à batons* » (Quand je marcherai avec des béquilles, il marchera avec des batons). Expression courante pour exprimer que celui dont on parle est à peu près du même âge.

Crouweye (une). — Corvée : transport et cassement de pierres sur les routes. — Se prend aussi, au figuré, dans le sens de démarche inutile ou sans résultat. Ex. : « *Gn'ava persoun'assi lu, j'a fait crouweye* » (Il n'y avait personne chez lui, j'ai fait corvée).

Crowille (une). — Crochet en fer recourbé, pour attiser le feu.

Culage (le). — Le soir d'un mariage, les garçons du village se rendent à la maison des noces où on leur remet d'énormes marmites pleines de fricassée et autres viandes avec un ou deux seaux de vin ; ils emportent ces aliments qu'ils vont consommer à l'auberge. Ce repas s'appelle le culage. « *L'soir di noces, on ne manque jamais d'aller q'ri le culage* ».

Cudre. — Cueillir. Ne pas confondre avec « Keudre » coudre.

Culboussi. — Bousculer, culbuter, renverser, mettre sens dessus dessous. Ex. : « *Il ait culboussi tourtout c'qu gn'ava da' l'ormoire* » (Il a bousculé tout ce qu'il y avait dans l'armoire).

Culot (le). — Le coin du feu. Dans un autre sens, le dernier né d'une famille ou d'une couvée.

Curlon (un). — Lange d'enfant.

Cuvilli. — S'occuper à peu de choses ; passer d'un travail à l'autre sans faire beaucoup d'ouvrage ; se dit surtout d'une personne qui s'agite beaucoup sans rien faire. Ex. : « *Sacrée Marie Cuville !* » « *I'n'arrive à rii c'n'est qu'un cuvilla* ». — « *I'passe tout sou ta à cuvilli* ».

Cuzasse. — Terme injurieux féminin ; implique surtout l'idée de saleté, de malpropreté.

Crâye. — Fente, rainure. Ex. : « *Li crayes don planchi* » (les rainures du parquet).

C'tulatt, C'tella — Celui-là, celle-là.

Cranté. — Fatigué, éreinté.

Crâler. — Grincer. Se dit surtout d'une porte qui grince quand on l'ouvre ou la ferme.

Dabeau (un). — Grand chandelier en bois grossier qui supportait la chandelle au milieu de la veillée commune. Se dit, au figuré, d'un garçon emprunté : « *I'reste planté tout là coum'un dabeau* » (Il reste planté là comme un dabeau).

Deuye. — Sensible au toucher, au moindre contact.

Ex. : « *D'puis q'j'a chu, j'a la jambe fou deuye* » (Depuis que je suis tombé, j'ai la jambe fort sensible).

Devantier. — Tablier (XVIIIe).

Dibrèler. — Se dit de quelque chose d'urgent ou de quelqu'un de très pressé : « *I'faut faire n'out' jardin, çà dibrèle* ». « *I'nait poi'd'patiace, i'dibrèle toujou !* » (Il n'a pas de patience, il est toujours pressé).

Dibrauler (se). — S'effondrer, se répandre de tous côtés ; s'emploie surtout pour les comestibles. Ex. : « *L'froumage est tourtou dibraulé* ».

Dicartuler. — Broyer, réduire en morceaux très menus.

Dicmeleuil. — Démêloir.

Dihamber. — Défricher. — A l'inverse, on dit d'un terrain envahi par les plantes et arbustes sauvages qu'il est « *ahambé* ».

Dilouser (se). — Décharger son cœur, confier à quelqu'un ses chagrins ou ses ennuis.

Dissoili. — Rafraîchir, calmer la soif. Ex. : « *On ait biau boir'd'la bière, çà n'dissoili m'* ». (On a beau boire de la bière, cela ne rafraîchit pas).

Dissii. — Gaspiller, réduire en miettes, éparpiller. Ex. : « *Il ait dissii tout sou pain, mais i'n'l'ait m'mangi* ».

Divourer. — Abimer, déchirer, mettre en pièces.

Dibuscayi (être). — Etre mal à l'aise, avachi, avoir mal aux cheveux. Ex. : « *L'lendemain don 14 julet, tout l'monde est dibuscayi* ».

Divouser. — Tutoyer. Ex. : « *C'n'est m'aco la mode assi nous q'li z'afants divoussinssent leu'parents* » (Ce n'est pas encore la mode chez nous que les enfants tutoient leurs parents (1).

---

(1) A Landres, le tutoiement ne s'emploie guère qu'à titre de

D'la rèze.... — De sorte que..., de telle façon que..., en conséquence de quoi... Ex. : « *Nout'chuvau est chu malade, d'la rèze j'n'a pouvu m'mettre en route* » (Notre cheval est tombé malade, de telle façon que je n'ai pu me mettre en route).

Dorèye (la). — La pâtisserie que l'on fait à la fête ou dans les grandes circonstances. Ex. : « *Da'l'ta, on fesa la doreye à la tonte* » (Dans le temps, on faisait le gâteau quand on tondait le moutons).

Doubles (des). — Bonbons, dragées ; se dit presque uniquement des dragées du baptême. Ex. : « *V'avé été parrain, vous n'm'avé poi douné d'doubles* » (Vous avez été parrain, vous ne m'avez pas donné de dragées).

Doye (une). — Orteil. « *La grousse doye* » (le gros orteil).

Diganler. — Ecarter, éparpiller, étaler, envoyer de tous côtés : Quand on passe une mauvaise nuit, le lit se trouve tout « *diganlé* » ; les poules en picorant ont vite fait de « *diganler* » un tas de paille ; quand les javelles ont été mouillées par la pluie, on les « *diganle* » pour leur donner de l'air et les mettre à même de sécher.

Dossèye. — Au propre : sac rempli de grain ou d'une denrée quelconque. Au figuré : supporter la responsabilité ou subir les conséquences d'un fait dont on est pas fautif. Ex. : « *Si tu n'fais m'c'qu l'patron est coumandé, c'est mi qui pourturais la dossèye* ».

Dibeli. — Découragé.

En être. — Souffrir du manque ou de la privation de quelque chose, de l'absence ou du départ de quelqu'un.

---

camaraderie, et cela depuis peu d'années ; ce n'est qu'exceptionnellement qu'on le rencontre dans les familles, d'enfants à parents, ou entre frères et sœurs.

Ex. : « *Ça m'a n'est tout plein du'n'pu avoi d'chii* ». (Ça m'en est beaucoup de ne plus avoir de chien). « *Cà m'a n'est tout plein d'changi d'maison* ».

Fanau ou la **F'nau**. — La fenaison.

Fumi, Fii. — Fumier ; mais les deux mots n'ont pas la même acception : « *Fumi* » désigne l'ensemble, le fumier en général, le tas de fumier. Ex. : « *L'co est su l'fumi* » (le coq est sur le fumier) ; « *J'a m'né au fumi anu* » (J'ai conduit mon fumier aujourd'hui). — « *Fii* » exprime plutôt l'état dans lequel la paille a été transformée. Ex. : « *Nout'foin ait été si trempé c'l'année-ci, qu'on déra don fii* » (Notre foin a été si mouillé cette année, qu'on dirait du fumier).

Flayi. — Fléau à battre le grain.

Flesser. — Plier, céder, être flexible, se courber. Ex. : « *Un sac du blé nu m'fait flessi* » (Un sac de blé ne me fait pas plier).

Fouilli. — Débarrasser : « *Fouillez la table* » (Débarrassez la table). — Se déranger : « *Fouillez v'du d'tout la, v'woyé bin'qu vous m'génez* » (Dérangez-vous de là, vous voyez bien que vous me gênez). — Enlever un vêtement : « *Avé-v'fouillu vou solé ?* » (Avez-vous enlevé vos souliers).

Foûsse (une). — Ciseau à tondre les moutons.

Furgoussi. — Chercher avec les mains ou un outil quelconque, dans la terre, dans les cendres, etc. Ex. : « *J'a biau furgoussi, ju n'trouve rii* ».

Furloque. — Chiffon.

Gaille (une). — Chèvre ; le chevreau est un « gayot ».

Gargot (un). — Grand frisson provoqué par le froid ou la fièvre.

Gatine (être à la). — Se dit d'une propriété exposée à la rapine, à la maraude et à toutes violations.

Gauda (un). — Jars ; mâle de l'oie.

Glaçois (un). — Evier.

Glaude (une). — Blouse de toile que portaient nos pères.

Glogue. — Œuf couvé demeuré vide.

Glouye. — Flaque d'eau croupissante autour des fumiers et où séjournent les eaux de pluie.

Godelière. — Etagère à claire-voie, placée à portée de l'évier, et sur laquelle on mettait égoutter la vaisselle au fur à mesure qu'elle était lavée.

Gruvissi. — Chercher en grattant avec les doigts ou un instrument pointu. Ex. : *(Il est toujou' à gruvissi dà li çadre ».* (Il est toujours à chercher dans les cendres). « *L'médecin m'ait gruvissi da l'oreille ».*

Grusses (des). — Son de blé ou d'autre grain. — S'emploie aussi pour désigner les taches de rousseur.

Gruzel, Gruzli. — Groseilles, Groseiller.

Gernèye. — Ce qu'une femme peut porter d'une denrée quelconque dans son tablier en en relevant les coins.

Grafiner. — Egratigner.

Hagner. — Geindre, se plaindre, se lamenter.

Hazette (une). — Claie en bois, à claire-voie, suspendue par quatre longs crampons de fer, au plafond de toutes les cuisines ardennaises, et sur laquelle on met à sécher, le lard, les fromages, les fruits et autres provisions.

Hati (un). — Tiges et fanes de pommes de terre.

Hérie (une). — Planche d'un potager, d'un jardin. Ex. : « *J'navan qu'une hérie de ciri ».* (Nous n'avons qu'une planche de céleri).

Hicli. — Se dit d'un récipient en bois qui laisse fuir le liquide. Ex. : « *Nout'cuv'leite est hicli* ».

Hiclisse. — Seringue.

Hodé. — Las, fatigué. S'emploie aussi dans le sens de dégoûté : « *J'su hodé d'mangi di poumm'du terre* ».

Houline (une). — Chenille.

Houper. — Pousser un cri guttural et généralement convenu pour appeler ou faire signe à quelqu'un au loin sur une route ou dans la campagne.

Hoque (une). — Souche de bois, provenant de l'abattage des arbres.

Hourleye (une). — Averse brusque et violente, accompagnée de vent, mais qui ne dure que quelques instants.

Hanta (un). — Manche auquel on adopte la faux pour faucher les blés ; pour faucher les avoines, le manche est un « crochet ».

Iauk. — Quelque chose, dans toutes les acceptions du mot. On dit à un enfant ; « *V'nez m'abrassi, v'arez iauk* ». (Venez m'embrasser je vous donnerai quelque chose) ; « *I'n vaut'mi iauk* ». (Il ne vaut pas grand chose).

Icayet (un). — Noix ; « *icayeti* », noyer.

Ichairdron (un). — Chardon.

Ichaudure (une). — Ortie,

Icourgie (une). — Fouet du charretier.

Icrofaille (une). — Coquille de noix ou de noisette.

Ifrozler. — Ecraser, réduire en miettes. Ex. : « *Li fraises s'avont tourtout ifrozlé da' mou pani* ». Les fraises se sont toutes écrasées dans mon panier). « *J'ifrozule don pain pou li poulets* ». (J'émiette du pain pour les poulets).

Ipalet (un). — Palissade.

Ipantiau (un). — Epouvantail que l'on place dans les jardins ou chenevières et sur les arbres pour éloigner les oiseaux.

Ipauvilli. — Eparpiller.

Ipilli. — Eplucher de la salade, des fruits, etc.

Ironche (une). — Ronce.

Iscarbulot (un). — Hanneton.

Icharer. — Disperser par la frayeur ; s'applique surtout aux volatiles. Ex. : « *Gn'ait un chii q'ait icharé tous nous pouilles* ». (Il y a un chien qui a « icharré » toutes nos poules).

Iskeure. — Secouer un objet pour enlever l'eau ou la poussière. Ex. : *A vé v'iskeu la salade ?* » (Avez-vous secoué la salade ?). — Se prend aussi dans le sens de renvoyer, mettre à la porte. Ex. : *J'a oyu bin'tout fait d'l'iskeure* ». (J'ai eu bientôt fait de le renvoyer).

Issignon (un). — Moule à fromages cylindrique, en zinc, percé de nombreux petits trous.

Itounes (les). — Chaumes, éteules.

Icvilli. — Disperser, envoyer de droite et de gauche. Ex. : « *Il ait icvilli tout c'qu gn'nava da'le teroir* ». Il a mis sans dessus-dessous tout ce qu'il y avait dans le tiroir).

Iloter. — Ebranler un objet ou une plante, en terre, de telle façon qu'il soit facile de l'arracher ou de le faire tomber.

Itroclèye (une). — Touffe de plante, d'herbe, ou de légume. Ex. : « *Une itrocleye du poum' du terre* ».

Joli. — Se dit de la robe d'un animal (vache ou chien) qui est tachetée de teintes diverses ; dans ce sens, le mot joli se place toujours après le substantif : un chien joli, une vache jolie.

Joke (un). — Echelle-gradin où les poules se perchent pour passer la nuit. D'où les verbes « ajoker ». *Il est toujou ajoké su'iauk* ». (Il est toujours grimpé sur quelque chose) et « dijoker » : « *Fais attention du n'rii dijoki avu la queuye don ramon* ». (Fais attention de ne rien faire tomber avec le manche du balai).

Lober. — Flatter, caresser.

Loyet (un). — Lien de paille dont on se sert pour attacher les gerbes.

Mal aployi (c'n'est m'). — C'est bien fait..., il ne l'a pas volé... Ex. ; *T'i chu d'lichieule, c'nest m'malaployi, tu n'y avu m'busoin* ». (Tu es tombé de l'échelle, c'est bien fait, tu n'y avais pas besoin).

Mande (une). — Grand panier d'osier en tronc de cone et muni de deux anses ; une « *mandleye* » ce que peut contenir un tel panier.

Marader. — Goûter, repas de quatre heures. Ex. ; *V'vanrez marader* ». (Vous viendrez goûter ou manger à quatre heures).

Marner. — Bavarder, parler à tort et à travers. Donne les substantifs un « *marna* », une « *marneuse* ».

Mêle (une). — Nèfle.

Mouziner. — Pleuvoir, mais une pluie très fine.

Murguet (le). — Lilas.

Miton (faire un). — Faire un savonnage.

Moûille (une). — Tas de grain entassé sur un grenier.

Mascauder. — Bousculer, brutaliser.

Netout. — Non plus. Ex. : « *Si ma feye n'y va m', j'n'y véra m'nétout* ». (Si ma fille n'y va pas, je n'irai pas non plus).

Neuye, Nutie. — La nuit ; mais les deux mots ont des acceptions différentes : neuye » signifie plutôt l'approche, l'entrée de la nuit ; « nutie », la nuit à proprement parler, la nuit tout entière. Ex. : « *I' va faire neuye* », « *Il est arrivé à la neuye* ». (Il va faire nuit, il est arrivé à la nuit.) — « *J'a passé la nutie* », « *Il est arrivé pendant la nutie* ». (J'ai passé la nuit, il est arrivé pendant la nuit).

Niau (un). — Œuf couvé qu'on laisse indéfiniment dans le nid de la poule pour l'inciter à pondre.

Ni fout' ni mouille. — Rien de rien. Ex. : « *I'nait rii laissi après lu, ni fout, ni mouille* ».

Nitir. — Nettoyer. On lit dans un jugement de 1760 : « *ils seront tenus de laisser les lieux libres et nitie* ».

Noce (une). — Morceau de viande découpée cuite ou à cuire. Ex. : « *Il ait prin la pu belle noce don plat* ». (Il a choisi le plus beau morceau du plat.

Noume. — N'est-ce pas ? Ex. : « *V'vanrez anu noume ?* » (Vous viendrez aujourd'hui, n'est-ce pas ?)

Noquet (un). — Caillot de sang ou de pus.

Noder. — Flairer.

Offu. — Vieille expression qui n'est plus que rarement usitée aujourd'hui ; d'un sens assez vague, signifiait sans importance, sans valeur.... cela n'en vaut pas la peine... « *Ju n'ramasse mi c'qui reste, offu* ». (Je ne ramasse pas ce qui reste, cela n'en vaut pas la peine, c'est une petite affaire).

Olivettes. — S'emploie à l'occasion d'une personne lente à se préparer, à terminer quelque chose. Ex. : *Oh ï mais, dipêchez v', j'narretra m'vou z'olivettes* ». (Oh ! mais dépêchez-vous, je n'attendrai pas vos olivettes).

Ouye, Oyon. — Oie, oison.

Oyu. — Participe passé à la fois du verbe avoir et du

verbe ouïr. Ex. : « *J'a oyu froid* ». (J'ai eu froid). « *J'a oyu dère* » (J'ai ouï dire).

Pàlamée (une). — Aile d'oie garnie de ses plumes que l'on conserve et fait sécher, pour s'en servir en guise de plumeau pour épousseter.

Pa' l'mandé que... — Attendu que...« parce que... vu que. Ex. : « *J'navan m'fauchi n'out'foin pa'l'mandé qu l'ta éta trop menaçant*. (Nous n'avons pas fauché notre foin parce que le temps était trop menaçant).

Pànà (un). — Amas de boue ou de neige qui s'agglomère sous les chaussures par le mauvais temps.

Papinette (une). — Cuiller de fer battu à long manche qui sert à retourner ou servir les ragoûts.

Paquette (la). — Buis ; se dit surtout du buis bénit.

Patrouilli. — S'emploie en parlant des enfants qui chipotent dans l'eau ou dans la boue.

Paume (une). — Epi de blé, d'orge, etc. ; pour l'avoine, on dit une « *trame* ».

Peuil (un). — Pou.

Pinac (un). — Eau ou tout autre liquide renversé à terre et dans lequel on patauge.

Pitouner. — Trépigner, frapper du pied, s'impatienter ; s'applique aussi bien à l'enfant qui trépigne de colère qu'au cheval qui bat le pavé du pied.

Piure. — Pleuvoir.

Plumeron. — Volumineux édredon qui surmonte tout lit de campagne.

Pourcouler. — Porter, trimbaler de place en place. Ex. : « *Elle pourcoule sou n'afan avu leye partout d'où est-ce qu'elle va*. (Elle emmène son enfant avec elle, partout où elle va).

Poureil (une). — Poireau.

Purette (être en). — Etre en bras de chemise, d'une façon générale, tenue négligée.

Purti. — Pétrir le pain.

Pétron. — Etincelle.

Racaillouni. — Réparer les gouttières d'une toiture en tuiles.

Raffuler (se). — Se coiffer ; se dit tout spécialement pour la femme. En sens inverse, on dit : « *diffulée* » (non coiffée, cheveux épars), on dit encore « *à tite diffule* » (tête nue).

Rakion. — Trognon de pomme ou de poire.

Ragazter. — Barrer le passage à quelqu'un ou quelqu'animal, l'empêcher d'aller plus loin ; rattraper ou saisir au vol un objet qui tombe ou qu'on lance.

Rameure. — Emoudre, aiguiser sur la meule.

Ramon. — Balai ; « *ramouner* », balayer.

Ratouzer. — Se dit des brebis qui reprennent leur toison : « *Nou berbi s'ratouzon* » ; se dit aussi dans le sens d'habiller, de nipper quelqu'un : « *J'la ratouzi di pi à la tête* ». (Je l'ai renippé des pieds à la tête.) — En sens inverse, et dans les mêmes acceptions, « *ditouzer* ». — Au figuré, s'emploie pour quelqu'un qui a tout perdu : « *Mu v'la ditouzi* ». — « *Ratouzer* » s'emploie encore dans le sens d'injurier quelqu'un : « *J'l'a brama ratouzi* ».

Ravailli. — Répéter sans cesse les mêmes choses, tenir des propos insignifiants ou enfantins.

Raveindre. — Rattraper, ramener, repêcher. Ex. : *Pou' raveindre un siau q'ait chu da un pu, il faut un bon menteu* ». (Pour repêcher un seau tombé dans un puits, il faut un bon menteur). — Dicton populaire.

Réyusse. — Stupéfait, abasourdi : « *J'a su resté reyusse* ».

Ricower. — Opération qui consiste à séparer du lin ou du chanvre broyé, les parcelles de tiges demeurées aux filaments.

Rissower. — Jeter simplement à l'eau un linge qui ne nécessite pas d'être lavé complètement.

Robin (un). — Taureau. Ex. : *P'faurait m'ner noul' vacher à robin* ». (Il faudra conduire notre vache au taureau).

Roclin (le). — Bouteille de grès qui renfermait l'huile de la lampe et qui était toujours placée dans un recoin de la cheminée.

Roize (mettre à la). — Etendre sur l'herbe le lin, le chanvre ou bien encore la toile récemment tissée pour la blanchir.

Roussilli. — Ronger un os.

Router. — Serrer, dans le sens de ranger, mettre en place.

Royet (un). — Fossé, rigole.

R'flaque (à). — Avoir quelque chose en surabondance : *C't'année-ci, gn'ait di poum' à r'flaque)*.

Russouner. — Ruminer, méditer. Ex. : *On n'sait jamais c'q'il est en train d'russouner* ». (On ne sait jamais ce qu'il est en train de méditer).

R'waiti. — Regarder attentivement, considérer avec soin. Ex. : *J'lu r'connaitra bin', j'la assez r'waiti* ». (Je le reconnaitrai bien, je l'ai assez regardé).

R'ssanner. — Ressembler.

R'ssiner. — Repas que l'on fait quelquefois à la fin d'une veille prolongée.

Riblettes. — Lambeau, fragment, petit morceau : « *Une riblette de toile, une riblette de pain* ».

Ragurzilli. — Chiffonné, roulé en tampon.

Rafasser. — Emmailloter un enfant.

Ritiké. — Ne s'emploie que dans un sens, à l'occasion de ressemblance. Ex. : « *C'est sou père tout ritiké* ». (C'est tout le portrait de son père, vulgo, c'est son père tout craché.

R'mirer. — Comparer.

Sadri (un). — Grande pièce de toile dont on double le cuveau pour faire la lessive.

Salburesse (une). — Trépied sur lequel on installe le cuveau à lessive.

Sasset (un). — Fin tamis à passer la farine.

Sauzelle (une). — Brin d'osier.

Sayen (le). — Saindoux.

Sinau (le). — Le grenier à foin.

Suzon (le). — Sureau.

Sosson (un). — Associé, compagnon, camarade inséparable.

Suglot (le). — Le hoquet.

Tèle (une). — Grande écuelle en bois, creuse et tournée qui sert plus spécialement à laver la vaisselle.

Tinette (une). — Tonnelet en bois servant à battre le beurre.

Tout là. — Ici. Ex. : « *V'nez n'miette tout la.* » (Venez un peu ici).

Touret (un). — Rouet.

Tourniot (un). — Brioche en forme de couronne.

Toyon (un). — Taon.

Triauler. — Aller et venir sans but bien défini. Ex. : « *L'dimanch' au soir, li feye et li garçon triaulont da' l'village* ».

Tumer. — Renverser (du liquide). Ex. : *J'a tume tourtout mou café* ». (J'ai renversé tout mon café).

Turzi. — Amas de 6 à 10 gerbes que l'on dresse au

milieu des champs, pendant la moisson, pour les faire sécher, et avoir plus facile de les charger sur le chariot.

Vayen (un). — Pelle à feu.

Vipreye (la). — L'après-midi : « *J'n'a rii fait d'la vipreye* ». (Je n'ai rien fait cet après-midi).

Vigon (un). — Ouvrier maladroit, malhabile ou malfaisant. « Ex. : *On voi bin' q' c'est un vigon qu'ait fait ça* ». (On voit bien que c'est un mauvais ouvrier qui a fait cela).

Voyette (une). — Sentier.

Waf (une). — Guêpe.

Warma. — Vraiment ; pris surtout dans le sens exclamatif : *Warma, v'avez cru ça* ». (Vraiment, vous avez cru ça) ; s'emploie aussi dans le sens de la locution courante et vulgaire : Pensez-vous !

Comme en 1792, comme en 1815, Landres se trouva en 1870 sur le passage de l'invasion allemande et subit toutes les atrocités de l'occupation étrangère : c'est volontairement que nous laissons de côté ces évènements dont le souvenir n'est encore que trop vivant et trop douloureux chez nos contemporains, et dont le recul n'est pas encore suffisant pour prendre place dans l'histoire locale : ce récit incombera à ceux qui reprendront après nous la tâche de poursuivre et de compléter l'histoire de Landres.

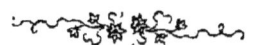

LISTE DES SOUSCRIPTEURS [1]

MM.
1-6. R. de MEIXMORON DE DOMBASLE, au château de Landreville.
7-8. Ch. GAILLY DE TAURINES, au château d'Hardoncelle.
9. Charles de MEIXMORON DE DOMBASLE, au château de Diénay (Côte-d'Or).
10. Le baron MAX DE FINFE DE SAINT-PIERREMONT, à Tours (Indre-et-Loire).
11. E. DE MELCY, au château de Chéhery.
12. Eug. RAUSSIN, négociant, à Fléville.
13. J.-B. DAY, propriétaire à Chennery.
14. LACAVE, propriétaire, aux Tuileries d'Andevanne.
15. J. TEMPLIER, instituteur, à Landres.
16. BOGUD, entrepreneur, à Grandpré.
17. Le Dr SIMONIN, à Nancy (Meurthe-et-Moselle).
18. Albert LORIANT, propriétaire, à Landres.
19. Charles GENTY, hôtel, à Landres.
20. N. DÉTANTE, instituteur en retraite, à Landres.
21. J.-B. BOILEAU-BOUCHER, rentier, à Landres.
22. Octave PASQUIS, propriétaire, à Landres.
23. Le commandant ERRARD, à Vincennes (Seine).
24. J. GALLAS, pharmacien, à Dun-sur-Meuse (Meuse).
25. Le marquis de LANDREVILLE, au château de Troissereux (Oise).
26. Le Dr MOLARD, à Sedan,
27. Albert BOFFY, receveur des contributions indirectes, à Bayon (Meurthe-et-Moselle.
28. L'abbé H. SYREN, curé de Voncq.
29. L'abbé TONON, curé d'Imécourt.

---

(1) Dressée selon l'ordre de réception des adhésions.

30. Mlle Antoinette JULIEN, rentière, à Landres.
31. Edm. NIVOIT, ingénieur en chef des mines, à Paris.
32. G. GOBRON, sénateur et président du Conseil général des Ardennes, à Buzancy.
33. H. MORANVILLÉ, au château d'Autry.
34. Ch. ROBERT, conseiller d'arrondissement, à Buzancy.
35. G. DUPLESSIS, adjoint au maire, à Buzancy.
36. G. de COUDENHOVEN, au château de Fléville.
37. Le Dr A. GILBERT, professeur à la Faculté de médecine, membre de l'Académie de médecine, médecin de l'Hôtel-Dieu, à Paris.
38. DROMART-LUDET, hôtel, à Fléville.
39. RENAULT, greffier de la justice de paix, à Buzancy.
40-41. E. BRIET, adjudant de la Garde républicaine en retraite, à Paris.
42. Edm. HANNOTIN, avocat à la Cour de cassation, au château de La Berlière.
43. F. SAUDÉ, pharmacien, à Buzancy.
44. Le Dr A. SAUDÉ, à Buzancy.
45. BOIZARD, notaire et maire, à Buzancy.
46. L. POPET, receveur de l'enregistrement, à Buzancy.
47. Le capitaine FORT, à Saint-Juvin.
48. DEBANT, instituteur en retraite, à Mohon.
49. L'abbé COLLIGNON, curé de La Besace.
50. Mme veuve DEPOIX, rentière, à Buzancy.
51. MEUNIER-DAY, hôtel, à Landres.
52. Le marquis JEAN DE POUILLY, au château de Cornay.
53. J. GILBERT, chirurgien-dentiste, à Sedan.
54. PONSIN-MARY, constructeur-mécanicien, à Buzancy.
55. FLOBERT, négociant en vins, à Buzancy.
56. CHOUX, vétérinaire, à Buzancy.
57. Madame la générale CHANZY, au château de la Cour, à Buzancy.
58. Edm. BAGNARD, propriétaire, à Bantheville (Meuse).
59. Ch. d'HOTEL, commissaire-priseur, à Autun (Saône-et-Loire).
60. CAFFIN, constructeur-mécanicien, à Brieulles-sur-Bar.
61. H. DE BOULLENOIS, au château de Senuc.
62. J. GILBERT, à Buzancy.
63. BERTUS-POGNON, propriétaire, à Buzancy.

64. Lucien HUBERT, député et conseiller général des Ardennes, à Paris.
65. S. G. Mgr PÉCHENARD, évêque de Soissons.
66. HAUDECŒUR-AIMÉ, négociant, à Buzancy.
67. Léon FRANÇOIS, à la ferme de La Bergerie-Remonville.
68. Edm. POGNON, propriétaire, à Fossé.
69. L'abbé NICOLAS, curé de La Neuville devant Stenay (Meuse).
70. COUTURIER, percepteur, à Goncelin (Isère).
71. A. DUCLOUX, instituteur, à Sivry-lez-Buzancy.
72. Jules DAY, propriétaire, à Landres.
73. L'abbé ETIENNE, à Chennery.
74. P. DUPLESSIS, propriétaire, à Landres.
75. Le Dr O. GUELLIOT, à Reims.
76. C. LEFORT, juge de paix, à Sedan.
77. GILLET DE WATRIGANT, inspecteur général d'assurances, à Vouziers.
78. Le marquis de GOURJAULT, au château de Balan.
79. P. LABROSSE, vice-président du tribunal civil de Nancy, maire de Clermont-en-Argonne.
80. L'abbé BERTRANG, curé de Bayonville.
81. R. GRAFFIN, au château de Belval.
82. Alf. DUCLOUX, professeur au lycée de Laon.
83. Albert THIERRY, à Paris.
84. P. COLLINET, professeur à la Faculté de droit de Lille, co-directeur de la « Revue d'Ardenne et d'Argonne ».
85. HECTOR-FRANÇOIS, à la ferme de l'Aduy-Landres.
86. L'abbé BOISSIER, curé de Remonville.
87. GRÉGOIRE-WATRIN, propriétaire, à Remonville.
88. Edm. JULIEN, maire de Landres.
89. VAQUANT DE MONTGON, professeur au lycée Charlemagne, à Paris.
90. Les Archives départementales à Mézières.
91. Ch. HEMMERLÉ, publiciste, à Monthois.
92. SÉCHERET, directeur d'école et publiciste, à Charleville.
93. L'abbé SCHŒFFER, vicaire, à Fumay.
94. DESSAILLY, négociant en vins, à Imécourt.
95. Le baron de MONTAGNAC, au château de Lamécourt.
96. L'abbé MIETTE, curé de Barby.
97. L. CHARDIN-JULIEN, propriétaire, à Aincreville (Meuse).
98. Mme veuve BOURGOIN, à Grandpré.

99. L'abbé Pissavy, curé du Chesnois-Auboncourt.
100. G. Genty, peintre, à Landres.
101. J. Sellier, propriétaire, à Imécourt.
102. Em. Cugnet, marbrier, à Saint-Georges.
103. Le Dr H. Vincent, à Vouziers.
104. Le capitaine H. Boucher, à Châtel.
105. F. Brion, directeur de l'hôpital de Berck-Plage.
106. Aug. Genty, à Nanteuil-les-Meaux, (Seine-et-Marne).
107. Clerc, pharmacien, à Grandpré.
108. Elysée Pasquis, propriétaire, à Sivry-les-Buzancy.
109. Hector Girard, propriétaire, à Landres.
110. H. Godet, maire de Grandpré.
111. Rouyer-Grandjean, négociant en vins, à Cheppy (Meuse).
112. A. Nivoit, négociant en vins, à Attigny.
113. Bogud, mécanicien, à Buzancy.
114. Le Dr Célice, à Dun-sur-Meuse (Meuse).
115. Le Dr Haulin, à Attigny.
116. G. Docquin, rédacteur en chef du « Courrier des Ardennes ».
117. Léon Mauvais, propriétaire, à Landres.
118. P. Laurent, juge de paix, à Rethel.
119. Chevalier, négociant, au Grand-Montrouge (Seine).
120. Mme veuve Nizet, propriétaire, à Saint-Georges.
121. Jullien-Déru, propriétaire, à Saint-Georges.
122. Aug. Lamorlette, café, à Saint-Georges.
123. Mme veuve Fournel-Bonnefille, rentière, à Saint-Georges.
124. Eloi de la Granda, à Revin.
125. C. Hecht-Dollfus, au château de Fresnois.
126. L'abbé Ch. Virquin, curé de Chilly.
127. Chopin, maire de Remonville.
128. Lombard-Kich, boulanger, à Bar-lez-Buzancy.
129. F. Puthiot, cantonnier-chef, à Buzancy.
130. L. Nivoit, négociant en vins, à Sissonne (Aisne).
131. J. Pognon, propriétaire, à Sivry-lez-Buzancy.
132. Mlle Adam, institutrice, à Saint-Georges.
133. Jullien-Hervieux, inspecteur sanitaire, à Paris.
134. Bazely, rédacteur en chef de « l'Impartial de Vouziers ».
135. Alb. Gibout, agent-voyer, à Buzancy.
136. Suisse, négociant, à Dun-sur-Meuse (Meuse).
137. Aimé-Simon, hôtel, à Buzancy.
138. Charles Martin, à Buzancy,

139. Eusèbe Chaumont, à Buzancy.
140. Le comte de Mecquenem, au château de Gruyère.
141. Bastien, juge de paix, à Montmédy (Meuse).
142. V. Andrien, clerc de notaire, à Nouart.
143. J. Watelet, notaire, à Nouart.
144. Jules Déa, à Vouziers.
145. P. Colson, receveur des contributions indirectes, à Bar-lez-Buzancy.
146. Em. de Guerville, au château de Martincourt.
147. Le comte d'Herbemont, au château de Charmois (Meuse).
148. Cadet, inspecteur général d'assurances, à Vouziers.
149. Le marquis de Romance-Mesmon, à Amiens.
150. A. de Puissieux, à Amiens.
151. Veru-Poulain, à Landres.
152. Le baron de Landre, à Blamont (Meurthe-et-Moselle).
153. H. Bourin, 144, rue de Longchamp, à Paris.
154. La Bibliothèque de Reims.
155. H. Bourbon, voyageur, à Boutancourt.
156. Ch. Vinot, propriétaire, à Saint-Georges.
157-162. Livoir-Hennuy, libraire, à Vouziers.
163. Emile Virquin, négociant, à Remonville.
164. Antoine, pharmacien, 71, avenue Ledru-Rollin, Paris.
165. Ch. Houin, agrégé de l'Université, 3 bis, rue Rosa-Bonheur, Paris.
166-168. Le marquis d'Imécourt, au château de Louppy (Meuse).
169-170. La baronne A. de Landre, au château de Landreville.
171. Mme Cléret, 29, cours Léopold, Nancy.

TABLE DES MATIÈRES

	PAGES
Avant-Propos	7
Préface	9

CHAPITRE Iᵉʳ
Landres. — Ses origines. — Ses premiers seigneurs 19

CHAPITRE II
La Baronnie des Maillart. — Le château de Landres 62

CHAPITRE III
La Justice de Landres 96

CHAPITRE IV
La Vie intime 126

CHAPITRE V
La Vie administrative. — Le Procès des bois de Landres. 160

CHAPITRE VI
Landres dans l'Histoire. — Le Camp de la Crotte. — La Révolution 187

CHAPITRE VII
Les Églises de Landres 210

CHAPITRE VIII
Saint-Georges 219

CHAPITRE IX
Le Patois de Landres 233

Liste des Souscripteurs 263

www.ingramcontent.com/pod-product-compliance
Lightning Source LLC
Chambersburg PA
CBHW050332170426
43200CB00009BA/1556